日本比較政治学会年報第18号
執政制度の比較政治学

日本比較政治学会 編

ミネルヴァ書房

は じ め に
―― 議院内閣制・大統領制・半大統領制と民主主義 ――

　近年，我が国では，立て続けに比較政治学の教科書が刊行されているが，いずれの教科書においても，執政制度について1つの章が割かれており（眞柄・井戸 2004；建林・曽我・待鳥 2008；粕谷 2014；岩崎 2015；久保・末近・高橋 2016），執政制度が比較政治学の中心的なテーマの1つとなっているのは明らかである。執政制度とは，「民主主義の政治体制において行政部門の活動を統括するトップリーダー，すなわち執政長官をどのように選出し，立法部門である議会や国民とどのような関係の下に置くかについての諸ルールを指す」ものであり（建林・曽我・待鳥 2008：104），具体的には，議院内閣制（parliamentary system）と大統領制（presidential system），さらに，半大統領制（semi-presidential system）のような政治制度のことを意味している。

　本書は，先進民主主義諸国だけでなく，新興民主主義諸国における議院内閣制，大統領制，半大統領制の事例にも目を向けることにより，現在の世界各国の執政制度が抱える問題とは何か，執政制度が機能するにはどのような条件があるのか，また，機能不全に陥るのはどのようなときであり，それにはどのような原因が考えられるのか，さらに，執政制度の機能不全を解決するための方策にはどのようなものがあるのかについて考えることを企図して編まれたものである。

　執政制度に関して，日本比較政治学会では，これまでに学会年報第10号の『リーダーシップの比較政治学』において，政治家のリーダーシップがどのように可能なのかを検討した際に，いくつかの論考で言及したことがある（日本比較政治学会 2008）。また，比較政治叢書のうちの1冊として刊行された『政治的エグゼクティヴの比較研究』において，中央政府の政策を最終的に調整する組織・制度を示すものとして，「コア・エグゼク

ティヴ（中核的執政）」という概念が挙げられ，現代における政治的リーダーシップとは何かについて論じられた際に，各国の議院内閣制や大統領制の事例に目が向けられたことがある（伊藤 2008）。しかしながら，これまでに公刊された学会年報ないし叢書においては，議院内閣制と大統領制を特集のテーマとして正面から取り上げたことはないため，本書は，執政制度の比較政治学というタイトルのもとで，議院内閣制と大統領制，さらに，半大統領制について検討を行うこととした。

比較政治学における執政制度の研究は，かつては，英国に代表される議院内閣制と，米国に代表される大統領制との制度上の比較が中心であった。そこでの議論においては，一方の制度の長所が他方の短所であり，同時に，一方の短所が他方の長所でもあるという見方がしばしば示されていた。また，議院内閣制と大統領制との対比だけでなく，たとえば，ECPR (European Consortium for Political Research) の共同研究にみられるように，英国型の議院内閣制と，（英国を除く他の）ヨーロッパ諸国型の議院内閣制との比較もさまざまなかたちで行われてきた。

1970年代半ば以降の「民主化の第三の波」により，世界各地で民主化がみられるようになると，新興民主主義国が新たに採用する執政制度として，大統領制や半大統領制に注目が集まるようになった。1980年代には，ラテンアメリカやアジアの国々で大統領制が採用され，1990年代には，旧ソ連・東欧諸国において，半大統領制が採用されたという現実政治の動きを受け，比較政治学においては，これらの制度に対する関心が高まり，次々と研究成果が公刊されるようになった。

たとえば，リンス（Juan J. Linz）は，ラテンアメリカ諸国における大統領制の導入と，その後の民主主義の不安定化という経験をふまえて，大統領制が「二元的な民主的正統性」と「硬直性」という欠点をもつと指摘し，大統領制を批判した（Linz 1994）。当時，議院内閣制と大統領制とを比べて優劣をつけようとする議論がみられたが，大統領制よりも議院内閣制の方が民主主義の安定にかかわっているとする立場が一定の影響力を示

はじめに

していた（Linz 1994；Riggs 1997；Mainwaring and Shugart 1997；Stepan and Skach 1994）。他方では，大統領制の安定性を指摘する立場もあり（Shugart and Carey 1992），結果的に，「民主化の第三の波」後の比較政治学においては，執政制度と民主主義の安定性とのかかわりに注目が集まるようになった。

　民主化とのかかわりだけでなく，つまり，新興民主主義諸国における執政制度の問題だけでなく，先進民主主義諸国の執政制度についても，議院内閣制と大統領制との対比をはじめ，これらの制度に対する批判や半大統領制の検討など，さまざまな角度から論考が発表されたことにより（Duverger 1980；Lijphart 1992；Sartori 1996），執政制度をめぐる数多くの研究成果が蓄積された。

　さらに，2000年代になると，ポグントケ（Thomas Poguntke）とウェブ（Paul Webb）をはじめとする各国の研究者により，先進民主主義諸国において共通してみられる現象として，政治の大統領制化（presidentialization）が指摘されるようになった（Poguntke and Webb 2005）。彼らの説明にしたがうと，大統領制化は，ある国において，これまで大統領制ではなかったものが制度変更により大統領制になるというのではなく，たとえば，議院内閣制の実際の運用が大統領制的になっていくことを示している。ブレア（Tony Blair）英首相やシュレーダー（Gerhard Schröder）独首相のように，議院内閣制において，強力なリーダーシップを発揮し得る首相の登場が世界的にみられるようになったことが，政治の大統領制化という言葉で説明されている。

　ポグントケとウェブらは，先進民主主義諸国のうち14カ国の事例を対象として，政治の大統領制化を論じたが，そこで扱われなかった国々における大統領制化の可能性も意識しており，今後さらに，大統領制化とされる事例が増えることになるかもしれない。これまでのところ，大統領制化をめぐる論争は，世界的な広がりをみせており，先進民主主義諸国に加え，新興民主主義諸国の経験を含め，ますます活発化する可能性を秘めている。

大統領制化という概念を支持する立場がみられる一方，他方では，批判や修正案なども示されている（Dowding 2013）。ポグントケとウェブは，大統領制化という概念を最初に用いたが，当初からの立場を変えることなく，批判に答えるかたちで論争に加わっている（Webb and Poguntke 2013）。

このように，執政制度の研究は，時代や地域に拘束されることなく，常に新たな視点から進められてきていることがわかる。本書に寄せられた9本の論考が，日本の比較政治学における執政制度研究の現時点での到達点を示している。本書の構成を簡単に説明すると，まず，議院内閣制に焦点を絞った論考から始まり，議院内閣制における大統領制化の可能性を検討した論考へとつながり，次いで，大統領制の事例に注目した論考の後，最終的に，半大統領制の事例を取り扱った論考を配置している。

本書は，議院内閣制，大統領制，半大統領制といった執政制度のそれぞれの特徴を浮き彫りにするとともに，現在の執政制度が抱える多様な問題を照らし出し，それらの問題を解決するための手がかりを与えることができるように思われる。以下では，各章の概要を紹介しておきたい。

第1章「責任政治の挑戦」（高安健将）では，英国の議院内閣制に注目し，「英国の政治指導者たちは政策運営においてフリーハンドを得たのであろうか」という問題について，英国における近年の変化と，責任政治が想定する事態とは異なる国家構造改革の展開とに注目することにより検討を行っている。従来，責任政治は，政治指導者たちによるエリート支配を擁護する機能を果たしてきたが，今では，既存政党に対する支持の低下をはじめ，エリートに対する不信感の増加や敬意の低下，英国政治システムのパフォーマンスの悪さなどから一つの転機を迎えている。英国では，もはや責任政治のみに依存して政治運営を行うことは困難になっており，従来のような理解で議院内閣制の母国を眺めることはできなくなっている。

第2章「戦後日本政治はマジョリタリアン型か」（野中尚人）では，「戦後日本の議院内閣制の特質について考察するため，主として国会のあり方，

政府と国会との関係などの側面から見た政府立法のパターンを検討」している。その際，レイプハルト（Arend Lijphart）によるマジョリタリアン型とコンセンサス型の対比を議論の出発点とし，川人貞史による戦後日本政治の検討および評価に対して（川人 2015）検証を行っている。野中によれば，戦後日本政治は，一概にマジョリタリアンかコンセンサスかという二分法では捉えることができないのであり，議院内閣制における議会という枠組みにおいて，「議会合理化」を焦点とし，他の議院内閣制の国々との比較可能な分析枠組みの構築が必要であるという指摘がなされている。

　第3章「オーストラリアの執政制度」（杉田弘也）では，2007年11月の総選挙でオーストラリア労働党が勝利し，約12年ぶりに政権に就いたが，2013年9月の総選挙で敗北し下野することになったのはなぜかについて，執政制度と執政制度内のアクターの視点から検討している。オーストラリアでは，少数政権の誕生が必ずしも稀なことではなく，少数政権が原因で政権が長続きしなかったというよりも，むしろ労働党内部に何らかの原因があったと考える方が適切だとされる。とりわけ，労働党政権期には，党内意思決定過程に変化がみられ，党そのものが選挙プロフェッショナル政党化するとともに，議院内閣制が大統領制へと変化する可能性を示したことが原因であるという点が指摘される。

　第4章「カナダ政治における執政府支配の展開」（古地順一郎）では，カナダの議院内閣制において大統領制化の現象がみられるのではないかという点を，2006年から2015年まで政権を担当してきたハーパー政権の事例に注目しながら検討している。ハーパー政権は，少数政権として発足したにもかかわらず，強力な執政府による支配を実現したという点で，注目に値する事例とされる。政権を取り巻く政治状況やリーダーの人格は，ポグントケとウェブによれば，大統領制化をもたらす偶発的要因として作用するが，ハーパー政権は，少数政権の期間が長かったこと，アマチュア政権として誕生したこと，ハーパー首相自身の性格という三点から大統領制化がみられたと特徴づけられる。

第5章「議院内閣制における政治の『大統領制化』」(岩坂将充) も，議院内閣制で大統領制化の現象がみられるという論点について，トルコの事例に注目することにより検証を行っている。2002年11月の総選挙で公正発展党がトルコ大国民議会の第一党となり，エルドアンは，2014年8月まで同党党首として首相の座にあったが，その後，大統領に就任した。大統領権限の実質的な強化は，議院内閣制を半大統領制のように機能させることになり，それが短期的かつ個人的な要因ではなく，長期的および構造的な要因によって政治の大統領制化と結びつくことになったとされる。この点は，これまで先進民主主義国だけにいわれてきた政治の大統領制化が，それ以外の国々でもみられることを明らかにしたといえる。

　第6章「新興民主主義国における執政府の抑制」(岡部恭宜) は，議院内閣制と大統領制との比較に関する先行研究の論評を通して，立法府以外の国家機関，すなわち司法府と独立国家機関の執政府に対する制度的抑制を取り上げ，「新興民主主義諸国の執政制度の新たな側面について理解を深めること」を目的としている。これらの国々では，執政府が権限を強化し，立法府を軽視・敵視しているとされてきたが，最近では，司法府や独立国家機関が「水平的説明責任や信頼できるコミットメント」を通じて執政府への抑制機能を果たす国家機関として登場してきた。もちろん，これらの機関が常に民主主義の発展に寄与するとは限らないとしても，今後の検討課題として，裁判官や官僚の行動を考慮する必要性が指摘されている点で，執政制度の研究における新たな広がりを示している。

　第7章「韓国総選挙における候補者選出方法の変化と大統領による政党統制」(浅羽祐樹) では，東アジアで並立制という同じ選挙制度を用いている日本や台湾の総選挙との多国間比較や，韓国内での大統領選挙や地方選挙とのクロス・セクショナルな比較も視野に入れつつ，韓国総選挙における候補者選出方法の変化と持続のダイナミズムについて分析している。そこでは，2004年の総選挙でプライマリーが初めて導入された理由と，その後の総選挙のたびに政党別，選挙区間でプライマリーが実施されるか否

かに差や変化が生じる理由を解明している。今後は，クロス・セクショナル，時系列，クロス・ナショナルな比較研究が執政制度との関連で行われていくことが望ましいという指摘がなされており，本研究のさらなる広がり，執政制度の比較研究の新たな可能性を感じさせるものとなっている。

第8章「半大統領制と政党間競合」(藤嶋亮)では，半大統領制という執政制度が政権をめぐる政党間競合にどのような影響を及ぼすのかについて検討している。ここでは，相対的に「弱い」大統領をもつ半大統領制の国々に注目し，大統領選挙が政党間競合に影響を与えるメカニズムと，影響の大きさを左右する要因を明らかにしている。とりわけ，2000年代以降のルーマニアとブルガリアの事例が対象とされるが，両国は，ポスト共産主義の半大統領制国という共通点をはじめ，体制転換以降の政治的な展開，選挙制度，政治勢力の配置などについても類似点が多くみられるところに特徴がある。しかし，ルーマニアは政党間競合に及ぼす大統領選挙の影響が大きいのに対し，ブルガリアは小さいという相違点もみられるのである。執政制度の研究においてはまだ半大統領制に関する研究成果そのものが少ないことに加え，二国間の比較を行ったものも少ない。その意味で，ルーマニアとブルガリアという2つの事例の比較を通して半大統領制に注目したことの意義は大きいと思われる。

第9章「フランス半大統領制における家族政策の削減と再編」(千田航)では，「1990年代半ばのフランス家族政策の政治過程から福祉国家の削減と再編の間にある執政制度の機能を検討」している。他の章が執政制度そのものに焦点を絞っているのとは異なり，半大統領制における家族政策をめぐる政治過程に注目している点に本章の特徴がある。社会保障政策に注目することは，大統領と首相のいずれに主導権があるのかという問題や，執政レベルでの決定と利益団体の抵抗との間の対立という問題を考えることになる。ここでは実際に，執政制度が家族政策の削減から再編へと局面を移行させる機能を果たしたことや，半大統領制に起因するコアビタシオンが，削減から再編への変化を決定づけたことが明らかにされている。

本書の共同研究は，日本比較政治学会2015年度研究大会（於：上智大学）での共通論題「執政制度の比較政治学」から生まれた。共通論題の報告者による論考はもとより，多くの会員より力作が寄せられた。研究大会の企画と本書の企画・編集・査読を担当したのは，2014-15年度企画委員および2015-16年度編集委員の川村晃一（アジア経済研究所），末近浩太（立命館大学），西岡晋（東北大学），松尾秀哉（北海学園大学），溝口修平（中京大学）の各氏である（50音順・敬称略）。待鳥聡史（京都大学）会員には，企画委員会副委員長としてご助力いただいた。関係各位のご尽力に改めて御礼を申し上げたい。また，本研究の生成から出版に至る過程でご協力を賜った方々，とりわけ，小川有美会長をはじめ，学会役員各位，研究大会開催校関係者に対して，心より御礼を申し上げたい。

　2016年4月

日本比較政治学会編集委員長
岩崎正洋［日本大学］

参考文献

Dowding, Keith (2013) "The Prime Ministerialisation of the British Prime Minister," *Parliamentary Affairs*, Vol. 66, pp. 617-635.

Duverger, Maurice (1980) "A New Political System Model：Semi-Presidential Government," *European Journal of Political Research*, Vol. 8, No. 2, pp. 165-187.

Lijphart, Arend (ed.) (1992) *Parliamentary versus Presidential Government*, Oxford：Oxford University Press.

Linz, Juan J. (1994) "Presidential or Parliamentary Democracy：Does It Make a Difference?," in Juan J. Linz and Arturo Valenzuela (eds.), *The Failure of Presidential Democracy : Comparative Perspectives*, Vol. 1, Baltimore：Johns Hopkins University Press. 中道寿一訳 (2003)『大統領制民主主義の失敗——その比較研究』南窓社．

Mainwaring, Scott and Matthew Søberg Shugart (eds.) (1997) *Presidentialism and Democracy in Latin America*, Cambridge：Cambridge University Press.

Poguntke, Thomas and Paul Webb (eds.) (2005) *The Presidentialization of*

Politics : A Comparative Study of Modern Democracies, Oxford：Oxford University Press. 岩崎正洋監訳（2014）『民主政治はなぜ「大統領制化」するのか――現代民主主義国家の比較研究』ミネルヴァ書房。

Riggs, Fred W.（1997）"Presidentialism versus Parliamentarism：Implications for Representativeness and Legitimacy," *International Political Science Review*, Vol. 18, No. 3, pp. 253-278.

Sartori, Giovanni（1996）*Comparative Constitutional Engineering : An Inquiry into Structures, Incentives and Outcomes*, Second Edition, London：Macmillan. 岡澤憲芙監訳・工藤裕子訳（2000）『比較政治学――構造・動機・結果』早稲田大学出版部。

Shugart, Matthew Søberg and John M. Carey（1992）*Presidents and Assemblies : Constitutional Design and Electoral Dynamics*, Cambridge：Cambridge University Press.

Stepan, Alfred and Sindy Skach（1994）"Presidentialism and Parliamentarism in Comparative Perspective," in Juan J. Linz and Arturo Valenzuela（eds.）, *The Failure of Presidential Democracy : Comparative Perspectives*, Vol. 1, Baltimore：Johns Hopkins University Press. 中道寿一訳（2003）『大統領制民主主義の失敗――その比較研究』南窓社。

Webb, Paul and Thomas Poguntke（2013）'The presidentialisation thesis defended,' *Parliamentary Affairs*, Vol. 66, pp. 646-654.

伊藤光利編（2008）『比較政治叢書4　政治的エグゼクティヴの比較研究』早稲田大学出版部。

岩崎正洋（2015）『比較政治学入門』勁草書房。

粕谷祐子（2014）『比較政治学』ミネルヴァ書房。

川人貞史（2015）『議院内閣制』東京大学出版会。

久保慶一・末近浩太・高橋百合子（2016）『比較政治学の考え方』有斐閣。

建林正彦・曽我謙悟・待鳥聡史（2008）『比較政治制度論』有斐閣。

日本比較政治学会編（2008）『リーダーシップの比較政治学』早稲田大学出版部。

眞柄秀子・井戸正伸（2004）『改訂版　比較政治学』放送大学教育振興会。

目　次

はじめに……………………………………………………………岩崎正洋　i

1　責任政治の挑戦………………………………………………高安健将　1

2　戦後日本政治はマジョリタリアン型か
　　──川人貞史『議院内閣制』をめぐる検証と日本型の「議会合理化」
　　………………………………………………………………野中尚人　39

3　オーストラリアの執政制度
　　──労働党政権（2007-13）にみる大統領制の可能性………杉田弘也　75

4　カナダ政治における執政府支配の展開
　　──ハーパー保守党政権を中心に……………………………古地順一郎　101

5　議院内閣制における政治の「大統領制化」
　　──トルコ・エルドアン体制と大統領権限の強化…………岩坂将充　129

6　新興民主主義国における執政府の抑制
　　──司法府と独立国家機関……………………………………岡部恭宜　157

7　韓国総選挙における候補者選出方法の変化と
　　大統領による政党統制…………………………………………浅羽祐樹　181

8　半大統領制と政党間競合
　　──ルーマニアとブルガリアの比較から……………………藤嶋　亮　209

9　フランス半大統領制における家族政策の削減と再編
　　──1990年代の利益団体の抵抗と「自由選択」……………千田　航　239

日本比較政治学会設立趣意書……261
入会のお誘い……262

CHAPTER 1
責任政治の挑戦

高安健将［成蹊大学］

1　責任政治と英国の議院内閣制

　責任政治は英国の議院内閣制が権力を作り出し，これをコントロールするうえで核となる概念である。

　責任政治とは，個別的な大臣責任（ministerial responsibility）と内閣全体によって担われる連帯責任（collective responsibility）からなる。個々の大臣は，自らの行為，担当する行政機関の政策，その行政機関の官僚の行為について議会に対し責任を有する。大臣は，担当する行政機関の政策や活動について議会に説明し，できるかぎり情報を提供しなければならない。これが大臣責任である[1]。

　これに対し，連帯責任は，信任原則（confidence rule），全会一致原則（unanimity rule），秘密原則（confidentiality rule）という3つの構成要素から成り立っている（Marshall 1984：55）。信任原則とは，政府が庶民院の信任を失えば，言い換えれば信任をかけた庶民院での採決に敗北すれば，総辞職をしなければならない[2]。全会一致原則とは，ひとたび内閣の決定がなされれば，全ての大臣はその決定を受け入れなければならないという原則である[3]。内閣の決定に公に反対すれば，大臣は辞任しなければならない。辞任をしない場合，大臣は議会での投票や演説，対外的発言では必ず内閣の決定を支持しなければならない[4]。そして秘密原則とは，機密情報の外部漏洩を防ぎ，政府内での自由な討論を促しつつ政府内の対立を隠す

ために,大臣が政府内における議論の詳細を秘密にしなければならないことを意味する。信任原則が政府の存立に関わるのに対し,全会一致原則と秘密原則は大臣の行為規範となっている[5]。大臣責任と連帯責任は,最終的には個々の大臣の辞職や内閣総辞職に至る厳しい帰結を伴いうる。

　首相や大臣は,君主大権を実質的に代行し,あるいはこれを引き継ぐ強大な執政権力を担う。英国の議院内閣制は,長年,中央集権的な政治システムと二大政党制に伴う単独政権の組み合わせにより,政権党に凝集性のある場合には,強い権力の核を作り出してきた。強い権力核は,制度的な決断主義ともなりうる効率的な政治運営を可能にしてきた。この強大な権力をコントロールするのが大臣責任と連帯責任の原則であり,コントロールの担い手は議会ということになる。そして執政権力は議会を通して国民に対し責任をもつ。

　英国の国家構造の作り出す秩序は,司法といった法的制度ではなく,議会という政治制度によって担保される,というのが英国版立憲主義の最重要の側面である (Griffith 1979;Tomkins 2009:242)。責任政治は,法的解釈や法的執行の対象ではない。あくまで慣習的に「法のように」尊重されてきたにすぎない。こうした政治的慣習に対する政党間のコミットメントが国家構造の核心を形成してきたといってよい(Rhodes, Wanna and Weller 2009:58)。

　責任政治は,議会と大臣,そして大臣と官僚機構という2つの関係を内包する[6]。大臣が官僚機構をコントロールすることで議会に対する責任を果たすというのが責任政治の要諦である。それゆえに,責任政治に基づく政治運営では,議会,大臣,官僚機構といった,いわゆる「政治エリート」に委ねられるところが大きい。かつて「ホワイトホールの連中が一番分かっている」といった表現が真剣に受け取られた背景もここにある(King 2007:67)。このようなエリート主義的な政治運営が正当化されえたのは,第1に権力の担い手である大臣たちが議会とその奥にいる民意に対して責任と応答性をもつ,という信頼が前提とされていたからであり,

第2に大臣と官僚機構による「効率的」な決定が「効果的」な政治運営につながっていると信じられたからである（King 2007：57）。

　しかし，こうした英国の責任政治も，大きな困難に直面していると言われて久しい。権力の担い手が議会や民意に対してもつ責任と応答性については批判も多い。第1には，責任政治が，理念はともかく，実態としては存在しないのではないかという批判がある。近年のデータでも，大臣の辞任は政策問題ではなく，むしろ大臣個人のスキャンダルや政策対立，人間関係に由来しているとの報告もある[7]。

　第2の問題は，議会が責任政治の中心的担い手ではなくなっているのではないか，むしろ大臣の説明責任は議会の外に向けられているのではないかというものである（Rhodes, Wanna and Weller 2009：36-37）。議会が大臣に責任を充分に追及できず，大臣が議会に対し高い応答性を示さず説明責任を果たしていないということである。大臣は，むしろマスメディアに対して説明責任を果たすことに傾注しているのではないかとの批判である。

　独立の研究教育機関であるハンサード協会（Hansard Society）が2014年に行った世論調査によれば，現在の政治運営システムについて41%の人びとが「大幅な改善が必要（'Needs a great deal of improvement'）」，23%が「相当程度改善が可能（'Could be improved quite a lot'）」と回答している（Hansard Society 2014：49-51）[8]。同じ調査で「議会が政府に説明責任を果たさせている」との問いに「強く同意（'Strongly agree'）」したのが4%，「同意する傾向にある（'Tend to agree'）」としたのは30%にすぎない（Hansard Society 2014：60-62）[9]。

　それでは，英国の政治指導者たちは政策運営においてフリーハンドを得たのであろうか。本章では，英国政治における近年の変化と，責任政治が想定する事態とは異なる国家構造改革（constitutional reform）の展開に注目してこの問題を考察する。

2　マスメディアに対する応答性？

　英国の政治家は近年，文字通り24時間の応答性を求められている。ただし，それは議会に対する応答性ではない。それはこの四半世紀で発達したマスメディアの効果といってよい。

　マスメディアの重要性は，英国政治のなかにあって，決してマーガレット・サッチャーやトニー・ブレアの時代に生じたわけではない。政治家が自らに好ましい報道をしてもらうべくメディアの所有者（proprietor）と深い関わりをもってきたのは，19世紀のパーマストンの時代にもすでに観察されていたことである（Riddell 2009：173-174）。

　ただ，英国におけるマスメディアは1960年代以降，さまざまな要因で変化し始め，結果的に政治への影響を強めてきた。まずはこの時期以降の新聞の販売部数の低下である。タブロイド紙は1960年代にピークを迎える一方，ブロードシートは1970年代から1990年代にピークを迎える。この時期までにほぼ全紙で発行部数はピークを迎えている（Butler and Butler 2000：538）。新聞間の競争の激化は当然の結果であった。

　英国の全国紙は元々はきわめて党派的であって，特定の政党とのつながりや支持をはっきりともってきた。しかし，部数の低下もあり，各紙が政党支持を変える事態もみられ始めた。特にルパート・マードック率いるNews International傘下の*Sun*は，かつてサッチャーの強力な応援団であったが，ブレア首相の登場とともに労働党へと支持を乗り換えた。新聞の政党支持が有権者の政党支持に影響を与えるのか，それとも有権者の政党支持の変化が新聞の政党支持を変化させるのかは議論の余地があろう。だが，政治指導者たちは，マードックら新聞の経営者や編集責任者たちが，政治問題に関する議論の行方や有権者の態度に影響力をもっていると確信していた[10]。政党やその指導層は，新聞の支持を獲得するために多大な配慮をし続けることになる。

また，テレビは，政治を報じる際，「人物」特に政治指導者個人に焦点を当てる傾向をもつとされる。このことがいわゆる政治の「人格化（personalisation）」の傾向を強めている（Foley 1993：2000）。さらに，テレビの多チャンネル化と24時間ニュース報道は，政治のあり方を大きく変えた。テレビにおけるBBCの独占は1955年にITVが登場したことで崩れていたが，1982年にはChannel 4 も開設され，1989年からはケーブル・テレビや衛星放送のニュースが始まった。こうした新しい放送方式は，Sky NewsやBBC News 24などの多チャンネル化へと発展した（Riddell 2009：178）。テレビ，ラジオ，インターネットと，まさに競合する24時間ニュース報道の時代の始まりである。政府も政党もこの24時間ニュース報道に対応することを迫られている。

　近年，新聞やテレビ放送の競争に加え，ブログやSNS，ツイッターが登場し，政治ジャーナリズムを大きく変貌させている。著名なジャーナリストにして政治評論家のピーター・リドル（Peter Riddell）は，こうしたメディアの変化が「階層的で大部分寡占的な構造から，果てしなく多様で潜在的に民主的な構造への転換」を意味していると主張する（Riddell 2009：172）。「民主的」と称するには留保も必要だが，新しいメディア環境は，メディア利用者にかつてないほどの情報へのアクセスと，利用者自身による発信と相互交流を可能にしている（Chadwick and Stanyer 2011）。衛星放送やラジオの24時間報道体制の登場，新聞の発行部数の低下とテレビの視聴率競争の激化，新しいメディアの登場で，政党は，従来の長期安定的な支持を新聞を含めたマスメディアの媒体からは期待できなくなり，むしろ油断すれば多様なメディアに攻撃材料を提供する危険さえあった。

　このような流れのなかで，マスメディアへの応答性は，英国の政治家や官僚といった政治運営の当事者にとって重大な関心事となってきた。特に責任を問われる大臣たちは，官僚機構が十分なパフォーマンスを示さないことに苛立ち，これに不信の目を向けるようになった。

3　結果を求める政治へ

　元来，英国のマクロの政治運営メカニズムは集権的な議院内閣制をとる一方，メゾ・レベルの政策運営については中央集権的と特徴づけるのは必ずしも妥当ではなかった。政策ネットワーク論や政策コミュニティ論は，英国の政治が首相や内閣によって取り仕切られているわけではなく，各領域の政策ネットワークや政策コミュニティが政策決定や政策執行の舞台であると論じた（cf. Rhodes 1988；March and Rhodes 1992）。J.J. リチャードソンとグラント・ジョーダンも，介入主義的な国家を前提としつつ，政府がコントロールしようとするほとんどのことがその影響下にはなく，管理しようとすれば中間団体の協力が不可欠であると強調した（Richardson and Jordan 1979：171-172）。

　また，マイケル・モランによれば，サッチャー改革以前の英国の「大きな政府」においては，マクロな資源配分が集権的である一方，社会や経済の秩序形成に関しては，金融界，産業界，地方自治体，医療，学校・大学，法律家，会計士といった各業界や分野のインサイダーによる自主規制が尊重されていたという。

　モランの言葉を借りれば，英国の業界ごとの自主規制は，エリートによる「クラブ的政治運営（club government）」の伝統のうえに成立していた（Moran 2003）。ここでいう「クラブ」とは，いわゆる「紳士」の集う会員制の社交場を指す。クラブ的政治運営の第1の特徴は，クラブのインサイダーを優遇するその閉鎖性である。クラブはあくまで非公式の交流であって，メンバーに政治家や官僚がいたとしても，政府と直接に関わるものではない。第2の特徴は，規制する主体と客体の間に存在する協調関係である。クラブ的政治運営の前提には性善説があるといえ，関係者には紳士的な自己抑制が期待される。そして第3に，既存の業界秩序の維持にコミットして行動する限り，関係者には公的審査や説明責任は免除される。

こうした仕組みは，業界や分野の外部に位置する一般の人びとを排除するかたちで，エリートやインサイダー，専門家の自立性を擁護するべく機能してきた（Moran 2003：chap.3）。

　だが，英国政治にあっても，自主規制とクラブ的な政治運営は徐々に維持困難なものとなっていった。このような政治運営は，英国では1970年代の経済危機の時代以降1990年代に至るまで強い批判にさらされることになる。1980年代以降の規制緩和で各業界では新規参入も増え，閉ざされたクラブ的政治運営はもはや維持困難となっていた（Moran 2003：chap.4）。

　他方で，規制緩和は本来的には，さまざまなサービスの責任を供給主体に委ねるはずであった。だが，新規参入を認めた市場も，自律的に機能することに成功したわけではなかった。結果的に1980年代以降，英国では独立の規制機関が多数設置されることとなった。

　こうしてみると，クラブ的政治運営も「小さな政府」も，自動的に新しい秩序を形成することにはならなかった。結局，主体が市場のプレーヤーであれ，規制機関であれ，エージェンシー（英国版独立行政法人）であれ，政府はさまざまな政策領域で発生する問題の責任を問われることになった。

4　執政府中枢の集権化
――増大する特別顧問たち――

　政権運営のスタイルは個々の首相により異なる。サッチャー首相は本人のイメージとは異なり，ある政策領域を「直轄地」として直接に政策運営を主導することはしなかった。むしろ，担当閣僚に政策を委ねるスタイルを採用し，その閣僚との一対一の会談を好んだ（Thatcher 1993）。とはいえ，その閣僚と対峙するうえで，独自の情報源を必要としたことから，サッチャー首相はハロルド・ウィルソン首相の新設した政策室（policy unit）を政権交代後も維持し，経済問題や外交問題，防衛問題については政策顧問を首相府に招いた（Kavanagh and Seldon 1999：chaps 6 and

7；Pryce 1997：chap.8)。

　これに対し，ブレア首相は従来の政策運営への首相の関わり方に満足せず，集権的なシステムを求めたことはよく知られている。彼自身は次のように述べている。

　「トップからの駆動力がなければ何も完遂しないというのは，現代政治の特徴である」「首相はますます大企業のCEOや会長に似てきている。首相は政策の方向性を設定しなければならない。首相はみながその方向性に従うように取り計らわなければならないし，実際にそうなっているかどうかデータを入手しなければならない。そして首相は結果を評価しなければならない」(Blair 2011：337, 338)。

　実際，ブレア時代には政府全体で数値化された「ターゲット」を用いてその達成を管理するシステムが多用された（Faucher-King and Le Galés 2010：42)。ブレア時代にはまた政府の二層化傾向もみられた（高安 2010；Takayasu 2014)。すなわち，首相率いる首相府と内閣府，財務相率いる財務省を上層とし，他の省庁が下層となるシステムである。政策運営は従来，閣僚の率いる各省庁が主導してきた。これに対し，ブレア政権時代には，首相と財務相，あるいは首相府・内閣府・財務省が政策問題によっては方向性を示し，各省庁の業績を監視する場面も観察された。こうした執政府中枢への，そして執政府中枢内での集権化は，結果を出そうとすることへの首相の執着の結果であった。そのため，独自のスタッフの補強が必要であった。この傾向は，公共サービス改革に端的にみてとれた（Barber 2008：47)。ブレア時代には，首相のスタッフの顕著な増加がみられたのである。

　他方で，ブレアとの差異化を計ろうとした後継のゴードン・ブラウン，あるいは2010年の政権交代後のデイヴィッド・キャメロンの両首相は各々首相府を縮小し，集合的決定を尊重するスタンスを首相就任当初は採って

1　責任政治の挑戦

表1　政府内における特別顧問数の推移（1995-2015）

年　月	合　計	首相官邸*	各　省	年　月	合　計	首相官邸	各　省
1995年7月	34	6	28	2006年7月	82	25	57
1996年7月	38	8	30	2007年7月	68	20	48
1997年7月	38	8	30	2008年7月	73	23	50
1998年7月	70	18	52	2009年7月	74	25	49
1999年7月	74	25	49	2010年5月	**	**	**
2000年7月	78	26	52	2010年6月	68	22	46***
2001年7月	79	25	54	2011年7月	74	25	49
2002年7月	81	26	55	2012年7月	81	33	48
2003年7月	70	27	43	2013年10月	98	42	56
2004年7月	72	26	46	2014年11月	103	46	57
2005年7月	84	28	56	2015年12月	92	32	60

注：＊　2010年-2014年の数字は首相と副首相の特別顧問の合計数。
　　＊＊　2010年に庶民院が解散した時点での正確な実数は不明。
　　＊＊＊　2010年の数字は5つの空席ポストを含む。
出典：Everett and Faulkner（2015：14）．

表2　キャメロン連立政権期の首相・副首相の特別顧問数の推移（2010-2014）

年　月	合　計	首　相	副首相
2010年10月	24	19	5
2011年7月	25	20	5
2012年7月	33	19	14
2013年10月	42	23	19
2014年11月	46	26	20

出典：https://www.gov.uk/government/uploads/system/uploads/attachment_data/file/62379/special-advisers-in-post-28-october.pdf
https://www.gov.uk/government/uploads/system/uploads/attachment_data/file/62371/spads-in-post100711.pdf
https://www.gov.uk/government/uploads/system/uploads/attachment_data/file/62365/WMS-07-12.pdf
https://www.gov.uk/government/uploads/system/uploads/attachment_data/file/253081/SPAD_list_Live_UPDATE.pdf
https://www.gov.uk/government/uploads/system/uploads/attachment_data/file/388696/SpAd_list_as_at_30_november_2014.pdf
Accessed on 17 June 2015.

いた（Seldon and Lodge 2010：xxxiii-iv, 10-14）。しかし，1995年以降の特別顧問数について記した表1に示されるように，こうした政策運営のスタイルの差異とはほぼ無関係に，首相のスタッフが増大していたことがわかる。ブレア時代は例外というよりも，分水嶺と表現する方が適切であっ

て，ブラウン首相もキャメロン首相も，結局，ブレア首相と変わらぬ規模のスタッフを任命することになっている（表1・表2を参照）。

キャメロン首相自身は，政権発足にあたり，閣僚たちが事前のプログラムに則ってそれぞれの担当機関を運営することを望み，そのようにはっきりと明言していた（Theakston 2012：195）。しかし，キャメロン首相の政権運営方法は，政権全体の方向性不足という批判を受けることとなった（Seldon 2015：12）。たとえば，連立政権時に大きな混乱を引き起こした国民保健サービス（NHS）改革では，担当の保健相が推進していた改革について首相府が必ずしも十分に把握しておらず，問題が発生するといった事態を招いていた。結局，キャメロン政権下の首相周辺も，各省庁の監督，業績管理，一貫性の確保といった点の不足を批判され，首相府や内閣府の充実を事実上促されたと言ってよい（Seldon 2015：12-13）。

議会からであれ，メディアによってであれ，責任を問われる政治指導者たちは結果に対してきわめて敏感にならざるをえなかった。

5　責任政治のパフォーマンス

しかし，残念ながら，英国の政治運営は執政府中枢における集権化が進んだからといって，結果が良好になったわけではなかった。パトリック・ダンリーヴィーは英国の政治運営メカニズムについて厳しい批判を投げかけている。

「英国は今や比較可能な欧州諸国のなかで，あるいはおそらくすべての自由民主主義諸国のなかで，大規模かつ回避できる政策的誤りを異常なまでに犯す国として際立っている」。「英国において悲しい真実と思われるのは，大変に大きな規模の政策的誤りが，今や不可避にしてほとんどルーティンであり，生来の必然的帰結であるとして受け入れられているということである」（Dunleavy 1995：52, 54）。

英国政治を長年観察してきたアンソニー・キングとアイヴァー・クルーも，近著『われわれの政府の失敗（*The Blunders of Our Governments*)』のなかで，英国政府がいかに失敗の山を築いてきたかを丁寧に辿り，その背景を詳細に論じている[13]。彼らは，政府の失敗の原因を「人的エラー」と「システムの失敗」に分けて整理している。

　人的エラーの原因には5つのタイプがあり，①政治家・官僚と一般の人びととの間の文化的断絶[14]，②集団思考，③世界観などの知的偏り[15]，④政策決定と政策執行の断絶（operational disconnect），⑤パニック，シンボル操作，スピン，である。これらの「人的エラー」はいかなるシステムでも生じうるが，特に英国のような集権的な政治システムでは，政策運営の担当者に対する制約が少ないために，いずれの問題もチェックされずに政策過程に反映されてしまう可能性がより高い。

　他方で，「システムの失敗」こそが，本章にとって示唆的である。キングらは，「システムの失敗」の理由として7つの要因を挙げている。すなわち，①中心の不在，②大臣や官僚の早すぎる交代，③大臣の積極主義，④説明責任の欠如，⑤周辺化された議会，⑥専門知識の非対称性，⑦熟議の不足である。以下では，特に，中心の不在，大臣の積極主義と説明責任の欠如，熟議の不足に焦点を当てて，キングらの議論を概観する。

　まず，「中心の不在」とは，各省庁の割拠主義と政権全体に対する首相のコントロール不足という，英国の政治システムにとって決定的な2つの特徴に関連している。キングらの研究で詳細に取り上げられたほとんどすべての失敗の事例で，この組み合わせが観察されたという（King and Crewe 2014：307）。彼らは，一般的な見方とは対照的に，首相官邸からの政策過程への介入は散発的であって，効果が全くないこともあったと論じる。首相が政策を主導することは稀で，主導した場合にも，当該政策に責任をもち発展させて，その後の展開を見届けるスタッフを欠いてきたとされる。それゆえに，英国の政治システムは独裁的であるというよりも無秩序で，首相を含め中心に位置する機関が政府内で起きていることをコン

トロールし,あるいは方向付けることに成功してはこなかったというのである (King and Crewe 2014：307, 313-314)。

つぎに大臣の積極主義とは,過剰に活動的な大臣たちの姿勢を指す。ダンリーヴィーは,同様の現象を「政治的に過度の積極主義 (political hyperactivism)」と呼び,「過度の積極主義が起きるのは,政治家がほとんど自己目的化した新しい構想 (initiative) を提案することで,メディアや党内の同僚から個人的,集合的に『得点』をあげる場合である」と指摘する (Dunleavy 1995：61)。サッチャー政権では,官僚制に対する首相の強い不信感から,大臣たちは官僚に依存する程度を大きく低下させ,政策の提案者であり主導者となることを期待された。これに続く労働党政権もまた,官僚制に対する強い不信感を保守党政権と共有していた。首相から評価されて昇進するためには,大臣たちは政策運営の主導権を握る必要があり,握っているようにみられる必要があった。その結果,官僚たちも大臣の政策に対して疑義を呈するなど,本心を語ることを控えるようになった。大臣の過度の積極主義と官僚の沈黙は,政策的失敗の温床になっている (King and Crewe 2014：334-336, 342)。

大臣のインセンティヴ構造は,責任政治のあり方とも関係していた。大臣たちはマスメディアや野党から責め立てられてはいるが,政策問題で辞職にいたることはまずない。キングらは,「［政策の］長期的成功と失敗と,［大臣の］個人的な勝利と恥辱との間に関係は存在しない」と断言する (King and Crewe 2014：359)。大臣たちはこのことをわかっており,それゆえに長期的影響について考慮するインセンティヴをもたない。結果的に,短期的な利益のために危険なリスクも取りうることになる。モラル・ハザードを誘発する仕組みが英国の政治運営の最高レベルに埋め込まれていると表現することもできよう。

最後に,集権性に伴う熟議の不足である。英国の政治システムの特徴のひとつは決定の容易さにある。しかし,それは「よい決定」も「悪い決定」も同様に行いやすいということでもある。熟議は拙速な決定を防止す

るのに役立つ可能性をもつとはいえ，英国政治には馴染みの薄い概念である。英国では，決定は熟議を経ずになされてゆく。マスメディアの監視が強まったとしても，マスメディア自体の求めるスピード感や，英国政治の伝統である激しい敵対政治も，熟議を困難にしている（King and Crewe 2014：385-390）。

奇妙なことに，キングらによれば，こうした集権性は「難しい問題（'wicked issues'）」を先送りさせるインセンティヴも政府内に作り出す。政府は，集権的であるがゆえにすべての決定について最終的には有権者の審判を受け，場合によっては総選挙で拒絶されうることを自覚している。結果的に，大臣たちも「難しい問題」や取り組むべき長期的問題があることを知りながら，こうした問題に取り組むことが選挙で不利になることを恐れて回避する。熟議が英国政治に定着していれば，党派を超えて取り組むこともできるはずの問題が放置されているというのがキングらの観察である（King and Crewe 2014：393-395）。

英国の政治運営メカニズムは，政権交代可能な政党システムとこれを可能にする総選挙により，政治権力の担い手を交代させることはできた。つまり，最終的な責任を政治指導者たちに取らせることはできた。しかし，英国の政治運営メカニズムは，政府の失敗を防止するという点では，決して上手く作動してきたわけではないのである。

6　国家構造改革と新たなコントロール・メカニズム
――フリンダースとラッセルの議論――

英国の責任政治は，議員，大臣，官僚機構という政治エリートによって担われる，閉じられた関係のなかでの政治運営とコントロールのメカニズムである。しかし，本章で論じたように，これが十分に機能してきたとは必ずしも言えなかった。確かに，前節で検討した首相を中心とする執政府中枢の強化は，政府内調整が必要な場面では問題の解決に寄与する可能性

がある。だが、キングらの指摘する失敗の原因はそればかりではない。首相周辺への集権化が逆に失敗を促すことも十分に考えられる。ブレア首相の主導したイラク戦争はその例であろう。

　このような責任政治のあり方に対し，英国の国家構造には近年，大きな変化がみられる。英国における国家構造の改革とは，二院制改革，選挙制度改革，司法改革，権限移譲改革，1998年人権法や情報自由法の制定など広義の政治制度改革を指す。はたしてこれらの国家構造改革は，責任政治に対していかなる意味をもつのであろうか。

　英国の国家構造改革の含意についてはさまざまな解釈がある。代表的な解釈としては，マシュー・フリンダースの唱える「二重国家構造体制（bi-constitutionality）」の議論，あるいは英国政治のコンセンサス・モデルへの接近を論じるメグ・ラッセルの議論を挙げることができよう。

　フリンダースは1997年の労働党政権の誕生後，英国のデモクラシーの性格がはたして，あるいはどのように変質したのかを，アレンド・レイプハルトの議論に依拠しつつ，検討している。フリンダースは，この問題を考えるうえで，ウェストミンスターの議会を中心とする中央政治と，スコットランド，ウェールズ，北アイルランドといった権限委譲先の領域における政治を区別する。そのうえで，中央では改革に一貫性がなく，むしろウェストミンスター・モデルが基本的に維持される一方で，権限委譲先の領域では，コンセンサス・モデルが当てはまる傾向にあるとの観察を示している（Flinders 2010：275-276）。フリンダースは，単一国家（unitary state）のなかに2つの異なるデモクラシーのモデルが併存することから，英国の国家構造全体としては混乱状態（anomy）にあると評価する。それゆえに国家構造全体としては不安定であり，いずれ変化の可能性があると彼は主張する（Flinders 2010：282-285）。

　これに対し，ラッセルは，二院制と貴族院に注目する。1999年の貴族院改革は，最大92名を残して世襲貴族から議席を取り上げるものであった。結果的に，貴族院改革は，世襲議員主体であった貴族院を推薦議員である

一代貴族主体の院とし，政党構成も大きく変えた（表3・表4を参照）。歴史的に，貴族院は保守党とつながりの深い世襲貴族を多く抱えていたことから，保守党優位の院であった。ラッセルは，改革後の貴族院が庶民院とは異なり，一党が過半数を有する院ではなくなって，むしろ庶民院議員選挙において示された民意をより反映する構成になったことを重視する。この結果，貴族院は民主的正当性を高め，特に院内第3党の自民党と，政党からは独立した中立会派（crossbenchers）が「主張」を強めるようになったというのである。さらに，貴族院は政府の法案を否決（修正）するばかりでなく，政権側も法案の提出前後に他党や中立会派との調整を図るようになり，貴族院側の提案を受け入れる傾向が特に労働党政権時代にはみられたことをラッセルは論証している[23]。

ラッセルはこうした観察から，1999年以降，二院制が英国議会に「復活した」と主張する。強い二院制はレイプハルトが多数代表型デモクラシーからコンセンサス型デモクラシーを分かつ10項目中の1項目であり，コンセンサス型デモクラシーは政治的決定に対するより広範な合意と交渉を特徴とする[24]。ラッセルは「ウェストミンスターにおける二院制の復活により，英国はコンセンサス・モデルに接近している」とし，「〈しかし〉主たる院［庶民院——筆者注］が（今日，連立政権を支えてはいるが）依然として伝統的な構成を維持する一方で，ウェストミンスターの多数代表主義は相対的に比例代表的な第二院の確立によって和らげられている」と強調した（Russell 2014：292-293）。

フリンダースが，権限委譲先の領域ではコンセンサス・モデルが観察される一方で，英国全体ではウェストミンスター・モデルが維持され，中央におけるコントロールのメカニズムにはほとんど変化がないと論じる。これに対し，ラッセルは，貴族院が正当性を高める一方，貴族院に過半数を有する政治勢力がないため，保守党，労働党，自民党，中立会派の政治勢力間で交渉と調整が図られていると論じ，ウェストミンスターの議会内にコンセンサス型デモクラシーを見出す。ラッセルはさらに政府が貴族院に

表3　貴族院の構成の変化（政党別・カテゴリー別：2015年6月16日現在）

	一代貴族	世襲貴族	司　教	合　計	割　合（％）
保守党	179	49		228	29.0
労働党	208	4		212	27.0
自民党	97	4		101	12.8
中立会派	148	30		178	22.7
司教	0	0	26	26	3.3
無所属	25	0		25	3.2
他党	15	1		16	2.0
合計	672	88	26	786	100

出典：議会HP（http://www.parliament.uk/mps-lords-and-offices/lords/composition-of-the-lords/）accessed on 17 June 2015.

表4　1999年貴族院改革前後の貴族院の構成（1998-99〜1999-2000）

	1998-99				1999-2000			
	一代貴族	世襲貴族	計	割　合	一代貴族	世襲貴族	計	割　合
保守党	174	310	484	40.0	180	52	232	33.6
労働党	174	19	193	16.0	197	4	201	29.1
自民党	49	23	72	6.0	57	5	62	9.0
中立会派	129	226	355	29.3	132	31	163	23.6
司教			26	2.1			26	3.8
他党／無所属	11	69	80	6.6	6	0	6	0.9

出典：Purvis（2012：4-5）に筆者が計算を追加。

譲歩する要因として，庶民院における政権党議員の造反（の可能性）を指摘する。このことは，貴族院が庶民院に対して強化されているのではなく，両院が政府に対して強力な議会を作り出したことを意味する，と主張される（Russell 2014：163, 293）。責任政治は庶民院と政府の関係に着目すれば強化され，貴族院に焦点を当てれば，責任政治とは異なるコントロール・メカニズムが観察されるということであろう。

　フリンダースとラッセルの議論は強調点を異にする一方で，いずれもレイプハルトの多数代表型デモクラシーとコンセンサス型デモクラシーの枠組みに依拠して，英国政治の変化を捉えようとする。しかし，コンセンサス型デモクラシーが社会的分断を特徴とする多元社会（plural society）により適合的であるとされるが（Lijphart 1984：4），英国の政治社会を

そのように捉えることは必ずしも適切ではない（Lijphart 2012）。コンセンサス型デモクラシーが，（多極共存型デモクラシーについてより明確に示されるように）各部分社会の「交渉」と「調整」を基本的に政治的エリートに委ねるシステムであるとすれば（Lijphart 1977：1, 3, 5, 41-42），英国では「交渉」と「調整」は部分社会間のものではない。かりにコンセンサス型デモクラシーが，政治的エリート間において，「さまざまな方法で権力を共有し，分散し，抑制しようとする」システムであるとしても（Lijphart 2012），英国の政治システムには権力の「分散」と「抑制」の傾向がみられはするが，「共有」をその特徴として挙げるのは，必ずしも妥当とは言えない。

　それでは，レイプハルトの分析枠組みを用いないとすれば，英国政治の変化はいかなる枠組みで捉えることができるのであろうか。

7　多数支配（代表）型デモクラシーとマディソン主義的デモクラシー

　レイプハルトの分析枠組みに対し，英国の国家構造改革の特徴を，むしろ多数支配型（多数代表型）デモクラシー（populistic democracy）とマディソン主義的デモクラシー（Madisonian democracy）という視座から捉える見方もある（高安 2011a；2011b）。

　この二分法は，マディソン主義的デモクラシーという名称の由来であるジェームズ・マディソンの議論に必ずしも基づくわけではなく，むしろロバート・ダールの『民主主義理論序説（*A Preface to Democratic Theory*）』の用語法に依拠している。ダール自身の立場としては，「少なくとも民主主義理論とは普通の市民が指導者に対して相対的に高度なコントロールをする過程に関係している」のだと述べている（Dahl 1956：3）。

　まず，多数支配型デモクラシーとは，人民主権（popular sovereignty）と政治的平等の原理から多数派支配をデモクラシーとして正当化する議論である（Dahl 1956：37-38）。レイプハルトの多数代表型デモクラシーと

親和性が高く，英国政治には馴染み深い概念であろう。この点に関連して，バーナード・クリックは責任政治を飛び越え，首相が政権党によって日々強い制約を受けることに注意を喚起しつつ，「英国の政府は，それ自身の徳性（morality）と良識，そして総選挙という広範かつ大雑把にして大胆な検証によってのみ抑制される」との理解を示している（Crick 1970：40 and 17）。責任政治は最終的には選挙によって担保されるということであろう。言い換えれば，多数支配型デモクラシーの一形態ともみなせる英国の責任政治は，政治権力の担い手に対する信頼あるいはその自己抑制を前提にしており，この信頼あるいは自己抑制を前提にしなければ，総選挙と総選挙の間の期間，議会権力と執政権力の融合ないしは同じ政治勢力による両権力の同時掌握を許すことは考えられない。

これに対し，マディソン主義的デモクラシーは，権力に対する強烈な不信感から出発する。ダールによれば，マディソン主義的デモクラシーの第1の前提には「『外的な抑制』によって制約されなければ，いかなる個人もいかなる個人の集まりも，他者に対して専制を行う」という観念がある。そしてこの専制を阻止する方途として，憲法に基づく外部からの抑制が必要になり，外部からの抑制とは，権力を，立法，執政，司法に分割し相互抑制させることを意味する。

多数支配型デモクラシーも，多数派に対する抑制という発想を含んでいるとダールは論じる。ただし，それはマディソン主義的デモクラシーの求める抑制とは性質を異にする。というのも，先のクリックからの引用にも含意されたように，多数支配型デモクラシーが，良心その他の社会的教化の産物といった個人の内的な抑制，あるいは複数の社会的勢力間の均衡と抑制を想定しているのに対し，マディソン主義的デモクラシーが基本的には憲法的に規定された外的抑制に依拠しているからである。マディソン主義的デモクラシーの観点からは，権力に対する強烈な不信感のゆえに，権力者個人の内的な抑制や政治勢力間の社会的な均衡と抑制では，権力の抑制としては不十分とみなされる。

以上の整理からしても，英国の責任政治は，多数支配型デモクラシーの典型と位置づけられよう。それではマディソン主義的デモクラシーは英国政治にいかなる関係をもつのであろうか。

8　マディソン主義的諸改革は多数代表型デモクラシーを変えたか

近年の英国における国家構造改革は，権限委譲に伴う半連邦制化，司法の独立性の強化，より実質的な二院制への動きを伴っている。もちろん，これらの改革によって，英国がマディソン主義的デモクラシーに移行したと主張することはできない。しかし，英国政治のなかでマディソン主義的発想をもった改革が行われているとみることは可能である。

（1）　権限委譲

スコットランドやウェールズ，北アイルランドへの権限委譲は国内政策の多くを当地の自治に委ねる内容となっている。権限委譲事項とみなされるのは，スコットランドの場合では，農業・林業・漁業，教育・職業教育訓練，環境，保健・社会サービス，住宅，治安（法と秩序），地方政府，スポーツ・芸術，観光・経済開発，運輸の多くの事項である[25]。ウェールズ議会の場合には，農業・林業・動植物・農村開発（rural development），古代遺跡・史的建造物，文化，経済開発，教育・職業教育訓練，環境，火災・救助サービス・防火，食糧，健康・保健サービス，高速道路・運輸，住宅，地方政府，ウェールズ国民議会，行政，社会福祉，スポーツ・娯楽，旅行業，都市および地方計画，水・水防，ウェールズ語，の20項目が挙げられる[26]。2014年のスコットランド独立を問うレファレンダム，さらにはスコットランド国民党の躍進した2015年総選挙を経て，現保守党政権は権限委譲を一層進めることを約束している。

ウェストミンスターの政府と議会は，権限委譲後，各領域の国内政策に直接に介入，干渉することはできなくなった。ただし，イングランドにつ

いては依然としてウェストミンスターの議会と政府の意向が貫徹するシステムであることに変化はない。また，ウェストミンスターの議会は，権限委譲を破棄する法律を新たに制定すれば，権限委譲は撤回されることになる。議会主権が生き続ける英国では不可能なことではない。しかし，この判断は，政権側が政治的リスクを引き受けてでも権限委譲を否定できるかということにかかっている。スコットランド独立問題がくすぶり続けるなかで，権限委譲を否定することは困難であろう。結局のところ，権限委譲を定めた各法律は，ウェストミンスター議会の影響のおよぶ範囲を強く制約するようになっている。

（2） 司法の積極化

司法審査は，過去40年，増加の一途である。特に2000年代以降は2000年の4238件から2012年の1万2434件へと3倍に急増している。そのうち，移民と難民関係の案件が同時期に2150件（全体の50.7％）から9958件（同80％）に増加しており，全体の件数を押し上げている（Ministry of Justice 2013：3）。英国における司法審査は，議会主権の原則から，制定法の否定，政策問題としての法律の理非の判断，制定法上司法審査の対象外とされる事項，条約，防衛，恩赦や栄典の授与，議会の解散や大臣の任命などの君主大権に属する事項などの司法審査に適さない政治的問題などは対象外である。司法審査の対象となるのは，公的機関の不法行為，非合理決定，比例原則違反，不適当不公正な手続きである（Turpin and Tomkins 2011：668-710；Coxall, Robins and Leach 2003：260）。このような制約がありながらも，司法の存在感は司法審査の増加からみてとれる。

これに加え，司法の役割は，1998年人権法とEU（欧州連合）法により決定的にその重要性を増している。1998年人権法は，欧州人権条約を国内法化したものであり，欧州人権条約の規定を用いて国内の裁判所に訴えることを可能にした。1998年人権法によれば，「可能な限り，制定法と従位立法は，欧州人権条約の諸権利に適合的に解釈され，効力を与えられなけ

ればならない」(第3条1項)。さらに法案を提出する大臣は，当該法案の諸規定が欧州人権条約の諸権利に適合的であるとする声明を出さなければならず（第19条1項(a)），もしそうした声明を出せない場合，大臣は当該法案の諸規定が欧州人権条約の諸権利に適合的であるとの声明を出せないが，にもかかわらず議会に対し法案審議を進めることを望む声明を出さなければならない（第19条1項(b)）。つまり，1998年人権法は，政府が明確に関連の人権を否定することを明言しないかぎり，前法も後法も事実上拘束するものとなった（Bogdanor 2009：59-60）。

　さらに，人権法第4条は興味深い規定を設けている。もし制定法の規定が欧州人権条約に適合しないと裁判所が判断する場合，裁判所は欧州人権条約と当該国内法に関する「不一致の宣言（Declaration of Incompatibility）」を出すことができる。もちろん，この宣言は議会主権を否定するものではなく，それゆえに議会を公式に拘束するものではない。法律を改定するか否かは議会に委ねられている（Turpin and Tomkins 2011：82）。「不一致の宣言」は，人権法が議会主権を脅かさないように注意深く設計されているのである（中村 2012b：669-670）。にもかかわらず，「不一致の宣言」という仕組みの背景には，政府と議会が裁判所の判断を尊重し，自主的に法律を変更することへの期待をみてとることができる。

　2000年に1998年人権法が施行されて以降，2015年6月の時点で，裁判所は29件の「不一致の宣言」を出している。そのうち20件については全部ないし一部確定，1件が上訴中，8件が上級審で「不一致の宣言」を破棄されている。さらに確定した「不一致の宣言」20件のうち，12件で制定法ないし委任立法である従位立法により修正，3件は人権法第10条に基づく大臣命令によって救済，4件が判決時にすでに制定法によって改正済みである規定に関連し，1件が対応を検討中である[27]。

　ただし，EU法および英国法を専門とする法学者の中村民雄は，2010年時点の司法省報告書（18件について「不一致の宣言」が確定していた段階）を検討した結果，「数字の上では国会は概ね不適合宣言［本章でいう

「不一致の宣言」——筆者注〕を受容し，法改正を行っているように見える。／しかし，法改正が不適合宣言に対する最小限の対応にとどまり，全面的に人権条約適合的な状態を実現したとは評価しがたい例もある」と述べている（中村 2012b：678）。つまり，政府と議会が司法による「不一致の宣言」を誠実に受け止めているとは必ずしも言えないが，無視できない状況にあることも間違いない。

　くわえて，1973年に英国がEC（欧州共同体）に加盟して以来，EC／EUの関連法が英国における司法の役割に与えた影響も大きい[28]。EC法を国内法に受容した1972年EC加盟法の成立は，議会主権に関しても大きな節目となった。議会主権はEC／EU法によって制約を受け，実態としてEC／EU法の優位性を受け入れたのである（中村 1993）。中村（2012b：669）によれば，1972年EC加盟法ではEC／EU法と関連の判例が直接に法源として扱われ，裁判所はこれらに従う義務を課されたという[29]。こうして，司法は議会の制定する法律とEC／EU法の一貫性を確保する役割を負わされることにもなった。

　特に，議会主権とEC／EU法の緊張関係が司法の舞台で顕在化したのが，ファクタテイム事件（Factortame case）である。ファクタテイム事件とは，英国議会の成立させた1988年商船法が英国海域での外国船の操業権を事実上制限したことに始まる。同法をめぐって，スペインの複数の会社がEC法違反を訴えて欧州司法裁判所に，またEC加盟法違反を訴えて英国の裁判所に提訴した。英国における最終審である貴族院は，裁判のなかで，原告である会社側の主張を認め，商船法の関係規定の適用停止に関する仮禁止を命じる判決を下した。英国では，議会が後の議会を拘束できないとするのが国家構造上の原則であるが，この判決は，司法が事実上この原則から踏み出して，前法（1972年EC加盟法）が後法（1988年商船法）を制約すること，そして国内法に対してEC法が優位することを認めた[30]。司法は，この判決のなかで，この国家構造上の決定的変更を宣言する役割を担った。

司法は，1998年人権法やEU法に基づいて，議会の立法行為を——否定することはできないまでも——制約するようになっている。2005年国家構造改革法により，2009年には最高裁判所が貴族院から独立した。このことは，権限上の変更を伴うものではなかったが，司法の独立性を示す象徴的な出来事となった。

(3) 貴族院の活性化

ラッセルの研究にあるように，第二院である貴族院の活性化が1999年の貴族院改革以降，顕著にみられるようになっている。貴族院は，庶民院と比較して権限を強く制約されており，英国における「弱い二院制」のなかの弱い院である。1911年議会法により，金銭法案は庶民院のみの可決で1カ月後には自動成立し，他の公法案についても貴族院は最大2年間しか当該法案の成立を引き延ばすことができなくなった。さらに1949年議会法により，金銭法案以外の公法案の成立を貴族院が引き伸ばせる期間が1年に短縮された。貴族院は政府や庶民院に対する拒否権を失ったのである (Kelly 2014：3-5)。

すでに述べたように，ラッセルは，1999年から2013年の間に政府が貴族院で敗北した406事例を分析し，そのうちの44%である180事例で，貴族院が政府と「引き分け」以上の成果をあげていることを明らかにした。実際，政府は庶民院でよりも貴族院においてはるかに多くの敗北を喫しており，貴族院がもつ政策過程に対する影響は「本物」であるとラッセルは強調する。貴族院が法案を完全に否定することは稀であるが，政府が敗北を喫した法案は決して瑣末な内容ではなく，政府の立法プログラムにとって中心的であったとラッセルは論じる (Russell 2013：162-164)。

貴族院の側が「主張」を強めている背景には，すでに述べたように，貴族院改革以降の院の自信と正当性の増大が指摘できる。他方，政府側が拒否権ももたず，民主的な選挙の洗礼も受けていない貴族院に譲歩するのはなぜか。ラッセルによれば，具体的には，議会における時間が希少であっ

て，政府が貴族院との対立を長引かせれば，他の法案への影響を含め，機会費用が生じる。大臣たちは，法案が両院間を往復して立法手続きを遅らせたり，最終的に1911年議会法や1949年議会法に頼ることになるよりも，妥協を選んでいるという[31]。大臣たちはまた，ひとつの法案で非妥協的な姿勢を示すことで将来の他の法案への貴族院の協力を失わないように，貴族院の不興を不必要に買うことは望まない。他国の二院制にもあてはまる一般的な説明が英国の貴族院の場合にもあてはまるとラッセルは主張する（Russell 2013：163-164）。

ただ，2015年総選挙は，2010年総選挙とは異なる民意を表した（表3・表5を参照）。各党の得票率をみると，二大政党に変化はほとんどみられないが，自民党は23.0％から7.9％へと激減，かわって英国独立党（UKIP）が3.1％から12.6％へ，スコットランド国民党（SNP）も1.7％から4.7％へとほぼ3倍増し，緑の党も1％から3.8％へと4倍増近くしている[32]。保守，労働，自民の三大政党については，総選挙の得票率と貴族院の議席率に大きな齟齬はない。問題があるとすれば，UKIP，SNP，緑の党の過少代表であろう。中立会派としてこれらの3党への支持とみなすこともできるが，元上級公務員や各界の成功者がこれら3党の支持者を代表しているとみることには困難もある。とくにSNPは貴族院に参加することを拒絶しており，貴族院の正当性という観点からは今後，議論をよぶ可能性もある。

保守党政権が貴族院で抵抗にあうことは，労働党政権と比較してこれまで圧倒的に少なかった。しかし，貴族院は，キャメロン連立政権に対し，労働党政権に対するのとほとんど変わらぬ水準で法案に修正を促している[33]。その際に重要であったのは，野党・労働党とともに中立会派の議員たちであった。2015年総選挙後に成立した保守党単独政権も，貴族院で過半数を大きく下回る議席しかもっていない（表4参照）。労働党，自民党，中立会派の議員たちがいかなる対応をとるのか。かつての世襲貴族中心の院から任命制の院になり，貴族院の民主的正当性は高まった。貴族院の政党別

表5 総選挙における主要政党別得票率（2010年・2015年）

	2010年	2015年
保守党	36.1	36.9
労働党	29.0	30.4
自民党	23.0	7.9
UKIP	3.1	12.6
SNP	1.7	4.7
緑の党	1.0	3.8

出典：BBC HP.

構成比率も，庶民院の政党別構成比率と比較すると，総選挙の得票率に近い。貴族院が政府に対する外からの制約となってきたことは確かであり，今後が注目される。

以上，権限委譲，司法の積極化，貴族院の活性化を検討してきた。その際，多数支配型デモクラシーとマディソン主義的デモクラシーという二分法を用意して検討するとき，これら近年の国家構造改革が，英国の責任政治に元来備わる多数支配型デモクラシーに対して，（法典化された文書による）憲法的制約と権力分立制を柱とするマディソン主義的デモクラシーの要素を加えるマディソン主義的改革であるとみることができた。

繰り返しになるが，こうした改革が英国をマディソン主義的デモクラシーへと移行させるわけではない。英国には今日でも，改正手続きに関して，庶民院の過半数のみを必要とする一般の法律と区別される憲法は存在しない。しかし，1972年EC加盟法，1998年スコットランド法，2012年スコットランド法，1998年ウェールズ政治運営法，2006年ウェールズ政治運営法，1998年北アイルランド法，1998年人権法，1999年貴族院法，2005年国家構造改革法は，一般の法律とは異なり，不可能ではないにせよ，政府あるいは庶民院の過半数が変更することの難しい法律となっており，政府と議会を拘束している。

EUに関しては2016年に英国の残留か離脱を問うレファレンダムを行う予定になっており，1998年人権法については廃止の上，新たな英国版権利

章典を創設するといった主張も政権を担当する保守党内にはみられる。それゆえに，これらの法律が議会の過半数に変更される可能性はあろう。しかし，EU脱退や1998年人権法の破棄は相当の政治的コストとリスクを伴うことも確かである。破棄できたとしても，欧州人権条約から脱退しない以上，欧州人権裁判所から国内法について条約違反の判決を受ける可能性は残り続ける。

　こうしてみると，さまざまな留保はあるにせよ，近年の国家構造改革が，伝統的な責任政治とは異なるコントロール・メカニズムを英国政治に提供するようになっていることがわかろう。

9　自己完結しない責任政治

　責任政治は今日，ひとつの曲がり角にきている。そもそも責任政治は，デモクラシーの「脅威」からエリート支配を擁護する機能をはたしてきた。しかし，従来のように，政治家と官僚といった政治エリートに委ねられてきた政治運営が自己完結しなくなっている。その背景には，既成政党に対する支持の低下，政治エリートに対する人びとの不信感と敬意の低下といった要因とともに，本章で検討したように，責任政治を主軸とする英国の政治システムのパフォーマンスの悪さがある。責任政治は，その名称とは裏腹に，個々の場面で責任を問わない政策的失敗の多いシステムとなっている。

　英国政府の政策的失敗について検討したキングとクルーはつぎのように述べている。少し長くなるが引用してみたい。

「大臣たちは嫌うであろうが，英国のシステムがより多くの拒否権プレーヤーを用意すれば，それは恐らく恩恵となろう。われわれの失敗の研究は確かにその方向を指し示している。われわれが調査した，失敗を行った政府の全てが強力で決断力のある（decisive）政府だったのであ

り，これらの政権の強さと決断力（decisiveness）こそがその失敗を可能にし，実際，積極的に促した。大臣たちは，自分が決断力のある（decisive）行為をとっている場合，自分が成功していると考えたが，短期のその成功は，しばしば結果的に長期の失敗となっていた。大臣たちの確固としたイニシアティヴは，言明した目的を果たさず，むしろ多くの害をなしてきた。（とはいえ，すでに論じたように，ほとんどの場合，大臣のキャリアに害はなかったのだが）」（King and Crewe 2014：386）。

本章では，英国のシステムを多数支配型デモクラシーと捉える一方，国家構造改革の結果起きた権限委譲，司法の積極化，貴族院の活性化をマディソン主義的改革と捉え，これを支える各種法律に対しては，一般の法律とは異なる位置づけにあることを強調した。もちろん，国家構造を定めた法律も，形式的には通常の法律であり，議会主権は生き続けている。責任政治を基本とする議院内閣制が英国における政治運営の基本であることに変わりはない。

しかし，近年，選挙制度改革や権限委譲，EU関係など多くの国家構造改革についてレファレンダムが用いられ（あるいは用いられることが予定され），大きな制度変更には議会の決定以上の正当性が求められるようになっている。庶民院では，個々の政策や法案について党執行部に対する造反が増え，議員たちが議案ごとに自らの意思を表明することを恐れなくなっている。[34] 情報公開も不十分ながらゆっくりと進んでいる。マスメディアは，批判されるべき点はあれ，議会によるコントロール不足を補っている。

今日，責任政治は，外側からこれを拘束し，あるいは補強する仕組みによって支えられている。議院内閣制の母国である英国においても，政治エリートに多くを委ねる責任政治のみに依拠して政治運営を行うことは困難になっているのである。

* 本章は，2015年度日本比較政治学会・共通論題「執政制度の比較政治学」（2015年6月28日：上智大学）のために執筆されたペーパーに若干の修正を加えたものである。企画委員長兼司会を務められた岩崎正洋先生（日本大学），報告者の野中尚人先生（学習院大学）と岡部恭宜先生（東北大学），討論者の待鳥聡史先生（京都大学）には深くお礼を申し上げる。もちろん，原稿の責任は全て筆者に帰属する。

注

1) Cf. Marshall (1984 : 61-66), Brazier (1999 : 150-158), Garnett and Lynch (2012 : 176-180).
2) ただし，庶民院による不信任ののち総辞職する前に首相が庶民院を解散することができる。
3) 連帯責任は，大臣ではないが政府のメンバーと解される議会秘書議員（parliamentary private secretary）にも適用される（Brazier 1999 : 144）。
4) 英国の全会一致原則は，日本におけるように各大臣の完全な同意あるいは賛成がなければ決定に至れないという，各大臣の自立性を強調する趣旨の原則ではなく，むしろ内閣の決定によって大臣を拘束する原則である（高安 2009：第2章注8）。
5) Cf. Marshall (1984 : 54-61), Brazier (1999 : 143-150), Garnett and Lynch (2012 : 175-176). ただし，大臣責任も連帯責任も慣習である。その内容については，必ずしも一致した合意があるわけではなく，文献により記述に差異はみられる。また，各文献とも大臣責任と連帯責任が額面通りに機能していると論じているわけではない。政府が公式に記す大臣責任については，*Ministerial Code* (Cabinet Office 2010)あるいは*Cabinet Manual* (Cabinet Office 2011)を参照。
6) 責任政治は国民（有権者）と議会の関係に基礎を置くが，ここでは政治運営で特に焦点となる2つの関係を検討対象とする。
7) Dowding and Subrahmanyam (2007). 大臣の交代理由とそのパフォーマンス管理に関するより詳細な研究としては，Dewan and Dowding (2003), Berlinski, Dewan, and Dowding (2012)を参照。
8) 他には，30％が「小さい改善は可能であるが概ね良好に機能している」，3％が「きわめて良好に機能しており改善の余地はない」と答えている。
9) この問いに対しては他に，「見解を強く異にする」が6％，「見解を異にする傾向にある」が15％で，議会が政府に説明責任を果たさせていないと考える回答者の合計が21％であったのに対し，「同意も見解を異にもしない」が33％，「わからない」が4％であった。

10) Riddell (2009：176-177), Kuhn (2007). See also, Seldon and Lodge (2010：108, 344-345)；Blair (2011：96-99, 655). キャメロン政権期には，タブロイド紙，特にNews International傘下の新聞による電話盗聴事件が一大スキャンダルとなり，首相官邸はマードックと距離を取るようになる (Preston 2015)。ただ，電話盗聴事件でも明らかになったように，キャメロン自身がNews InternationalのCEOレベッカ・ブルックスと深いつながりをもち，同社傘下の*News of World*紙編集長であったアンディー・コールソンを保守党コミュニケーション局長として招き，その後首相官邸入りさせている。

11) 規制緩和が実践された1980年代後半以降の英国では，地下鉄キングス・クロス駅火災 (1987年)，パイパー・アルファ北海油田爆発事故 (1988年)，クラッパム・ジャンクション列車衝突事故 (1988年) が立て続けに起きた。これらの事故については，安全設備の軽視や過少投資が重要な背景として指摘されている。ほかにも，ギネス事件 (1986年)，ブルー・アロー事件 (1987年)，BCCI事件 (1991年)，マックスウェル事件 (1991年) などが起こり，企業による損失補てんと証券詐欺，銀行のマネーロンダリングや麻薬取引，武器密輸への関与，経営者による年金基金の流用を伴う不正経理，企業と銀行による証券詐欺疑惑が発覚し，経営破たんする企業もあった。いわゆるBSE（狂牛病）問題も，1986年に英国で初めて牛海綿状脳症に感染した牛が確認されたにもかかわらず，1996年まで政府がBSEの人への感染を認めず，政府，専門家，業界がBSEの拡大ならびに人への感染阻止に失敗した事件である。

12) 代表的な規制機関としては，たとえば，教育水準局 (OFSTED, 1992年設置)，食品基準庁 (FSA, 2000年設置)，ガスおよび電力市場規制庁 (Ofgem, 1999年)，テレビやラジオの規制も行う情報通信庁 (Ofcom, 2003年設置)，旧金融サービス機構 (FSA, 1997年設置) とこれを二分割してできた金融行為監督機構 (FCA, 2013年設置) とイングランド銀行傘下の健全性規制機構 (PRA, 2013年設置) などがある。

13) 彼らの定義する失敗とは，「政府がひとつないし複数の目的を達成するために特定の行為の道筋を採用し，大部分ないし完全に政府自身の誤りの結果として，その目的を達成することに完全に失敗するか，一部ないし全部を達成したとしても，完全に不釣り合いなコストで達成するか，あるいは意図しない，ないしは望まない帰結というかたちで，同時に重大な「副次的損害」をわざわざ引き起こすエピソード」とされる (King and Crewe 2014：4)。具体的な事例として詳細に検討されたのは，サッチャー保守党政権下の人頭税と（不適切な販売を促した）個人年金制度

の導入,サッチャー・メイジャー保守党政権下の子供援助局(Child Support Agency)の設置,メイジャー政権下での欧州為替相場メカニズム(ERM)からの離脱,ブレア労働党政権下のミレニアム・ドーム建設と個人学習口座制度の創設,税額控除制度の創設,犯罪収益没収法の制定と資産回復庁の設置,EU補助金の農家への支払い問題,政府のIT化,ロンドン地下鉄への官民連携(PPP)の利用,労働党政権下でのIDカード導入の試み,である。

14) 「文化的断絶」とは,政治家や官僚のライフ・スタイル,好み,態度が社会のなかで一般的ではないことを指す。文化的断絶を自覚しないまま,政策運営を行うと,政策の対象者の価値観や態度,生活様式を考慮せずに失敗を犯す。たとえば,人頭税導入の際には,課税されれば人は納税すると政治エリートは当然のように想定していたが,実際の課税は困難をきわめた(King and Crewe 2014:chap.16)。

15) 知的偏向は一種の世界観であり,思考上の単純化をするための装置ないし想定であり,心的近道(shortcut)と言ってもよい。その世界観は,個人的にはあまりに織り込み済みのため,新しい経験や証拠があったとしても再考される対象とはならない。たとえば,国家が経済に果たす中心的役割の当然視,あるいは市場に対する懐疑,反対に自由市場の至上性への確信,民間セクターは公共セクターよりも効果的で効率的であるといった観念を指す(King and Crewe 2014:chap.18)。

16) ブレア政権下で首席補佐官を務めたジョナサン・ポウエルの回想はこの点で興味深い。彼は2000年に起きた国内でのエネルギー危機と2001年口蹄疫危機に対処した首相官邸を念頭に,「我々はすべてのレヴァーを引いたが,どれも機能しなかった……より重要なことは,大臣や官僚に指示することと,政策の結果を出すことは別ものだということである」と述べ,「国家構造の理論家は議会における英国の首相の拘束されない権力について見解を述べているが,そこ[首相官邸――筆者注]に辿り着くとそうは感じられない」とポウエルは回想している(Powell 2011:29, 45)。

17) 集権化が「人的エラー」を増幅する危険性のあることは指摘したとおりである。また,アメリカ大統領のスタッフ機構に関する研究を念頭に置くと,首相のスタッフ機構の政治化と増強にも,「政治化のパラドックス」といった問題が生じる可能性はある。ここで言う「政治化」とは,大統領の政治的政策的目標を共有する人物を政府の役職に充てることを指す。スタッフ機構を増強する場合,政治的忠誠心の高いスタッフを採用すれば,政府運営の経験や運営能力が犠牲にされる可能性が高くなるというジレンマである。スタッフ機構の政治化と増強は,(1)指導者の短期的利益を優先させ長期的な問題を検知することを難しくする,(2)指導者によるスタッ

フ機構への依存が高まりかえって外部に対する政治的感度を減退させる，(3)指導者の側によるスタッフ機構のコントロールがより困難になる，あるいは(4)スタッフの忠誠の対象が指導者ではなくなる，といった危険も伴う可能性がある（Dickinson 2005：135-137, 159-162）。

18) Flinders（2008）；（2009a）；（2009b）；（2010）．
19) Russell（2010）；（2014），Russell and Sciara（2007）；（2008）．
20) フリンダースによれば，権限委譲を受けた議会を中心とする領域では，「政府—政党次元」でその傾向が顕著である。とはいえ，そもそも「連邦制—単一国家次元」について，フリンダースにデータはない（Flinders 2010：275）。
21) 貴族院改革については，田中（2011；2015），梅川ほか編（2014）を参照。
22) 表5からは貴族院改革以前にも保守党が貴族院の過半数を確保していないことがわかる。しかし，保守党は中立会派にも立場の近い議員を多く有していた。
23) ラッセルによれば，1999年から2012年の間の採決における政府の敗北は406回あり，政府はその内の180回（44%）で貴族院の意向を完全に受け入れるか，大部分受け入れるか，おおよそ半分程度受け入れる妥協をしている（Russell 2014：148）。
24) 「合意」と「交渉」の違いについては，小堀（2012：234-236）を参照。
25) スコットランド議会HP http://www.scottish.parliament.uk/visitandlearn/25488.aspx（accessed on 12 June 2015）. Schedule 5 of the Scottish Actには，中央のウェストミンスター議会に留保される権限が列挙されている。そこに言及されない権限は原則的にスコットランド議会へ委譲された権限である。権限委譲については山崎（2011：78-82）を参照。
26) Schedule 6 of the Government of Wales Act 2006. ウェールズ議会HP http://www.assembly.wales/en/bus-home/bus-legislation/bus-legislation-guidance/Pages/schedule7.aspx（accessed on 15 June 2015）．
27) Ministry of Justice（2014：32）. 各事案の詳細については，LSE Human Rights Future Project HP, 'Declaration of Incompatibility under the Human Rights Act 1998' を参照. http://www.lse.ac.uk/humanRights/documents/2013/incompatibilityHRA.pdf（accessed on 18 June 2015）．
28) 中村民雄によれば，「EC法とは，実定法としてのEC法規，(不文の)法の一般原則，およびEC裁判所の判例法理の総称である。EC法規には，基本原則として，全構成国の合意・批准で成立したEC設立条約・EC加盟条約・付属文書がある。また派生法規として，EC機関が基本法規に基づいて制定したEC規則・指令・決定などがある」という（中村 1993：10-11）。

29) より詳細には，中村（2012a）を参照。
30) 正確に言えば，EC加盟法により，議会がEU法を優位とすることを決定したということである。加藤（2002：143-144），戒能（2003：136-137），Stevens（2002：46），Bogdanor（2009：28-29）。
31) 1911年議会・1949年議会法に依拠し，貴族院の抵抗を退けて法案を通過させたのは，これまでに7事例しかない。貴族院の同意なく，1911年議会法に依拠して成立したのがアイルランド政治運営法，ウェールズ教会法，1949年議会法であり，1949年議会に依拠して成立したのは1991年戦争犯罪法，1999年欧州議会選挙法，2000年性犯罪法（改正），2004年狩猟禁止法である（Kelly 2014：9）。
32) いずれもBBCによる。2010年総選挙については，http://news.bbc.co.uk/2/shared/election2010/results/，2015年総選挙についてはhttp://www.bbc.com/news/election/2015/results（accessed on 18 June 2015）。
33) Russell（2013：138）．2005年以降の貴族院における政府の敗北に関するデータについては，UCL Constitution Unit HPを参照．http://www.ucl.ac.uk/constitution-unit/research/parliament/house-of-lords/lords-defeats（accessed on 18 June 2015）．
34) Cowley（2005；2015），Cowley and Stuart（2008；2014）．

参考文献

Barber, Michael（2008）*Instruction to Deliver - Fighting to Transform Britain's Public Services*, paperback edition, York：Methuen.

Berlinski, Samuel, Torun Dewan, Keith Dowding（2012）*Accounting for Ministers : Scandal and Survival in British Government 1945-2007*, Cambridge：Cambridge University Press.

Blair, Tony（2011）*Tony Blair : A Journey*, London：Arrow. 石塚雅彦訳（2011）『ブレア回顧録（上）（下）』日本経済新聞出版社。

Bogdanor, V.（2009）*The British Constitution*, Oxford：Hart Publishing.

Brazier, Rodney（1999）*Constitutional Practice-The Foundations of British Politics*, 3rd ed., Oxford：Oxford University Press.

Butler, David, and Gareth Butler（2000）*Twentieth-Century British Political Facts 1900-2000*, 8th ed., Basingstoke：Macmillan.

Cabinet Office（2010）*Ministerial Code*（May 2010）. https://www.gov.uk/government/uploads/system/uploads/attachment_data/file/61402/ministerial-code-may-2010.pdf（accessed on 8 June 2015）.

Cabinet Office (2011) *Cabinet Manual*, 1st ed. (October 2011). https://www.gov.uk/government/uploads/system/uploads/attachment_data/file/60641/cabinet-manual.pdf (accessed on 8 June 2015), 国立国会図書館調査及び立法考査局訳 (2013)『内閣執務提要』（調査資料2012-4）. http://dl.ndl.go.jp/view/download/digidepo_8091534_po_201204.pdf?contentNo=1（2015年6月9日閲覧）.

Chadwick, Andrew, and James Stanyer (2011) "The Changing News Media Environment", in Richard Heffernan, Philip Cowley, and Colin Hay (eds.), *Developments in British Politics 9*, Basingstoke: Palgrave Macmillan.

Coxall, Bill, Lynton Robins and Robert Leach (2003) *Contemporary British Politics*, 4th ed., Basingstoke: Palgrave.

Cowley, Philip (2005) *The Rebels*, London: Pimlico's.

Cowley, Philip (2015) "The Coalition and Parliament", in Anthony Seldon and Mike Finn (eds.), *The Coalition Effect 2010-2015*, Cambridge: Cambridge University Press.

Cowley, Philip, and Mark Stuart (2008) "A Rebellious Decade: Backbench Rebellions under Tony Blair, 1997-2007", in Matt Beech and Simon Lee (eds.), *Ten Years of New Labour*, Basingstoke: Palgrave Macmillan.

Cowley, Philip, and Mark Stuart (2014) "In the Brown Stuff? Labour Backbench Dissent under Gordon Brown, 2007-10", *Contemporary British History*, vol.28, issue 1.

Crick, Bernard (1970) *The Reform of Parliament*, revised 2nd ed., London: Weidenfeld and Nicolson.

Dahl, Robert (1956) *A Preface to Democratic Theory*, Chicago: University of Chicago Press. 内山秀夫訳 (1970)『民主主義理論の基礎』未來社。

Dewan, Torun, and Keith Dowding (2003) "Why Do Ministers Resign? An Analysis of Ministerial Resignations in the UK in the Post-War Period", Paper presented at the Annual Meeting of the American Political Science Association (Philadelphia, PA, Aug 27, 2003).

Dickinson, Matthew J. (2005) "The Executive Office of the President: The Paradox of Politicization", in Joel D. Aberbach and Mark A. Peterson (eds.), *The Executive Branch*, Oxford: Oxford University Press.

Dowding, Keith, and Gita Subrahmanyam, (2007) "Ministerial Resignations Data", in 'Ministerial Resignations-How Did Blair Fare?'. http://www.lse.ac.uk/intranet/

LSEServices/communications/press And In formation Office / PDF/ MinisterialResignationData.pdf (accessed on 8 June 2015).

Dunleavy, Patrick (1995) "Policy Disasters : Explaining the UK's Record", *Public Policy and Administration*, vol. 10, no.2.

Everett, Michael, and Edward Faulkner (2015) "Special Advisors", House of Commons Library, Briefing Paper, No.03813.

Faucher-King, Florence, and Patrick Le Galés (2010) *The New Labour Experiment : Change and Reform under Blair and Brown*, Stanford : Stanford University Press.

Flinders, Matthew (2008) "Bi-Constitutionality : Unravelling New Labour's Constitutional Orientations", *Parliamentary Affairs*, vol.61, Issue 1.

Flinders, Matthew (2009a) "Constitutional Anomie : Patterns of Democracy and 'The Governance of Britain' ", *Government and Opposition*, vol.44, issue 4.

Flinders, Matthew (2009b) "Charter 88, New Labour and Constitutional Anomie", *Parliamentary Affairs*, vol.62, Issue 4.

Flinders, Matthew (2010) *Democratic Drift : Majoritarian Modification and Democratic Anomie in the United Kingdom*, Oxford : Oxford University Press.

Foley, Michael (1993) *The Rise of the British Presidency*, Manchester : Manchester University Press.

Foley, Michael (2000) *The British Presidency*, Manchester : Manchester University Press.

Garnett, Mark, and Philip Lynch (2012) *Exploring British Politics*, 3rd ed., Harlow : Pearson.

Griffith, John A. G. (1979) "The Political Constitution", *The Modern Law Review*, vol.42, no.1.

Hansard Society (2014) *Audity of Political Engagement 11 : The 2014 Report with a Focus on the Accountability and Conduct of MPs*, London : Hansard Society. http://www.hansardsociety.org.uk/wp-content/uploads/2014/04/Audit-of-Poli ti cal-Engagement-11-2014.pdf (accessed on 8 June 2015).

加藤紘捷 (2002)『概説イギリス憲法──由来・展開そして改革へ』勁草書房。

戒能通厚編 (2003)『現代イギリス法事典』新世社。

Kavanagh, Dennis, and Anthony Seldon (1999) *The Powers Behind the Prime Minister ─ The Hidden Influence of Number Ten*, London : HarperCollins.

Kelly, Richard (2014) "The Parliament Acts", House of Commons Library, SN/PC/00675 (last updated on 24 February 2014).

King, Anthony (2007) *The British Constitution*, Oxford：Oxford University Press.

King, Anthony and Ivor Crewe (2014) *The Blunders of Our Governments*, London：Oneworld.

小堀眞裕（2012）『ウェストミンスター・モデルの変容──日本政治の「英国化」を問い直す』法律文化社．

Kuhn, Raymond (2007) "Media Management", in Anthony Seldon (ed.), *Blair's Britain 1997-2007*, Cambridge：Cambridge University Press. 土倉莞爾・廣川嘉裕監訳（2012）『ブレア時代のイギリス 1997-2007』関西大学出版部．

Lijphart, Arend (1977) *Democracy in Plural Societies : A Comparative Exploration*, New Haven：Yale University Press.

Lijphart, Arend (1984) *Democracies : Patterns of Majoritarian and Consensus Government in Twenty-One Countries*, New Haven：Yale University Press.

Lijphart, Arend (2012) *Patterns of Democracy : Government Forms and Performances in Thirty-Six Countries*, 2nd ed., New Haven：Yale University Press. 粕谷祐子・菊池啓一訳（2014）『民主主義対民主主義──多数決型とコンセンサス型の36カ国比較研究』［原著第2版］勁草書房．

March, David, and R.A.W.Rhodes (1992) *Policy Networks in British Government*, Oxford：Clarendon Press.

Marshall, Geoffrey (1984) *Constitutional Conventions-The Rules and Forms of Political Accountability*, Oxford：Clarendon Press.

Ministry of Justice (2013) *Statistical Notice : Revision of Judicial Review Figures*, published 29 November 2013. https://www.gov.uk/government/uploads/system/uploads/attachment_data/file/262036/revision-judicial-review-figures-stats.pdf (accessed on 18 June 2015).

Ministry of Justice (2014) *Responding to Human Rights Judgments : Report to the Joint Committee on Human Rights on the Government Response to Human Rights Judgments 2013-14*, London：TSO. https://www.gov.uk/government/uploads/system/uploads/attachment_data/file/389272/responding-to-human-rights-judgments-2013-2014.pdf (accessed on 18 June 2015).

Moran, Michael (2003) *The British Regulatory State-High Modernism and Hyper-Innovation*, Oxford：Oxford University Press.

中村民雄（1993）『イギリス憲法とEC法——国会主権の原則の凋落』東京大学出版会。
中村民雄（2012a）「EUの中のイギリス憲法——「国会主権の原則」をめぐる動きと残る重要課題」『早稲田法学』87巻2号。
中村民雄（2012b）「欧州人権条約のイギリスのコモン・ロー憲法原則への影響——「法の支配」の変・不変」『早稲田法学』87巻3号。
Powell, Jonathan (2011) *The New Machiavelli : How to Wield Power in the Modern World*, London : Vintage.
Preston, Peter (2015) "The Coalition and the Media", in Anthony Seldon and Mike Finn (eds.), *The Coalition Effect 2010-2015*, Cambridge : Cambridge University Press.
Pryce, Sue (1997) *Presidentializing the Premiership*, Basingstoke : Macmillan.
Purvis, Matthew (2012) "House of Lords : Party and Group Strengths and Voting", House of Lords Library Note, LLN 2012/029.
Rhodes, R. A. W. (1988) *Beyond Westminster and Whitehall*, London : Allen & Unwin.
Rhodes, R. A. W., John Wanna, and Patrick Weller (2009) *Comparing Westminster*, Oxford : Oxford University Press.
Richardson, J. J., and A.G. Jordan (1979) *Governing under Pressure : The Policy Process in Post-Parliamentary Democracy*, Oxford : Martin Robertson.
Riddell, Peter (2009) "Political Journalism", in Matthew Flinders, Andrew Gamble, Colin Hay and Michael Kenny (eds.), *The Oxford Handbook of British Politics*, Oxford : Oxford University Press.
Russell, Meg (2010) "A Stronger Second Chamber? Assessing the Impact of House of Lords Reform in 1999 and the Lessons for Bicameralism", *Political Studies*, vol.58, issue 5.
Russell, Meg (2013) *The Contemporary House of Lords : Westminster Bicameralism Revived*, Oxford : Oxford University Press.
Russell, Meg (2014) *The Contemporary House of Lords : Westminster Bicameralism Revived*, Oxford : Oxford University Press.
Russell, Meg, and Maria Sciara (2007) "Why does the Government get defeated in the House of Lords? : The Lords, the Party System and British Politics", *British Politics* vol.2, issue 3.
Russell, Meg, and Maria Sciara (2008) "The Policy Impact of Defeats in the House

of Lords", *The British Journal of Politics and International Relations*, vol.10, issue 4.

Seldon, Anthony (2015) "David Cameron as Prime Minister, 2010-2015 : The Verdict of History", in Anthony Seldon and Mike Finn (eds.), *The Coalition Effect 2010-2015*, Cambridge : Cambridge University Press.

Seldon, Anthony, and Guy Lodge (2010) *Brown at 10*, London : Biteback.

Stevens, Robert (2002) *The English Judges : Their Role in the Changing Constitution*, Oxford : Hart Publishing.

高安健将 (2009)『首相の権力――日英比較からみる政権党とのダイナミズム』創文社。

高安健将 (2010)「議論・調整・決定――戦後英国における執政府中枢の変容」『公共政策研究』第9号。

高安健将 (2011a)「保守・自民連立政権と動揺するウェストミンスター・モデル」2011年度日本比較政治学会報告（2011年6月18日，北海道大学）。

高安健将 (2011b)「動揺するウェストミンスター・モデル?――戦後英国における政党政治と議院内閣制」『レファレンス』12月号。

Takayasu, Kensuke (2014) "The Centralised Core Executive vs Policy Communities : Challenges and Problems of the Blair Government's Approach", *The Journal of Law, Political Science and Humanities*, vol.80.

田中嘉彦 (2011)「二院制に関する比較制度論的考察（2・完）――ウェストミンスターモデルと第二院」『一橋法学』第10巻第1号。

田中嘉彦 (2015)『英国の貴族院改革――ウェストミンスター・モデルと第二院』成文堂。

Thatcher, Margaret (1993) *The Downing Street Years*, London : HarperCollins. 石塚雅彦訳 (1993)『サッチャー回顧録――ダウニング街の日々〈上〉〈下〉』日本経済新聞出版社。

Theakston, Kevin (2012) "David Cameron as Prime Minister", in Timothy Heppell and David Seawright (eds.), *Cameron and the Conservatives : The Transition to Coalition Government*, Basingstoke : Palgrave Macmillan.

Tomkins, Adam (2009) 'Constitutionalism', in Matthew Flinders, Andrew Gamble, Colin Hay and Michael Kenny (eds.), *The Oxford Handbook of British Politics*, Oxford : Oxford University Press.

Turpin, Colin and Adam Tomkins (2011) *British Government and the Constitution : Text and Materials*, 7th ed., Cambridge : Cambridge University Press.

梅川正美・阪野智一・力久昌幸編（2014）『現代イギリス政治〔第2版〕』成文堂。
山崎幹根（2011）『「領域」をめぐる分権と統合——スコットランドから考える』岩波書店。

（たかやす・けんすけ：成蹊大学）

CHAPTER
2

戦後日本政治はマジョリタリアン型か
――川人貞史『議院内閣制』をめぐる検証と日本型の「議会合理化」――

野中尚人［学習院大学］

1　議論の骨格と論点

　本章は，戦後日本の議院内閣制の特質について考察するため，主として国会のあり方，政府と国会との関係などの側面から見た政府立法のパターンを検討する。レイプハルトが提示したマジョリタリアン型とコンセンサス型に関する対比から出発し，川人貞史の近著での検討・評価の議論に沿う形で他の議院内閣制諸国との比較を進めたい[1]。

　良く知られるとおり，レイプハルトの議論を先進国間の比較議院内閣制論として用いることにはさまざまな問題がある[2]。しかし，大きな比較概念としての多数決型とコンセンサス型という考え方，並びに「多元性」などを切り口とした社会的な前提条件との関係に関わる議論は，日本を含む比較を行うに際して一定の有効性をもっている。そこで，まずここからスタートしたい。

　日本に関してレイプハルトは，社会の多元性（分断の程度）という観点からはイギリス，スウェーデン，デンマークなどとほぼ同じ，つまり非多元的で社会経済的な発展水準の高い社会のカテゴリーに入れている。他方，民主主義に関わる2つの次元のうち政府・政党次元では，ドイツ，スウェーデン，ノルウェーなどとほぼ同じ，つまり相当程度コンセンサス型に近いと評価している。言い換えれば，マジョリタリアン型の政治を許容する社会・経済条件の下で，むしろコンセンサス型の政治の仕組みになっ

39

ているというのが，レイプハルトの大きな見立てといって良い（レイプハルト 2014：47-50, 211）。

　それに対して川人は，『議院内閣制』で戦後の日本政治について，これとはやや異なった解釈を提示している。川人は同書で，ストロームらの議論を用いて委任と責任の一元化された連鎖という形で整理された議院内閣制論という枠組みを提示し，また「権力分立と組み合わされた国会中心主義と議院内閣制」という考え方を組み合わせて議論している（川人 2015：37）。そして，「日本の議院内閣制の作動は他のシステムとは異なるところがある」（川人 2015：5）と指摘した上で川人は，主として国会内部での議事運営や投票行動パターンの分析から，日本での内閣と議会の与野党との関係は，大部分がマジョリタリアン・モデルでの説明に適合し，議員立法の一部についてのみコンセンサス型が適合すると述べている（川人 2015：138）。さらに，内閣と議会与野党との関係に関わるA. キングの「5つのモード」モデルに従って検討した結果，「日本は戦後の全期間を通じてマジョリタリアン・モデルが妥当する」との結論を導いている（川人 2015：195）[3]。

　著者は，これらの川人の指摘には非常に重要な論点が含まれており，また，1990年代以降の政治・行政改革について，日本の議院内閣制のあり方を，「議院内閣制の下で首相のリーダーシップを強化して，委任―責任関係を明確にし，行政官僚制に対する政治主導をめざすものであり，世界標準の議院内閣制に近づけるもの」（川人 2015：192）であったと評価している点についても，基本的に同意する。

　しかし他方で，いくつかの重要な点について必ずしも十分に説得的でない箇所や，不明確・不十分ではないかと考えられる側面がある。まず，レイプハルトの大きな見立てではマジョリタリアン型の統治を許容する社会的な土壌があるが，実際にはコンセンサス型に近い仕組みになっていること，つまり，社会と統治のずれの問題をどう理解するのか，という点がほぼ検討されていない。また，次節以降の検討が示す通り，川人自身が採用

した基準に照らしてみても，戦後日本がほぼ全期間にわたってマジョリタリアン型であったという評価はほとんど不可能である。そしてその判断の当否そのものもさることながら，新たに浮かび上がってくる課題は，果たして，そもそもこうした理論的な枠組みは日本政治を適切に分析し説明することに適合しているのか否か，という問題である。ヨーロッパ的なバイアスが強く，十分に普遍的ではないのではないか，と言い換えることができるだろう。

　まず，これらの諸課題のうち，事実の認定に関わる部分についての著者の考え方をきわめて圧縮して言えば，①戦後日本政治は，基底的にはマジョリタリアン的な側面を相当にもっていたが，他方で，現実の政治プロセスにおいてはコンセンサス型の慣行や制度が蓄積され，そうしたコンセンサス型の実態が支配的となっていった。②そして，ある種潜在化したマジョリタリアン型の側面は自民党による事前審査制度へと囲い込まれて制度化され，他方，国会を軸とする政治プロセスでは，コンセンサス型のさまざまな要素を取り込む形で，いわば二重構造になった。③これらは，戦後のいくつかの基礎的な条件・環境の下で概ね1970年代頃までに形成され，1990年頃まで安定していた。これを著者は「自民党システム」と呼んでいるが，これには自民党自身の権力共有型の制度化，与党と官僚機構との密着化，そして前述の与党の事前審査制度や「官僚内閣制」的な政府内の運営パターンなどの諸側面が含まれ，自民党の一党優位体制が継続するなかで構築されてきた。

　当然のことではあるが，政治全体が二重構造化して事前審査制度がきわめて大きな意味をもつようになった結果，国会運営のパターンにも大きな影響が及んだ。本会議の極端な形骸化，与党議員の活動のこれも極端な弱体化，質疑偏重と討論の極端な衰弱，頻繁な首相の委員会への出席など，ヨーロッパのほとんどの議院内閣制諸国とは大きく異なる制度・慣行が形成されてきたといえる。これらの点から見れば，川人の議論が，少なくとも内閣と国会・与野党に関わる実証的な分析と適合しないのはむしろ当然

であり，そもそも分析枠組み自体が不適切なのである。逆に言えば，この点に日本政治に関わる比較分析の難しさがあるといってもよい。

　紙幅の関係で詳述できないが，これらについて第3節で暫定的な考え方を提示し，若干のデータを示した上で，議論の方向性を示すようにしてみたい。あらかじめ述べれば，「議会合理化」が焦点となる。議院内閣制における議会という枠組みの下で，議会の内部機能や他機関との関係がどのように合理化されたのか。日本政治の特質・普遍性を考察する上で，キングやギャラハーらの提示してきた分析モデルに不足しているものは何か，また，ストロームらの議論をより発展的に適用するにはいかなる考え方が必要か，そうした諸点に関連する検討を行っておきたい。

2　内閣と議会との関係
――政府立法を中心として――

　今節では政府立法を念頭に，川人（2015）に基づきながら，マジョリタリアン型かコンセンサス型という観点から考察を進める。その際，ギャラハーらが挙げた3つの点（①政府による議事コントロール，②委員会活動の重要性，③委員会付託前の本会議審議の役割），続いて，内閣と議会与野党との関係に関わるA. キングの「5つのモード」モデルについて検討する（Gallagher, Laver, and Mair 2011：chap. 3；King 1976）。

　個別の検討に移る前に，まず，これらの論点に関わる川人（2015）の主張に対する著者の基本的な考え方を示しておきたい。

① 　戦後一貫してマジョリタリアン型の政治だったという解釈はやや強すぎるか，あるいは不正確ではないか。
　　 55年体制，あるいは自民党の一党優位体制が構造化されていった時期には，マジョリタリアン型というにはかなり異質な政治行動と慣行，さらにはそれを支える政治制度が構築されたのではないか。

② 国会内部の行動パターンだけでマジョリタリアン型という評価をするのはやや一面的ではないか。

　川人自身，与党政調会を中心とした政策過程の分権的・分散的な性格や官僚制の自律的な役割を指摘しており，それらは少なくともレイプハルト流の解釈からすれば，コンセンサス型の意味合いをもっている。また，著者のこれまでの検討の結果，自民党の党内ガバナンスは典型的な権力共有型であった。さらに，内閣ではやや変則的ながら合意重視慣行があり，政府内部ではボトムアップ型の政策プロセスが支配的であったと考えられる。したがって，全体として日本の戦後政治は，少なくとも1990年頃まで，コンセンサス型の色彩を相当に強くもっていたのではないか。

③ 日本政治をマジョリタリアン型と判定する上で，内閣と議会との関係をキングの「5つのモード」モデル，ならびにギャラハーらが提唱する基準に従って検討しているが，事実上かなりの「無理筋」に近い解釈になっているのではないか。

　川人自身，マジョリタリアン型の特徴は，内閣—議会関係において与野党対立モードと与党内モードが重要であると主張し（川人 2015：128-129），その上で日本の内閣—国会関係を評価している。しかし，この観点から見て国会が一貫してマジョリタリアン型だったという判定は，実証的にはほぼ支持できない。少なくとも，日本の国会の最大の特徴は与党内モードがほとんど完全に存在しないことだからである。また，川人自身がギャラハーらに基づいてマジョリタリアン型とコンセンサス型とを区別する上で挙げた3つの点（①政府による議事コントロール，②委員会活動の重要性，③委員会付託前の本会議審議の役割）に関しても，コンセンサス型の傾向の方が強いと見るのが普通の判断ではないだろうか（King 1976；Gallagher, Laver, and Mair 2011：54；川人 2015：129-130）。実際，マジョリタリアン型の典型とされる英仏両国とはきわめて異なるパターンとなってい

る。

　念のため指摘すれば，著者は，戦後の日本政治が全くマジョリタリアンな側面をもたなかったとは考えていない。基礎的な制度という面での国会のあり方や実際の投票行動の面でも，また，選挙を含めたより広い政治競争の面でも，少なくとも基底的にはマジョリタリアン型の側面が相当にあったと考えている。自民党という与党とそれに支えられた政府は，事前審査制度の活用によって自らに有利な資源配分を行い，深刻な意見対立の際にも最後には「多数決」で物事を決めてきた。まさに，議会が本質的に多数決機関である点で国会も例外ではないのである。

　しかし他方で，戦後環境に適応するなかで，さまざまな権力共有型の制度と慣行を形成したと見るべきではないか。したがって問題は，憲法構造や国会制度の一定の部分がマジョリタリアン的な方向性をもつものであったにもかかわらず，そうした多数決主義的な側面を露骨に振りかざすのでなく，むしろコンセンサス型の運用体制を幅広く発達させていったのは何故かという点である。

（1）　議会活動パターンにおけるマジョリタリアン型とコンセンサス型

　川人は『議院内閣制』で，Gallagher, Laver, and Mair（2011：56）を引用して，以下のようにまとめている（川人 2015：129-130）。

①マジョリタリアン・モデルでは政府が議会の議事コントロールをすることが多い。コンセンサス・モデルでは，政党会派間の合意あるいは政党会派との協議を経た上での議長による決定。
②マジョリタリアン・モデルでは本会議が主要なアリーナ，コンセンサス・モデルでは委員会の活動がもっとも重要。
③マジョリタリアン・モデルでは，通常，本会議で承認された後で初めて委員会に付託，コンセンサス・モデルでは本会議で審議される前に

委員会に付託。

　川人は，こうした対比を挙げた上で，日本の国会について基本的にマジョリタリアン型であると結論づけている。

①政府による議事コントロール
　川人は，議事運営の基本パターンについて次のように評価している。

「国会の議事運営は政党各派間の協議にもとづいて決定され，内閣が直接には関与できなくなっているので，コンセンサス・モデルに近いようにも見える。しかし，内閣を支える政権党が過半数を占めていれば，本会議および委員会の議事は多数決によって行うことができる。したがって，議事について与野党協議で合意できなくても，議事を進めることは可能であり，マジョリタリアン・モデルがあてはまる部分が多い」（川人 2015：135-136）。

　この評価は前半部分については概ね異論がなく，後半についても，少なくとも論理的にはそう言いうる。ただし問題は，特に後半部分がどのような根拠に基づいており，結果的にどの程度日本の国会における政府立法のあり方を説明できているのか，ということである。
　政府による議事コントロールについての研究は，Döring（1995）が重要な画期になったと考えられるが，その後，Döring and Hallerberg（2004），さらにRasch and Tsebelis（2011）へと引き継がれ発展している。特にRasch and Tsebelis（2011）は理論的な枠組みに基づくきわめて詳細な比較研究で，やや不十分ながら日本についても扱われている[4]。残念ながら川人（2015）では，Döring（1995）以外は参照されていない。
　Rasch and Tsebelis（2011）によれば，政府がその立法を実現するために用いる議事コントロールについての権限は，大きく分ければ概ね以下の

3つになる。1つは本会議の日程，議題，討議をどうコントロールするかで，2番目は，修正についての権限，3番目は投票のルールに関するものである。概略は以下の通りである。本会議議事コントロールは，本会議で使える時間がきわめて限られているため，これを掌握できれば基本的に立法プロセスの根幹を押さえられることを意味する。修正については，クローズド・ルールあるいは制限的ルールと呼ばれるものがあり，主として政府提出法案への修正を制限するものである。修正に関しては，逆のルール，つまり政府だけが追加的に修正案を出す権限をもつ場合があり，それを拡大ルールと呼んでいる。そのなかでも，最終提案権が特に強力な権限と考えられている。また投票に関するルールでは，成立のためのカウントの仕方，投票の順序などもある（Rasch and Tsebelis 2011：5-6）。ただし，各国の事例を見ると，投票のルールに関して最も重要なものは，法案の採決を政府への信任に結びつけることができるか否かである。後に述べるが，大きな国（英仏独伊）の政府は全てこの権限をもっている。

　これに従って日本の国会における政府の権限を評価すると，これらのどの項目についてもほとんど何等の権限も与えられていないことがわかる。まず，本会議の議事日程を決定するのは，あくまで国会の内部であり，それがどの程度多数派の意向を反映するかには議論の余地があるが，政府にその権限がないことだけは明らかである。また，修正についても政府に与えられた権限はきわめて乏しい。閣法に対して政府自身が修正（および撤回）するには，当該の院の承諾を要し，1つの院で議決を受けた後は修正も撤回もできない（国会法59条）。つまり，国会側の承諾がなければ全く修正が不可能であり，政府の権限としてはきわめて弱い。当然ながら，政府が法案審議の最終局面で最後に修正案を出すという権限などは全く考慮の外である。また，国会内で提出された修正案に対して政府が拒否することも当然ながらできない。投票のルールに関して圧倒的に重要なことは，法案の採決に対して政府の信任を連結させることができないことである。結局のところ，主要な点で日本の政府にはほとんど何等の議事コントロー

ル権限も与えられていないことがわかる[5]。

　これに対して英仏両国では，政府が広範かつ強力な議事コントロール権限をもっている。本会議の議事日程はほぼ政府が決定権をもち，日程と審議時間の設定，さらには審議打ち切りのための強力な手段等をももっている。また修正に関しても，最終段階を含めて，いつでも自らが修正案を提出する権限をもっている。さらに，議会側から提出された修正案への（事実上の）拒否権をもっている。また，投票のルールに関しても，政府の信任とリンクさせる権限が非常に重要な役割を果たしている。確かに，詳細に見ればこれらはイギリスとフランスでは若干異なる[6]。しかし，少なくとも日本では，政府法案をめぐる議会内権限はほぼ皆無であり，英仏とは全く異なった状況にあることは明確である[7]。

　政府による議事コントロールについて，Döring and Hallerberg（2004：148-149）は，本会議の議題設定・タイムテーブルのコントロールと，最終修正権をもつか否かの2つが重要と指摘している。そして主要な国々の政府では，概ね前者の権限が強い場合には後者をもたない（あるいはもつ必要がない？）パターンか，あるいは逆の組み合わせとなっている。ところが日本の場合には，議題設定権能をもたない上に最終修正案の権限をももっておらず，いわば特殊に弱体な政府権限ということができる。つまり，政府権限による議事コントロールという観点から見ると，英仏両国をマジョリタリアン型の典型と考えるならば，日本はほぼ真逆と言うべきなのである。

　では，川人が日本は基本的にマジョリタリアン型と主張する際の，「内閣を支える政権党が過半数を占めていれば，本会議および委員会の議事は多数決によって行うことができる」という根拠はどう理解すれば良いだろうか。この点，実証上の問題があることをしばらく置くとしても，最も根本的なことは，政府の固有の権限を議会内多数派の権限・権能から分析的に峻別することである。当然，これまで挙げてきた全ての主要な研究文献ではこの視角が採られている。この問題は，議会内部での投票規律を含む

全体的な統制がどのような仕組みで確保されているのかを考えるとよく分かる。英仏では，議会内の統制は基本的に「政府（Whip）」として組織され運営されている。他方日本では，「国対システム」，つまりは国会機関ではない政党の組織が統括する仕組みとなっていて根本的に異なっている[8]。そして後に述べるように，与党と野党の国対組織による議事運営システムの骨格が，与党による事前審査制度の徹底的な活用と相まって，その裏側での国会審議の形骸化をもたらした大きな要因となっている。つまり，議会における政府権限の徹底した排除はそれ自体きわめて重要な帰結をもたらす可能性があり，実際，日本の国会にはさまざまな側面で深刻な影響が生じている。結局，政府権限がなくても議会多数派が代替するだけという判断は，マジョリタリアン型か否かという問題以前に，比較議院内閣制論の観点からは不適切である[9][10]。

　以上の検討から，国会の制度構造が基底として多数決主義的な側面を一定程度備えているのは事実だとしても，議事コントロールに関する政府の権限・主導性が強いという意味で，日本の国会をマジョリタリアン型というのはほぼ無理であろう。政府権限としてはほぼ皆無であり，議会多数派がそれを代替しているという議論も本質的に的外れである。実際にもマジョリタリアン型の英仏とはほぼ真逆となっている[11]。

②本会議 VS 委員会

　2つ目の論点は本会議と委員会での活動の比重に関わる。ギャラハーらの議論をまとめて川人は，マジョリタリアン・モデルでは本会議が主要なアリーナとなるのに対して，コンセンサス・モデルでは委員会の活動が最も重要と指摘している（川人 2015：129-130）。確かにこの点は，本会議では党派的な対立が強調されるのに対して，委員会では実務的な，往々にして超党派的な妥協作業が中心となる傾向が見られることに関連している。川人は，日本の国会について以下のように述べている。

「国会は委員会中心主義をとっており，法案は本会議で審議される前に委員会に付託され，国会の重要な活動が委員会で行われる点は，コンセンサス・モデルの議会と共通する特徴である」（川人 2015：136）。

しかし川人は，評価を総合する段階ではこの点についてほとんど触れることなく，全体的に戦後一貫してマジョリタリアン型であるとの結論を提示している。他方で，本会議と委員会の相対的な重要性に関わる直接的な検討の形ではなく，本会議と委員会の構成が似通っていること，また委員会で政府原案が否決されても本会議で逆転可決がありうることを指摘し，間接的に委員会中心主義の限定性を主張しているように見える（川人 2015：136）。

この点について検討するため，まず議会の委員会制度について若干の整理をしておこう。Mattson and Strøm（1995；2004）などが基礎的な考え方や情報を提供しており，またMartin and Vanberg（2011）がかなり包括的にまとめている[12]。

Mattson and Strøm（1995：303）によれば，全体として委員会の権能を左右するのは，①草稿の権限，②議事コントロール，であり，Mattson and Strøm（2004：91-96）では，委員会の能力を測る上で特に重要なのは，①委員会での審議時間，②ヒアリングあるいは小委員会の活用，という2つの基準とされる。さらにMartin and Vanberg（2011：34-35）は委員会システムが多様であることを認めつつ，①情報の獲得（特に政党にとって），②修正の可能性，という2つの点が重要な意味をもつと指摘している[13]。

その上で，Martin and Vanberg（2011：36）によれば，個々の委員が専門性を高め，委員会全体が機能を強めるための条件として以下のような点が挙げられている。

①規模が小さいこと——決定のための取引費用が小さく，フリーライド

を抑止
② 常設委員会——個々の議員が時間・リソースを投入する誘因が大きくなる
③ 省庁組織との対応性——専門知識の獲得とネットワークの構築に有利
④ 大臣・官僚・外部団体へのアクセスの良さ，文書提出請求の権限など
⑤ 委員会審査のタイムテーブルのコントロール
⑥ 変化を提案する権限。少なくとも修正案を提案する権限
⑦ 大臣とは独立して活動する権限

　これらの条件に照らした場合，日本の国会における常任委員会のシステムはかなり強いと評価できるようである。規模については小さいとはいえないが，常設性が高く，政府の省庁との対応性も高い。また，大臣や官僚を始めとして，外部へのアクセスと権限も大きいとみてよい。基本的に委員会での審議スケジュールの管理・決定ができ，修正権限，また大臣からの独立性も確保されているといえよう。詳細な実証的検討は今後の課題であるが，概ね以上のように評価でき，したがって少なくとも組織・権限の面では，一定程度以上に「強い委員会」の条件を保持しているようである。また，大山（2011：37-41）が指摘するように，国会の常任委員会は，付託された法案の審査に止まらず，所管事項に関する立法の発案を行う権限の他，広範囲な権限をもっていることがわかる。大山は，議院内閣制を採用している諸外国の議会には類例がないほど強力であると評価している。特に独自の発案権限は，ドイツの連邦議会の委員会でも認められていない（Schreiner and Linn 2006：29）ことを考えると重要な点である。

　Martin and Vanberg（2011：37-40）が例示しているように，デンマークやオランダ，さらにドイツの議会では強い委員会の仕組みがあると考えられる。たとえばドイツの連邦議会では，委員会が議事のコントロール権限をもち，政府は法案の委員会からの引き上げや付託変えはできず，基本的に審査時間を制限することもできない。[14]　また委員会は官僚，外部利益団

体，その他へのアクセス権限をももっている。そして全体としてBundestagは，専門知識を獲得する能力に加えて，政府法案を修正する上で，デンマーク・オランダ議会よりもさらに大きな権限をもっている。特に，委員会がその内部で政府法案を修正する権限をもち，本会議審議においては委員会で修正されたものが討議の対象となる点は非常に重要とされている。

これに対して，イギリスやフランスでの委員会システムの特色については，近年の変化が著しいという留保が必要だが，依然として大きな比較の観点からいえば次のようにまとめられよう。

まず法案審査は基本的に常設委員会では行わない原則がある。イギリスでは法案ごとに委員会を設置し，フランスでも原則は法案審議のための委員会設置であり，そうでない場合は規模のきわめて大きな常任委員会（総定数577名で6委員会に分かれ，1委員会72名か144名だった）が審査を担当する。したがって，省庁との対応性は薄い。[15] フランスでは委員会に外部の専門家等を招聘することは多いが，イギリスの公法案委員会は，最近まで外部専門家からのヒアリング等を行わないのが原則であった。委員会の審査スケジュールについては，英仏でともに，政府が審査の順序・タイミング・期限について介入する大きな権限をもっている。イギリスでは現在，プログラム動議と呼ばれる手法が採られる。フランスでも，法案審査の流れについては政府がコントロールするためのさまざまなルールが設定されている。特に，結局は本会議議事日程についての決定権限の主要な部分を政府が握っているため，委員会審査の期限が政府によって指定される仕組みになっている。しかも，フランスの政府は審議促進動議を出すことによってさらにそれを早めることができる。委員会において提出された修正案に対する可否を決めるのは実質的・慣行的に政府・大臣であり，逆に政府側は，ほぼどのようなタイミングでも，つまり委員会段階を終えた後においても修正案を提出することができる。[16]

以上の簡単な検討からも分かる通り，日本の国会における委員会システ

ムはどちらかといえば強力である。少なくとも組織・権限面の条件からいえばそうである。他方で英仏の場合は，やはり典型的な弱い委員会システムといえるであろう。つまり，委員会システムのあり方から考えて，日本の国会はマジョリタリアン型という可能性は低いとみてよい。

　最後に残るのは，委員会と本会議での実際の活動レベルでの実証上の比較である。まず，審議時間の面から検討してみよう[17]。日本についてのデータは，国会の議事録に基づき，そのなかに記載された開会と散会の時間から（休息時間を除き）集計したものを用いる。この14年間ほどの国会のデータを集計すると，本会議の開催時間は年間平均64.6時間である（1999-2012年）。それに対して委員会の合計開催時間は，年間の平均で1263時間（2001-2014年）である。委員会活動が本会議のそれを大きく上回っていることは誰の目にも明らかであろう。

　一方フランスでは，本会議は，選挙のない年度（2008-2014年で，2012年を除く）では，合計で844日開催され，平均して141日，年間当たりの平均開催時間は，約1154時間（1日平均では約8時間）であった。これに対して常任委員会の合計は平均して1459時間（2013・2014年）である。合計時間でいえば委員会の方が多いが，本会議にも相当な時間がかけられていることが分かる。

　英独についてはさらに不十分なデータしか手元にないが，概ね以下のようになっている。イギリスでの本会議審議（2010-2012年）は，平均で1年あたり開催日数が147日，1日当たりの審議時間は7時間57分，総審議時間は1171時間であった。他方，常任委員会（1998-2002年）では，法案審議を行った回数が年平均で242回である。1回の委員会は標準的には2時間半程度であるとすると，少なめに見積もっても年間合計は約605時間となる。ただし，委員会は最大10時間程度まで続けられることもあり，また，全院委員会等，別のタイプの委員会があるため，全体の数字は不明である（Rogers and Walters 2004：134, 193, 200；Griffith and Ryle 1989：317）。ドイツについては，やや古いが，1987年から1990年の第11議会期に

ついて見ると，4年間の平均で本会議の開催日数は59日，1日当たりの審議時間は6時間59分，年間合計時間は約429時間であった。他方，同じ時期の委員会活動は，小委員会分も含めて合計2297時間で，1年当たりでは約574時間となる[18]。また，1994年から2005年までについては委員会が年間平均で547回，本会議は57回であった（Schreiner and Linn 2006：74）。

　これらのデータから，概ね以下のようなことが分かる。まず，本会議の開催日数と審議時間では，英仏では約140日・合計1150時間程度と長いのに対して，ドイツでは日数・時間ともに少なく概ねその3分の1よりもやや多いレベルである。委員会活動については，本会議での審議時間との対比で見れば，フランスでは約1.26倍，ドイツでは1.34倍であり，イギリスでは約半分程度と想定できる。また，ドイツでの委員会開催回数は本会議の約10倍に及んでいる。

　これらの数字は，法案審議に関わるものだけではないこともあり，確定的な判断はできない。しかし，英仏両国においては本会議の比重が比較的大きく，また絶対的な審議時間量としてもドイツよりは顕著に多いと考えられる。他方ドイツでは，本会議の開催頻度と審議時間が少なく，それに比べれば少なくとも委員会の開催頻度は相当に高いことが見て取れよう。

　これに対して日本の国会では，委員会の合計審査時間は1263時間でヨーロッパの主要国と比較してもほぼ同じ水準であるが，本会議の年間平均審議時間64.6時間は圧倒的に少ない。つまり，日本の国会では，本会議に比べて委員会の方にはっきりとした重点があり，しかも本会議での審議活動が極端に不活発である。マジョリタリアン型の代表国である英仏両国とは全く異なるパターンなのである。

　他方，本会議の深刻な形骸化という点ではドイツのBundestagともかなり異なっている[19]。それでも，委員会での開催回数の面などから見て，全体的にどちらかといえばドイツ型に近いというべきであろう。つまり日本の国会は，本会議を中心的な舞台として党派的な論争を繰り広げることに主眼が置かれているマジョリタリアン型とは構造的といっても良いほどの大

きな相違があり，どちらかといえば，委員会での活動を重視するコンセンサス型の議会と近いパターンなのである。[20]

③委員会付託前の本会議での枠づけの有無

　3番目の論点は，法案が提出された後，委員会に付託する前に本会議において討議され，委員会審査に一定の枠づけがなされるか否かである。前者では本会議での審議が最初に行われて委員会審査に一定の枠づけがなされるのに対して，後者では，委員会に直接付託されるため，法案の扱いが過度に政治化・党派化されることなく，審査の過程で与野党間での合意に基づいて修正を行うことが容易になると考えられている。

　この点についてイギリスでは，委員会への付託をする前に本会議の第2読会での討論と議決を行うことが基本となっている。委員会付託を省略するパターンがない訳ではないが，20名の議員によって反対されれば省略できないため，ほぼすべての法案が委員会に付託される。[21]第2読会では，法案の骨格，基本的な原則面についての討論が行われる。法案の骨格について，政府がその必要性を説明し，野党は場合によってはそれへの全体的な反対を，場合によっては修正の方向性などについて主張する形で両者が基本的な立場を明らかにする。また，それに続いて，政権党のバックベンチ議員が特定の論点や関心について見解を表明する。通常は，半日（3時間）か1日（6時間）の審議を行うが，憲法的意味合いのある法案等は，2日間にわたって討論を行うことがある。討論の後に野党が採決を要求する場合もある。第2読会で議決ないしは承認された法案は，基本的に法案を審議するために設置される公法委員会に付託されるが，その際に，議院は委員会に対して特定の指示を与えることも可能である。たとえば，法案の射程を拡大すること，特定の内容の修正案を準備すること，などである。逆に言えば，委員会は議院が下した決定に拘束されており，法案の原則を否定する事や法案の原則に反するような修正を行うことはできない（Griffith and Ryle 1989：230-231；Norton 2013：91-92）。また，イギリ

スの場合，設置される「常任委員会」は全く常設ではなく法案ごとにメンバーが指名されるが，政府（Whip）が推薦したチームがほぼそのまま就任することになっており，その点でも政府の統制が効いているといえる（Griffith and Ryle 1989：272）。

また，議院が委員会の活動を方向づけ，制約するもう１つの仕組みとしては，財政措置についての動議がある。一定の支出，ならびに租税措置等の財源に関する両面で，法案がそうした内容を含む場合に必要とされている。これらの動議は，大臣のみが提案できることになっている。当然，政府が統制するという側面が大きいが，同時に，議院が委員会での審査を事前に条件づけているという面がある（Griffith and Ryle 1989：231）。

フランスの国民議会では，提出された法案は，議長の判断によって適当な委員会（通常は常任委員会のうちのどれかであるが，特別委員会が設置されることもある）に付託される。したがって，委員会審査の前に議院が特定の条件づけをする手続きは採られない。しかし，2008年の憲法改正で変更されるまで，本会議での審議の対象となるテキストは，委員会での修正があった場合でも政府の原案であった。また，政府がきわめて強力な主導権をもって本会議審議を統制できるため，委員会審査を事前に方向づけ，条件づける制度的な仕組みがそもそも必要ではなかったのである。政府の原案が審議の土台となっている場合，憲法49条３項の信任手続きや44条３項の一括投票制度をも組み合わせれば，ほぼすべての修正案に対するコントロールが概ね可能だからである。[22]

つまり，イギリスでは本会議での事前手続きによって委員会の活動を枠づける方式が採られているのに対して，フランスの場合はそうした事前統制ではないが，ある意味ではより強力な委員会活動の制約と統制を可能とする仕組みが採られていた，ということができる。結局，マジョリタリアン型とされるこれらの２国では，やや方式は異なるが，確かに議院・本会議による委員会審査に対する統制メカニズムがあったのである。

それに対してドイツでは，骨格としてはイギリスと同じ３読会制を採っ

ているが，実際上の運用は相当に異なっている。まず，第１読会では通常は本会議での審議は行われない。ただし，時局的な注目度が高い場合や政治的な重要度が大きい場合，１つの会派の要求，あるいは長老会議からの提案によって本会議での審議が行われることがある。こうした審議・討論が行われたか否かによらず，法案は委員会に付託される。議院は，３分の２の多数によって委員会審査を省略することができるが，それはきわめて稀にしか起こっていない。また議院は，第１読会において法案を完全に否定して廃案とすることはできない。かりに野党から提出された法案であっても，委員会へは付託されなければならない（Schreiner and Linn 2006：87-88）。

　付託された委員会では，修正案を提出する権限が会派あるいは５％の議員（大体30名ほど）グループに限定されるが，内容的には条約などに関わる場合を除けばほとんどあらゆる修正をすることが可能である（Honnige and Sieberer 2011）。委員会の議事運営については大きな自由度を与えられており，全体として長老会議が設定するスケジュール枠に従うことが主たる制約となっている。ただし，委員会は付託に対して作業をするのみで，委員会自身が発案をする権限はもっていない（Schreiner and Linn 2006：29-30）。

　日本の国会での委員会審査に対する議院・本会議による（事前の）統制に関して，川人はまとまった形で見解を述べてはいない。実際の手続きを見ると，提出された政府法案は委員会に付託されるが，場合によっては付託前に本会議において趣旨説明を聴取し，それについての質疑を行うことがある。ただしその場合でも，以降の委員会での審査に枠づけ・条件づけをすることはない（大山 2011：37-41）。したがって，こうした国会のパターンは英仏とは本質的に異なっており，むしろドイツ型に近いというべきであろう。

　以上の検討の結果，ギャラハーらが提示した３つの基準に照らした場合，日本の国会をマジョリタリアン型とみるのはほぼ無理である。むしろ，コ

ンセンサス型のドイツとかなりの程度の類似性が見られるというべきであろう。

（2） キングの「5つのモード」モデル

川人は，King（1976）に基づき，内閣と議会の与野党との関係を示す5つのモードを概略以下のように説明している（川人 2015：124-127）。

①内閣と野党との間の与野党対立モード（opposition mode）
②内閣と与党議員との間の与党内モード（intra-party mode）
　——党内反対派・非主流派，党内への説得・交渉，党議拘束による造反の抑止
③内閣と非党派的な議員グループとの間の超党派モード（non-party mode）
　——政党の立場を離れる，超党派議員立法など。内閣対議会という古典的イメージ
④連立内閣内の与党間モード（inter-party mode）
　——連立与党内の政策の不一致や対立
⑤内閣と議会内で協調する与野党議員との間の与野党協調モード（cross-party mode）
　——分野ごとの専門性に基づく審議，特に委員会などでの与野党協調による合意追求[23]

その上で，英仏独に対するキングによる分類評価を紹介し，マジョリタリアン型では①と②が重要であり，コンセンサス型では⑤の与野党協調モードが重要であると指摘している（川人 2015：128-129）。そこで以下では，「マジョリタリアン型では，①と②が重要である」という見解について検討する。

まず，英仏はもちろん，委員会での修正が多いドイツにおいても，政府

（政権党）と野党との間の対立が政府法案の審議の上で相当な比重を占めることは否定できない。つまり，少なくとも3カ国に関する限り，与野党対立モードは存在しているとみて良い。実際ドイツでも，政府法案の骨格が維持されたままで議会多数派の支持によって成立すると考えられている（Gallagher, Laver, and Mair 2011：56；Honnige and Sieberer 2011；Schmidt 2003：91-92）。したがって問題は，主として委員会において生じるとされる②の与党内モードであり，その活発さを測る基準は与党修正の多さか，あるいは造反投票の有無・多寡ということになろう。

イギリスのウェストミンスター議会は，伝統的に政府の権限がきわめて強力で議会での修正を行いにくいだけでなく，党派規律が確立しているため造反投票も少ないとされてきた。言い換えれば，議会制度面での統制と政党政治的な側面という両面から，与党内モードは抑止されてきたと考えられる。実際，1945年から1970年頃までは，保守・労働両党で造反投票が生じた採決の比率は概ね10％以下であり，特に1960年代の後半にはほとんど皆無に近い状況であった。しかし，70年代に入ると20％から30％程度まで大きく増加している（Griffith and Ryle 1989：119）。さらに1986年には，20世紀で初めて，明らかに多数議席を保持する政府の法案が第2読会で否決された。90年代以降も，保守党，労働党を問わず造反投票は増加する傾向を見せている。2010年に成立した保守・自民連立のキャメロン政権でも，2011年末までに行われた採決のうち，43％で造反が記録されている（Norton 2013：27-29）。1990年から2005年の間に，60名以上が造反した例が93に及ぶ。ただし，造反は特定の限られた議員が繰り返し行っているともされる（Qvortrup 2011：90）。

他方で，委員会において受け容れられる修正案の90％は，政府自身が提出したものとされる。ただし，ここでも政権党の議員は水面下で一定の交渉を行うことが可能で，自らの修正提案を政府の側からの修正案として出すように働きかけているとされる。造反投票は，こうした働きかけが失敗した結果とも見られている（Norton 2013：105）。

以上から，イギリス下院では，与党内モードが弱いながらも一定程度見られること，そして近年はそれが造反投票の増加という形でかなり広がってきていることがうかがわれる。

フランスでは，与党内モードは典型的に法案の修正として現れる。Brouard（2011：49-51）によると1969年以降成立した法案2227本のうち，無修正のものはわずか680本（30.5%），1-50カ所の修正があるものは53.1%，50以上が16.4%である。同じく1969年以降の全修正案24万5311本のうち，政府による修正案は6.9%にすぎず，成立した法案のなかでも政府提出の修正案は19.5%を占めるにすぎない。成立率も，政府修正案が83.5%に対して委員会提出の修正案も79.8%でありほとんど差がない。しかも，委員会修正案は実数が5万5765本で，政府案の1万6928本よりもはるかに多いのである。結局，成立した修正案のうち，委員会提出分が61.5%を占めており，立法過程における委員会の修正活動の重要性は明白である。大山も，2008年から09年のデータとして，野党議員からの修正案が採択される率がきわめて低い（1％未満）こと，ならびに委員会提出の修正案は，実質的に政府と与党との間の協議の結果であると指摘している（大山 2011：115-116）。

つまりフランスでは，議会多数派は，委員会を通じて彼らの選好を高い確率で法案の修正として反映させる可能性をもっているのである。また，政府が強い統制権をもっていると考えられている予算の領域においても，政府修正が相当に見られる。政府だけが法案審議の最終段階まで，しかも予算の増額を伴った修正案を出すことができるという制度条件を反映しているのはむろんだが，実質的に議会多数派との妥協の結果という側面が強いと考えられる（Brouard 2011）。

繰り返しになるが，フランスでは政府が多くの強力な議会統制権限を保持している。信任投票を法案の議決に連結させることによって実質的な法案審議のないままで成立させること（憲法49条3項）や，政府が許容する修正案だけを採りいれた一括投票制度（憲法44条3項），また，本会議議

事全般のコントロール権限なども広範で大きい。1990年代以降の諸改革や2008年の憲法改正によって政府の議会支配は相当に緩められてきたが，そもそもそれ以前の時期から，議会の多数派が政府との間でこれだけのやり取りを行ってきたこと，換言すれば与党内モードの活動を行ってきたことはやはり重要な点であるといえる。

　こうした英仏の状況に対して，日本の国会はどのように評価すべきだろうか。まず，与党の造反投票については，ほとんど完全に存在しないことが分かっている。党議拘束がかかった場合，自民党議員の造反はこれまできわめて例外的な場合にしか生じていない。[24] そもそも記名投票が少ないため造反の有無については分かりにくい部分もあるが，会派単位での自民党の賛成率がほぼ一貫して100％であることも含め，与党の造反はきわめて少ない。

　他方，政府法案の修正については，増山（2003：35）によれば，1947年から2001年までの全ての政府法案についての修正率は約20％である。また，福元（2000：43-47）によれば，形式のみの修正が約9％，実質的な修正が16％である。しかしながら，これが与党の提出した修正案が受け入れられた結果なのか，それとも野党側との何らかの交渉・妥協の結果なのかは判然としない。成立した政府法案のうち，全会一致によるものが47％程度となっていること，各野党の政府法案への賛成率が共産党でさえ一時期を除けば50％を超え，他の政党では概ね80％程度になっていた時期が多いこと，さらに委員長提出の法案についてはさらに全会一致の比率が高いことを考えると，与野党協調のモードが一定程度存在しているとの解釈も可能であろう。[25] ただしこれだけでは，いずれにしても与党修正の有無と程度について確定的なことはいえない（川人 2005：119；増山 2003：41；川人 2015：137；福元 2000：43-47）。

　しかし実は，著者はこれらの修正が与党内モードの結果とは考えていない。なぜなら，自民党は法案の事前審査制度を通じて，国会提出以前の段階で政府との調整を徹底的に行っているからである。[26] そしてその結果，次

節で示すとおり，自民党議員の国会内での審議参加・発言の活動は極端に弱い。国会で，特に委員会審査を通じて，内容に関わる調整が行われているとはとても考えられないのである。結局日本の国会では，与党内モードにあたる活動は，少なくとも投票における造反や与党修正という形ではほとんど行われていないのである。

　これまでの検討から明らかになったように，日本の場合，政府と国会との関係はギャラハーらの提案する3つの骨格から見ても，またキングの5つのモードから見ても，マジョリタリアン型と評価するのはほぼ無理である。多くの点で基準に合致しないだけでなく，マジョリタリアン型の典型とされる英仏両国の実態とも大きな相違が見られる。むしろ，どちらかと言えばコンセンサス型の例とされるドイツに近いというべき要素が見られる。[27]

3　日本型の議会合理化

　今節では，これまでの検討の結果を踏まえて分析枠組みの問題を検討するが，その前に前提として2種類のデータを確認しておきたい。

　まず，与党議員の国会での活動についてである。2001年以降の時期について，衆議院の全ての常任委員会における各議員の発言を会議録から取りその文字数を集計した。審議参加，特に発言活動の多寡がほぼこれで測定できる。それを党派ごとにまとめた上で，各総選挙の後，次の総選挙までの期間ごとに集計した。また，1人当たりの発言活動量がほぼ一貫して大きい共産党の数値を100とした時の比率をも用いながら比較する。

　これらの分析からまず分かる点は，与党時代の自民党の不活発さである。2000年総選挙期から05年期まで，つまり2009年の政権交代が起こるまでの期間の自民党は，党派単位の総合計では一定量（2000年期—13.7％，03年期—11.4％，05年期—15.8％）を占めるが，議席率が48％から66％である

ことも勘案すると，明らかに不活発である。1人当たりで見るとこの点はさらに明白となる。1人当たりの対共産党議員比はわずか5％程度でしかないのである。会派人数が小さいほど発言の機会を得やすいという事情があると考えられるが，それにしても，20分の1というのは驚くべき数字である。

ところが，2009年に政権交代が起こると，今度は自民党議員の発言活動は急激に増大している。議席比率は25.2％であるが，会派としての総発言量は43％を占めるようになり，1人当たりの対共産党議員比率も28.6％へと大きく拡大している。逆に与党となった民主党の活動が一挙に不活発になっている。会派の議席は64％ほどであるのに対して，発言活動は19.3％，1人当たりの対共産党議員比率も，前期までは概ね45％ほどであった状況からわずか5％ほどへと急減しているのである。しかも，2012年総選挙で再び与野党が逆転すると，自民党の発言活動は再び一挙に縮小している。61％の議席で発言総量はわずか9.6％，そして1人当たりの対共産党議員比率が3.0％，30分の1にまで落ち込んでいるのである。結局，これらの数字が示していることは，委員会においては与党の発言活動がきわめて不活発だということである。[28]

与党議員の極端ともいえる不活発さと密接に関連した状況が委員会審査における質疑への偏重であり，討論と修正活動の，これも極端な弱体さである。[29] 仮に，議員が発言し，それに続いて政府の大臣・参考人等が発言している場合を質疑とみなし，議員の後に別の議員が発言する場合を「討論」とみなして，同様に委員会の会議録を用いてカウントすると以下のような結果となる。対象の期間は2001年から2014年まで，全ての常任・特別委員会が含まれている。14年間に，これらの委員会で行われた発言回数の総計は約84万回，そのうち，質疑は32万回余り，討論は4100回ほどであった。比率にすると質疑は約39％，討論は0.5％である。本会議では質疑5.8％，討論0.3％であり，確かにこれに比べれば，委員会での数字はともに若干は多い。しかし，仏国民議会の委員会について同様の算出をしてみ

ると，国防委員会では討論が26％で質疑が16％，文化委員会では討論が51％で質疑が8％であった。また，本会議に関しては，英下院（2001-14年）では討論の比率が34％で質疑は30％，仏国民議会（2013-14年）では討論33％，質疑が5％であった。[30] 明らかに，国会での審議・審査においては質疑が圧倒的な比重を占めており，討論のパターンとなっているものはきわめて限られているのである。

　こうした状況を前提とする限り，日本の国会と政府の関係は，マジョリタリアン型かコンセンサス型かに関わるギャラハーらとキングの枠組みでは適切に検討することはできない。特に，本会議機能の極端な形骸化・縮小は，こうした比較の次元を完全に超えており，議会の本来の機能そのものの喪失に近い本質的な問題となっている。コンセンサス型の典型とされるドイツとの比較がこの点を如実に示している。委員会中心主義の典型とされるアメリカのコングレスでも本会議は年間1000時間ほど行われていることも考え併せると，国会の極端な異質性は明らかである。また，与党議員がほとんど審議等の活動に参加しないという点もきわめて変則的であり，その結果，質疑は行われるものの修正活動・討論が驚くほど限定されたパターンでしか存在しない。これらの結果，ヨーロッパにおいて「標準的」と考えられている枠組みのなかでは，日本の国会や政府―国会関係について有効な分析ができないのである。[31] 端的に言って，国会のなかにあたかも与党が存在しないかのような状況は，理論の射程外なのである。結局，マジョリタリアン型でもコンセンサス型でもないというのが最も現実的な評価であり，第1節で簡単に触れたとおり，いわば議会の外側までを含んだ2段階の構造化による組み合わせとなっていることを包含する形で改めて理論化すべきであろう。

　確かに，キングが指摘したように，政府，与党，野党のそれぞれの内部に分断線があり，これがさまざまなモードを生み出す背景である。しかし，日本の実情を念頭に基本に立ち返って考えれば，政府，与党，野党の3者

間の基本関係は，政府―与党，政府―野党，そして与党―野党である。そしてヨーロッパの標準的な議院内閣制では，これら3つの関係が基本的に全て議会の内部において処理される。政府―与党関係は主として委員会で，そして政府―野党関係は主として本会議において展開される。与党―野党関係は，ウェストミンスター型の政府と議会多数派が融合している場合には基本的に政府―野党関係とほぼパラレルなものとして扱われ，ドイツなどのように議会が政府から自律する場合には，超党派的な関係をも一部含みながらそれ自体のプロセスが本会議と委員会を通じて展開される。これらはラフな見取り図であるが，最も重要なことは，これらがほぼ全て議会内部において行われるという点である。

しかし日本では，政府―与党関係は国会の内部では処理されない。与党による事前審査制度がそれを徹底的に代替しているからである。つまり，政府と議会との全体的な関係の構図のうち，日本の国会は政府―与党関係を決定的に欠いているのである。しかも，与党―野党関係は，基本的に交渉による運営として制度化されてきた[32]。巷間言われる「国会は野党のためにある」というコメントはまさにこうしたことを意味している。

それでは，日本の国会は他の議院内閣制諸国と比較できないのであろうか。むろんそうではない。著者の考えでは，なぜ政府―与党関係が国会の外に「逃避」し，その結果，全体としての政府立法に関わる政治過程がいかなる特質をもつようになったかについての議論を包摂できるような検討枠組みがあれば良い。そしてそれは，議会の合理化のパターンに深く関連している。

議会の合理化とは，どのような概念か。議会という機関は，本来，同権的な地位と権能をもつ個人としての議員によって構成される。そして，かれら個々の議員が自由にその権能を行使する状況を「議会の黄金期」(golden age of Parliament) と呼ぶ。しかし現実の議会は，国によって，歴史によって異なるものの，何らかの形でこれが「合理化」されている[33]。戦後日本の憲法体制が形成された後，戦後環境の下で日本の国会でも「合

理化」が進行した。そして，そこで焦点となるのは，なぜ政府―与党関係が与党事前審査制度という形で国会の外へと「離脱」したのかである。著者の現時点での仮説は，①政府の権能が国会から完全に排除されたこと，②国会内部での多数派の主導権と「決めるための制度」が不十分で，交渉による制度となったこと，③官僚機構と与党議員との利害が一党優位体制の下で一致したこと，などが主要な理由である。

　いずれにしても，戦前から自民党成立までの時期における，国会と与党・政府とを巻き込んだ与党事前審査制度の前史をベースとして，1960年代から70年代には，与党事前審査制度が不可分のものとして日本政治のなかに組み込まれた[34]。その裏側では，本会議の形骸化や与党議員の不活発，討論の不在など，さまざまな実態が積み上がってきた。まさに，国会と国会以前のプロセスとが完全に分けられ，2段階で構造化された形で全体の政治過程が構築されたのである。与党自民党は，まさに自らの与党としての地位と権限を国会以前の段階で独占的に行使した。その意味でマジョリタリアンそのものなのである。その一方で，国会は野党にとって相当な影響力を行使する場所となった。提案するイニシアティヴは政府と与党の側にほぼ独占されていたが，それをどの程度許容し，どのようなスピードで進めるのかについては野党側にもかなりの影響力が留保されていたのではないか。政府・与党は，いざとなれば多数決・強行採決に訴えてでも立法化を進めることはできたし，実際にもそれをある程度は実行してきた。しかし，他の国々との比較から見れば，それは単純な多数決主義の政治ではなかったことは明らかである。それを理解する鍵は，戦後国会の合理化のパターンでありそれと表裏一体の与党事前審査制度の確立である。そしてさらには，政権交代のない一党優位体制という前提の下でそれを下支えした政官の緊密な協働体制と，派閥と族議員が縦横に活動することを許容する自民党自体の権力共有型のガバナンス・システムの構築といった側面も大きな意味をもっていたのである。

　戦後の国会と政府をめぐる構図，政府立法をめぐる政治過程の全体像は，

以上のようなささか複雑な構造をもっている。いずれにしても，日本を含んだ比較議院内閣制論も今後のさらなる展開が不可欠である。[35]

* 本章は，2015年度の日本比較政治学会において報告したペーパーを元にしている。当初のペーパーを3分の1に削ったこともあり，説明の不十分な点が多々生じていることにお詫びを申し上げたい。当日いただいたコメントについて，待鳥聡史会員と川人貞史会員には特に謝意を表したい。また本章は，与党事前審査制度をテーマとしたサントリー文化財団からの研究助成の成果でもあることを申し添えたい。

注

1) 川人貞史の『議院内閣制』は，日本の政治全体について，議院内閣制論の理論的な検討に基づく，初の体系化された研究である。当然，きわめて高く評価されるべきである。
2) たとえば，日本の自民党単独政権は「少数内閣」に分類するという扱いになっている。この問題は，多分，同書の基本的な問題としての，分類の恣意性とも関連している（レイプハルト 2014）。
3) 同書の注（4）（127-128頁）においても，こうした考え方が強調されている。「日本では，戦後一貫してマジョリタリアン・モデルの多くの特徴が見られるため，広義の意味でのウェストミンスター・モデルへの転換があったわけではないことに注意する必要がある」。
4) Rasch and Tsebelis（2011）は，政府にとって，政府立法が自ら意図した結果を得られるようにするための仕組みとして，制度的な面，つまり政府の議事コントロール権限，政党政治的な側面，そして政府の政策位置の中心性，という3つの側面に注目して分析している。しかし，同書のタイトルが示すように，検討の比重は議会内の立法プロセスにおいて政府がどの程度のコントロール権限をもつのかという点にあり，少なくとも，この点で同書は最も包括的でレベルの高い研究と言って良い。日本に関しては，同書所収のKoster-Riemann（2011）。なお，同論文には，若干の事実誤認と思われる点（たとえば会期の延長の手続き）や，参議院の役割と影響力についてやや同意しがたい解釈も見られる。ちなみに，同論文の259頁には，さまざまな制度要因が一覧表としてまとめられている。
5) Koster-Riemann（2011）論文の結論も，日本の政府は，法案を国会に提出した後は，そのコントロールのための権限をほぼ何ももっておらず，したがって，政府

立法を進めるためには政党政治面での優越性を使うしかないこと，政府が望まない修正を阻止するには衆議院の解散という以外に制度的な手段を何ももたない，というものである（Koster-Riemann 2011：258-259, 266-267）。

6) 英仏の違いについては，紙幅の都合で詳細に説明できない。とりあえず，Rasch and Tsebelis（2011），Huber（1996），Griffith and Ryle（1989：230-231），Norton（2013：91-92），Camby and Servent（2011），Assemblée Nationale（2009）などを参照。Nonaka（2014）にはそれらの比較対照表がある。また，著者が実施してきたインタヴュー調査による情報も用いられている。

7) ただしフランスについては，2008年の憲法改正と，翌年の国民議会規則の大改正によって，政府による極端な議事コントロールのルールが若干修正された。詳細については野中（2015a）ほかを参照。

8) この点についても，紙幅の都合により詳述することはできない。しかし，フランスの対議会関係大臣，イギリスでのChief Whipの役割と，それを支える権限・組織は日本にはない。衆参のそれぞれの官房副長官と内閣総務官室が似たような位置づけになるが，その指揮権限と統制力は英仏とは全く異なる。逆に言えば，自民党の国対組織は，党内の派閥機構とも連動させるなど，他の議院内閣制諸国には見られない突出して強力な組織と機能を備えたものになっていた。これらの点に関連しては，白井（2013）を参照すべきである。

9) むろん，全体としてマジョリタリアン型の統治システムであっても，議会内部での政府権限が弱いかわりに，議会内の多数決主義が貫徹するような組み合わせも有りうる。この点については，別途検討すべきである。他方，ギャラハーらが想定するコンセンサス・モデルの典型と考えられているドイツは，連邦政府の権限がごく限られている点で，日本と類似した側面がある。

10) 国会での議事運営がマジョリタリアン型か否かについては，増山（2003）もまとまった検討を行っている。増山は，Döring（1995）の議論を国会に適用して検証し，「……国会の制度構造はむしろ多数主義的な議事運営を可能にしていると言える。……イギリスを典型とする与野党対立型に近い議事運営を制度的に保証している」とまとめている（増山 2003：68）。制度的可能性を指摘するこの議論に，著者は反対ではないが，他方，議長の決裁権に関する位置づけや会期不継続原則の容易な変更可能性については賛成できない。また，Döring（1995）の指標をめぐる分析でも，増山の検討にはかなり深刻な懸念がある。

11) なお川人は，これに関連して，「閣法の修正率が低いことも内閣・与党優位の議会運営であることを示している」（川人 2015：136）と述べている。内閣と与党を

峻別しないことの問題はすでに指摘したが，閣法の修正については，後段のキングによる5つのモード，特に与党内モードについての議論で扱う。
12) Mattson and Strøm（2004：91-96）では，議員が本来同権的（collegial）であるのに，実態的には階層化，専門化という2つの側面での差別化が進んでいると指摘し，委員会システムの基本的な背景を解説している。
13) ただし，Martin and Vanberg（2011）の研究上の主たる関心は，連立政権において政権政党間の調整がいかに行われるかにあり，内閣レベルでの仕組みを含んだ全体的な枠組みのなかで議会委員会の役割に注目していることには留意する必要がある。
14) ただし，委員会の開催日程は，基本的に「長老会議」が決定したスケジュールの枠内で決めることが求められる（Schreiner and Linn 2006：30）。
15) イギリスではそのため，省庁別対応の特別委員会制度を導入した（1979年）が，法案の審査は担当しない。またフランスでは，2008年の憲法改正で委員会の数が8に増加した。
16) Camby and Servent（2011），Assemblée Nationale（2009）などを参照。なおフランスでは，2008年まで，政府原案が委員会で修正された場合でも本会議での審議のたたき台は政府原案であり，本会議と委員会との権限関係において著しい不均衡状態にあったといって良いほどであった。ただし，2008年以降は委員会で修正されたテキストが本会議審議のベースとされるようになった。また，イギリスの公法案委員会も書面および口頭でのヒアリングが行われるようになった。
17) 英仏に関する数字は，それぞれの議会の公式サイトの該当箇所から採用した。
18) 年間平均審議時間の数字がやや不正確であるようだが，http://www.bundestag.de/dokumente/parlamentsdokumentation/gesetzgebung_wp16.pdf（2014年12月30日アクセス）から採った。
19) Bundestagでも，本会議において法案に対する逐条審議が行われる。これが決定的な相違となっている可能性が高い。たとえば，齊藤（1991：24），服部（1995：56）。
20) ただし，これが単に「委員会中心主義」によって説明できるともいえない。本章では触れていないが，委員会中心主義の典型とされるアメリカのコングレスでも，本会議の年間開催時間（1999-2003年，単純平均）は下院で約978時間，上院で約1187時間であった。松橋（2004：13）より算出。
21) 1987年までの10年間では，年間に5法案程度がこうして委員会付託を省略されている（Griffith and Ryle 1989：230）。

22) ただし，2008年以降は，委員会審査の重要性が顕著に拡大したため，それまではあまり出席することのなかった大臣が委員会審査に出てくるようになったとされる。
23) 執政―立法関係に関するキングの主張は，「モンテスキューの定式化の背後にあるものを考える」べきであり，執政と立法という2つの機関が対立するという単純なイメージではなく，各国ごとのパターンの相違を注意深く観察し重視すべきというものである（King 1976：11-12）。なお，Andeweg（1993：152-156）では，キングの議論を発展させ，①非党派的モード，②政党間モード，③政党交差モード，という3つに区分することを提案しているが，著者は，キングのもともとの分類の方が優れていると考える。
24) 代表的な例としては，1993-94年の選挙制度改革をめぐる採決と2005年の郵政民営化をめぐるものが挙げられる。
25) 福元（2000：46）は，実質修正について，法案本体に対する野党の賛成を得るための代償であり，野党の要求を取り入れる手段であることが多いと指摘している。
26) 大山（2011）では，事前審査ルールを半ば無視した日本郵政公社法案（2002年，小泉内閣提出）において，与党修正が行われた例が挙げられている（大山 2011：100）。
27) 大山は，強力な委員会権限や，内閣が国会から切り離された構造をもっている点などでヨーロッパの大陸型議会との共通性が高く，イギリスとは大きく異なり，むしろイギリス議会との対極にある，と指摘している（大山 2011：39-41, 122-123）。その一方で，審議の実態については，法案の修正活動がきわめて低調であり，政府と与党とがほぼ一体化して野党に対する対決型の審議に終始してきた点で，イギリス以上に対決型であったと指摘している（大山 2011：123-124）。

　また，国会審議のパターンについて，主として衆・参のねじれの有無などに着目しながら検討した武蔵（2016）でも，本章の結論とほぼ同様の評価がなされている。少なくとも制度・慣行・運営という面で，ドイツ連邦議会との類似性や英仏議会との相違を指摘し，1990年代以降でもなおコンセンサス型が継続していると述べている（武蔵 2016：321-322）。
28) 他の政党会派に関しても，野党に位置する場合は発言量が大きくなり，与党の場合は相対的に発言活動が多くないという傾向が見て取れる。たとえば公明党は，与党の時は対共産党比がほぼ平均して25％程度だが，民主党政権時代には67％となっている。また，多くの場合，野党第1党の発言比率は議席率からみても割増しとなり，かなり大きな比重を占めることも明らかである。紙幅の都合でデータを網羅的に示せないので，データ処理の詳細も含めて別の論考に委ねたい。

29) 閣法に対する修正の数・比率自体はかなり大きいともいえる。ここで問題としているのは，修正案の提出とそれを基礎とした審議活動の少なさである。
30) データは，イギリスについてはParliament home page ＞ Parliamentary business ＞ Publications and Records ＞ Hansard ＞ Commons Debates ＞ Daily Hansard，フランスについてはAssemblée Nationale accueil ＞ Travaux en séance ＞ Les comptes rendus から採った。
31) King（1976）以来の蓄積に加えて本人─代理人理論に依拠した最近の研究でも，政府と与党との関係が重視されている。そして，議会における内閣と議会多数派との緊密な連携の側面とともに，この両者間の選好が異なることをいかに説明するかが重要な問題設定となっている。つまり，与党が議会において欠落するという前提が存在していないのである。
32) 著者の考えでは，たとえば重要広範議案の仕組みは，典型的にマイノリティに対する「必要以上」の譲歩という方式を代表したものである。また，多数派による議事運営にもさまざまな制約がつきまとっていることは無視できない意味をもつと考える。ただしこの点については，今後も検討の余地がある。
33) 議会合理化については，憲法学の観点からの大石（1988），特に第2章が適切なまとめである。また，Cox（1987）が政治学的な議論の代表例の1つである。本章で主張している戦後日本での「議会合理化」についての議論として，Nonaka（2014）がある。なお，日本の地方議会についても，かなり類似した合理化パターンが見られる。野中（2015b）を参照されたい。いずれにしても今後，この「議会合理化」の概念の精緻化を進める必要がある。
34) 与党事前審査制度の成立の歴史については，奥・河野（2015）が大変に優れた研究である。
35) 執筆の最終段階になって，待鳥（2015）に接した。きわめて質の高い研究であり，本章の議論にも大いに関係しているが，その成果を取り込むことは他日の課題としたい。

参考文献

大石眞（1988）『議院自律権の構造』成文堂。
大山礼子（2011）『日本の国会──審議する立法府へ』岩波書店。
大山礼子（2013）『フランス政治制度』（改訂版）東信堂。
奥健太郎・河野康子編著（2015）『自民党政治の源流──事前審査制の史的検証』吉田書店。

川人貞史（2005）『日本の国会制度と政党政治』東京大学出版会。
川人貞史（2015）『議院内閣制』東京大学出版会。
齊藤純子（1991）「ドイツの立法過程と政府の役割」『議会政治研究』第17号。
佐々木毅編著（2015）『21世紀デモクラシーの課題——意思決定構造の比較分析』吉田書店。
白井誠（2013）『国会法』信山社。
野中尚人（2015a）「フランス——第五共和制の「半大統領制と「合理化された議会主義」」佐々木毅編著『21世紀デモクラシーの課題』吉田書店，所収。
野中尚人（2015b）「日本の議会における時間リソースと審議パターン——国会・高知県議会・フランス国民議会の比較を通じて」『東洋文化研究』第17号。
服部高宏（1995）「ドイツの立法過程にみる政党と官僚」『議会政治研究』第34号。
福元健太郎（2000）『日本の国会政治——全政府立法の研究』東京大学出版会。
増山幹高（2003）『議会制度と日本政治——議会運営の計量政治学』木鐸社。
待鳥聡史（2015）『代議制民主主義——「民意」と「政治家」を問い直す』中公新書。
松橋和夫「アメリカ連邦議会上院における立法手続き」『レファレンス』2004年5月。
三輪和宏（2009）「フランスの統治機構改革——2008年7月23日の共和国憲法改正」『レファレンス』2009年5月。
武蔵勝宏（2016）「国会審議の効率性と代表性——国会審議をどのように変えるべきか」『北大法学論集』第66巻第5号。
レイプハルト，アレンド（2014）『民主主義対民主主義——多数決型とコンセンサス型の36カ国比較研究［原著第2版］』（粕谷祐子・菊池啓一訳）勁草書房。

Andeweg, Rudy (1993) "A Model of Cabinet System：The Dimensions of Cabinet Decision-Making", in Jean Blondel and Ferdinand Müller-Rommel (eds.) (1993) *Governing Together*, St. Martin's Press.

Assemblée Nationale (2009) *L'Assemblée Nationale dans les institutions françaises*, Assemblée Nationale.

Brouard, Sylvain (2011) "France：Systematic institutional advantage of government in lawmaking", in Bjørn Erik Rasch and George Tsebelis (eds.), *The Role of Governments in Legislative Agenda Setting*, Routledge.

Camby, Jean-Pierre and Pierre Servent (2011) *Le Travail Parlementaire sous la Cinquième République*, Montcrestien.

Cox, Gary (1987) *Efficient Secret*, Cambridge University Press.

Döring, Herbert (ed.) (1995) *Parliaments and Majority Rule in Western Europe*, Campus Verlag and St.Martin's Press.

Döring, Herbert and Mark Hallerberg (eds.) (2004) *In Patterns of Parliamentary Behavior : Passage of Legislation Across Western Europe*, Ashgate.

Gallagher, Michael, Michael Laver and Peter Mair (2011) *Representative Government in Modern Europe*, McGrow-Hill.

Griffith, J.A.G. and Michael Ryle (1989) *Parliament : Functions, Practice and Procedures*, Sweet and Maxwell.

Heidar, Knut and Ruud Koole (ed.) (2000) *Parliamentary Party Groups in European Democracies : Political Parties Behind Closed Doors*, Routledge.

Honnige, Christoph and Ulrich Sieberer (2011) "Germany : Limited government agenda control and strong minority rights", in Bjørn Erik Rasch and George Tsebelis (eds.), *The Role of Governments in Legislative Agenda Setting*, Routledge.

Huber, John D. (1996) *Rationalizing Parliament : Legislative Institutions and Party Politics in France*, Cambridge University Press.

King, Anthony (1976) "Modes of Executive-Legislative Relations : Great Britain, France, and Germany", *Legislative Studies Quarterly* 1(1) : 11-36.

Koster-Riemann, Silke (2011) "Japan : Decades of Partisan Advantages Impeding Cabinet's Agenda Setting Power", in Bjørn Erik Rasch and George Tsebelis (eds.), *The Role of Governments in Legislative Agenda Setting*, Routledge.

Martin, Lanny W. and Georg Vanberg (2011) *Parliaments and Coalitions : The Role of Legislative Institutions in Multiparty Governance*, Oxford University Press.

Mattson, Ingvar and Kaare Strøm (1995) "Parliamentary Committees", in Herbert Döring (ed.) *Parliaments and Majority Rule in Western Europe*, Campus Verlag and St.Martin's Press.

Mattson, Ingvar and Kaare Strøm (2004) "Committee Effect", in Herbert Döring and Mark Hallerberg (eds.), *In Patterns of Parliamentary Behavior : Passage of Legislation Across Western Europe*, Ashgate.

Nonaka, Naoto (2014) "'LDP System' and Japan's Post War Politics : Has the Post War Japan had a Parliamentary Cabinet Government", Paper presented at the Annual Conference of the PSA, Manchester, April 14-16.

Norton, Philip (2013) *Parliament in British Politics*, Palgrave.

Qvortrup, Mads H. (2011) "United Kingdom: Extreme institutional dominance by the executive …most of the time", in Bjørn Erik Rasch and George Tsebelis (eds.), *The Role of Governments in Legislative Agenda Setting*, Routledge.

Rasch, Bjørn Erik and George Tsebelis (eds.)(2011) *The Role of Governments in Legislative Agenda Setting*, Routledge.

Rogers, Robert and Rhodri Walters (2004) *How Parliament Works*, Longman.

Saalfeld, Thomas (2000) "Bureaucratisation, coordination and competition: Parliamentary party groups in the German Bundestag", in Knut Heider and Ruud Koole (ed.), *Parliamentary Party Groups in European Democracies : Political Parties Behind Closed Doors*, Routledge.

Schmidt, Manfred G. (2003) *Political Institutions in the Federal Republic of Germany*, Oxford University Press.

Schreiner, Hermann J. and Susanne Linn (2006) *The German Bundestag : Functions and Procedures*, NDV.

Strøm, Kaare (1990) *Minority Government and Majority Rule*, Cambridge University Press.

Strøm, Kaare (2000) "Delegation and Accountability in Parliamentary Democracies", *European Journal of Political Research* 37 : 261-289.

Strøm Kaare, Wolfgang C. Müller and Torbjörn Bergman (eds.)(2003) *Delegation and Accountability in Parliamentary Democracies*, Oxford University Press.

イギリスについては，Parliament home page ＞ Parliamentary business ＞ Publications and Records ＞ Hansard ＞ Commons Debates ＞ Daily Hansard．

フランスについては，Assemblée Nationale accueil ＞ Travaux en séance ＞ Les comptes rendus．

またドイツについては，http://www.bundestag.de/dokumente/parlamentsdokumentation/gesetzgebung_wp16.pdf（2014年12月30日アクセス）

（のなか・なおと：学習院大学）

CHAPTER
3
オーストラリアの執政制度
――労働党政権（2007-13）にみる大統領制の可能性――

杉田弘也［神奈川大学］

1 ラッド・ギラード労働党政権の敗北

　オーストラリアの執政制度は，成文憲法では英国王が兼務するオーストラリア国王の代理である連邦総督が行政の長であるが，実際には成文憲法ではなく「憲政上の慣習」（constitutional conventions）に基づく議院内閣制である。1909年以来，2度の例外を除き，オーストラリア労働党（ALP）ないし自由党・国民党連合（保守連合）のいずれかが単独政権を形成する二党制が続いてきた。

　2013年9月7日に行われた連邦総選挙（下院解散と上院半数改選）において，ALPは下院150議席中55議席，第1次選好得票率33.4％にとどまり[1]，2期6年近く維持してきた政権を手放すこととなった。ブレア政権の元閣僚であり，ケヴィン・ラッド，ジュリア・ギラード両首相のアドバイザーを務めたアラン・ミルバーンは，オーストラリア放送公社（ABC）制作のドキュメンタリー・シリーズ "The Killing Season" のなかで以下のように述べている。

　2007年11月の選挙をあのような規模で勝利し，人々の好意を勝ち取り，有権者からの許可を得た。にもかかわらず，わずか6年間でその好意を全て失い，許可を踏みにじり，下野することになってしまった。そのようなことがどうして可能だったのか。それが，オーストラリア労働党が

自らに問いかけなければならない厳しい問題なのだ。私は，どこの国でも，いつの時代でも，世界のどの部分でも，こんな例は見たことがない。私の見たところ，このことから非難なしでいられる関係者はだれもいない（*The Killing Season*, Australian Broadcasting Corporation）。

　ALPは，2007年11月24日の総選挙で11年9カ月ぶりに政権に復帰した。下院150議席中83議席（保守連合と18議席差）は「地すべり的勝利」とはいいがたいが，現職首相を落選させ，1949年以降3番目に高い二党間選好得票スウィング（5.4％）を記録し，連邦・州・特別地域の政権を独占することとなった。有権者の期待は，ラッドが就任以降2年にわたり，空前ともいえる高支持率を維持したことに示されていた。ラッド政権は，世界金融危機を政府と中央銀行による積極果敢な財政・金融政策によりマイナス成長を2008年12月四半期のみにとどめ，弱点であった経済運営上の疑問も乗り越えたように思われた。下野した保守連合は，2008年9月，2009年12月と党首交代が相次ぐなど混乱状態にあり，労働党長期政権は必至と思われた。ポール・キーティング元首相は，「ラッド・ギラード政権が3期連続して政権を維持できたはずだと考えるのは理にかなったことだ。それが合理的な期待だったはずだ。そしてもし運がよければ4期目もあるだろう，とね」と述べている（Bramston 2014：126）。

　しかしながら，2010年6月24日に起きたラッドからギラードへの突然の党首交代が内紛をもたらし，2010年の総選挙で少数政権に転落した。2013年6月にはギラードからラッドへ再度の党首交代が起き，最終的には総選挙で敗北した。2期6年は決して短期政権とはいえないかもしれないが，2期目は少数政権であり，ギラード陣営とラッド陣営の間で内戦状態にあったことを考えると，ALP支持者が2007年11月に寄せた期待を裏切ったことは確かであろう。本章は，ミルバーンの疑問に対し，執政制度と執政制度内のアクターの視点から答えようとするものである。ラッド・ギラードALP政権が，5期13年続いたホーク・キーティングALP政権

(1983-96) や4期11年9カ月続いたハワード保守連合政権 (1996-2007) の半分で終わった理由について，ギラード政権が少数政権であったことに起因するのかについてまず考察する。執政制度上，オーストラリアにおいて少数政権が必ずしも稀ではないとすれば，原因はALP内部にあると考えられる。当事者の発言やジャーナリストの調査報道を検証すると，ラッドが議院内閣制における執政制度の根本であり，大衆組織政党であるALPにとっても中心的な概念である集団意思決定を軽視していた事実が明らかになる。そうなると，それを許したALP議員団の問題であり，党組織の変容に帰着する。ALPの存在理由は，党組織によって決定された党綱領に基づく政策の実現であったはずである。ところが現在のALPは，次の選挙はおろか24時間ニュース・サイクルのなかでの短期的な勝利を得ることが目的になってしまった。ラッド・ギラード政権は，ALPが選挙プロフェッショナル政党化した帰結点であり，それはまたオーストラリアの執政制度が大統領制へ変化する可能性を示唆している。

2　ギラード「マイノリティ・ガバメント」成立の経緯

　ラッド・ギラード政権，特にギラード政権への支持率が低迷し短命に終わった理由を問うと，「マイノリティ・ガバメント」との答えが即座に返ってくる（たとえばアンドルー・サウスコット自由党下院議員，2015年9月8日）。キーティング，ラッド，ギラード政権で主要閣僚や上院リーダーを歴任したジョン・フォークナーは，「保守連合とそのメディアの仲間たちが，ギラード首相は『選ばれたのではなく』，彼女の率いる政権は少数政権であるがゆえに正当性を欠くと主張するのを，私たちはしょっちゅう聞かされている」と述べている（Faulkner 2012）。

　ギラード政権への支持率低迷の原因は，しかしながら，少数政権だからという単純な事情なのだろうか。フォークナーは，連邦結成後の10年間をはじめ，第2次世界大戦の初期など少数政権が存在していた例を挙げ，少

数政権が決して初めての体験ではなかったことを訴えている。確かに連邦下院で二大政党のいずれかが過半数の議席を得ることができなかったのは1940年以来70年ぶりのことであり，ほとんどの有権者にとって未知の領域であったが，1990年代以降すべての州と特別地域が少数政権を体験し，その多くが次の選挙で大勝して長期政権への道を開いている。

　さらに連邦上院では，1960年代半ばから政権党が過半数を確保できないことが常態化している。過去50年間で政権党が上院の過半数を確保できた期間は，1975年12月～1981年6月と，2005年7月～2007年11月の合計8年にすぎない。オーストラリアでは上院が下院とほぼ同等の権限をもっていることを考えれば，オーストラリアは実質上少数政権を長期間にわたって経験しており，重要法案の多くが上院で修正ないし否決される状況が続いている。たとえばアボット政権の2014-15年度予算関連法案の多くが上院で遮られ，予算の変更を強いられている。政権党も第一野党も上院の過半数を掌握できない状態を，オーストラリアの有権者が上院のクロスベンチ議員にバランス・オブ・パワーを与えるという形で支持していると考えるならば，有権者は少数政権それ自体を排除しているのではない。

　2010年8月21日の総選挙で，ALPと保守連合がともに150議席中72議席を獲得した。第1次選好得票率はALP 38.0％，保守連合43.3％であり，二党間選好得票率はALP 50.1％，保守連合49.9％であった。残る6議席は，オーストラリアン・グリーンズ1議席，保守連合に加わらず単独で選挙を戦ったウェスタン・オーストラリア（WA）州国民党1議席，そして4人の無所属議員が獲得した。ギラードは，このうちグリーンズと無所属議員3人の支持を得て下院の過半数を確保し，政権を維持することができた。国民党地盤の地方選挙区選出で国民党候補を破って当選しながらギラードを支持したニューサウスウェールズ（NSW）州のトニー・ウィンザーとロブ・オークショットは，その理由として3年間の下院任期を全うできる可能性はギラードのほうが高いことを挙げた。ウィンザーは，上院ではALPとグリーンズを合わせると2011年7月以降多数を確保できるこ

とも1つの要因であるとしている。アボットは首相になるためならどんな条件でも，不可能に思われるような条件でも呑むと伝えていたが，アボットとの会談を経て両議員が導き出したアボットの意図とは，政権を得るために必要なクロスベンチ議員の支持をどんな手段を使ってでも確保すると，上院で法案が成立しない状況を意図的に作り出し，可能な限り早く両院解散総選挙を実施するというものだった（Windsor 2015：68-69）。

議会の過半数を確保していない政党が内閣を組織する場合，①他党の議員を閣僚として参加させる連立政権，②広範な政策協定を結び協力関係を構築する閣外協力，③内閣の信任と経常支出法案（サプライ）への賛成は約束するが，それ以外の法案についてはそのつど内容に応じて賛否を決める個別議案連合，の3通りが可能である。2010年にギラードが結んだ合意を見ると，全ての合意文書に共通するのは，議会開会中はギラード自身が各クロスベンチ議員と週1回，閉会中はギラードないしその代理が各クロスベンチ議員ないしその代理と2週間に1回定期的な会合をもち，審議中あるいは今後審議予定の法案などについて協議するとしている点である。

タズマニア州選出の無所属議員アンドルー・ウィルキーとの間では，一般市民にとって容易に手が届く場所にあるギャンブルであり，ギャンブル依存を引き起こす最大の原因とされているスロット・マシーンの一種「ポーカー・マシーン」に掛け金の上限を設けるといったギャンブル対策に関する合意を結んだ。ウィンザーとオークショットとの合意の中核となったのは，3年間の下院任期を全うすること，下院議長の独立性を高めることなど透明性と説明責任を強化するための議会改革であった。両議員の選挙区の要望に応える地方への公共投資や，地方担当大臣を閣内ポストとして設けること，それに超党派の気候変動委員会の設置も盛り込まれた (*a letter from Julia Gillard PM to Tony Windsor, Member for New England*, September 2010)。内閣の信任とサプライ以外に関しては，両議員は全ての法案に対し自らの選挙区の要望と良心に基づいて行動し，政府に反対する場合まず政府と交渉するとしている。また，両議員は自らの

手で不信任案を提案する権利を維持した（Windsor 2015：93）。合意の発表は各議員によるプレス・リリースや記者会見という形式をとった。三者ともにこの合意はギラード首相個人とのものであってALPとの合意ではなく，したがってALPが首相を変える場合は合意を覆す可能性が，後日労働党内の抗争が高まるにつれ指摘された。そのほか具体的な合意内容は，それぞれの選挙区に特有の問題に限定されており，個別議案連合と考えることができる。

　これに対しグリーンズとの合意では，議会改革に加え気候変動対策を明確に目標として位置付けている。ALPとグリーンズは，①2020年までに炭素汚染を減少させるため炭素に価格を付けることとし，その検討のために内閣委員会と同様の資金や資源を与えられた気候変動委員会を設立する，②歯科医療について緊急に行動を取るため，2011年度予算の文脈のなかでより一層の投資を考慮する，③2011年7月までに高速鉄道網の導入に関する調査を行う，④アフガニスタンでの戦争に関し議会で充分な討論を行う，という4つの政策分野について合意した（*The Australian Greens & The Australian Labor Party-Agreement*）。グリーンズとの合意の発表は，首相と副首相兼財務相が出席し，具体的な政策項目が盛り込まれた政策合意の発表という形式をとった。気候変動委員会の設置については，ウィンザー，オークショットとの合意にも含まれているが，グリーンズとの合意には明確に炭素価格制度の導入が言及されており，閣外協力関係と考えられる。この合意は，下院においてバント議員の支持を得ること以上に，上院でALP政権に対するグリーンズの支持を確固としたことに大きな意義がある。

3　少数政権の可能性と現実

　オーストラリアの連邦憲法が起草され制定された19世紀末，リベラル派，保守派に加えALPが議会においてすでに地歩を固めていた。イアン・

マーシュが詳述するように，連邦結成から最初の10年は二党制ではなく，3勢力が鼎立しており，1909年に保護貿易派（リベラル）と自由貿易派（保守）が合同して自由党を結成する（Fusion）まで多数政権は存在しなかった[3]（Marsh 1995：277-302）。この9年間に6度の首相交代があったが，総選挙による首相の交代はなかった。自発的に首相を辞任した初代首相のエドマンド・バートンを除くと，残る5回の首相交代のうち，不信任案の可決にあたるものが3回，政府にとって受け入れがたい法案の修正がなされたとして辞職した場合が2回となる。

このように，選挙によらず頻繁に政権が交代した初期の連邦議会であるが，連邦憲法には少数政権が信任やサプライ以外の法案の採決で敗れた場合，必ずしも辞任しなくてもよいメカニズムが組み込まれている。連邦憲法1条は，立法権が国王と上院と下院の三者によって構成される連邦議会にあると規定し，2条で国王によって任命された連邦総督が，国王の代理として国王の権限を代行すると規定している。立法に関する連邦総督の役割について，58条は以下のように規定している。

両院によって可決された法案が，連邦総督に国王の同意を得るために提示されたとき，総督は自らの判断に基づき，ただしこの憲法に従って，国王の名のもとに同意するか，同意を留保するか，国王の意に任せるか公表する。総督は，提示された法案をそれが発議された院に対し差し戻し，修正案の勧告を伝えてもよい。議会は，その勧告に従ってもよい。

憲法上，連邦総督は議会の招集・開会・閉会・解散（5条），行政の執行（61条），閣僚の任免（64条），軍隊の指揮（68条）に関する権限も有しており，文字通り解釈すれば行政の長と位置付けられる。成文憲法には内閣や首相の記述はない。58条について憲法学者シェリル・ソーンダースは，憲政上の慣習に基づいて同意は常に与えられ，後半部分の議会への差し戻し条項は，最終段階で法案に誤りが発見された場合に対処するためのもの

であり，総督が自己の判断に基づいて決定することはないと記している (Saunders 1997：67)。

　成文憲法上では行政のトップと位置付けられる連邦総督が，議会を通過した法案について同意を留保したり議会に修正を求めたりすることができるのは，大統領制における立法と行政の権力の分立のようにみえる。1999年に国民投票にかけられた共和制移行の憲法改正案は，議院内閣制を維持し大統領を連邦議会で選出するというものであった。このとき，大統領直接選挙を望む共和制派の多くが君主制維持派とともに反対し，その結果共和制は否決された。次に共和制移行が成功するためには，大統領直接選挙モデルが必要とされる可能性が高いが，それはオーストラリアの執政制度の構造を根本から変え（O'Brien 2015：522)，したがって憲法の根本的な改訂が必要であると考えられてきた。しかし，連邦憲法から国王に関する言及を削除し，大臣は連邦議員とすると定めている64条を改正すれば，58条で立法と行政の権力の分立を謳っているわけであるから，大統領制への移行はさほど複雑ではない。それは，英国議会に起源をもつ憲政上の慣習から離れ，成文憲法に実際の政治を近づけることとなるであろう。

　議院内閣制を前提とした場合，58条は少数政権を機能させる手段と考えられる。少数政権の場合，政府の法案が議場において敗れる場合のみならず，野党ないしクロスベンチ議員の修正案や議員立法案が可決される可能性も存在する。そのような場合，該当する法案が上院も通過すれば，国王の同意を得るため総督の裁可を仰ぐこととなる。20世紀初頭にはそのような場合内閣は総辞職し，頻繁な政権の交代の一因となった（Marsh 1995：276-280)。58条は，野党発議の修正案や法案が両院を通過し，それが政府にとって受け入れがたいものであった場合，議会に差し戻すか同意を留保するよう首相が総督に助言することで，内閣総辞職の回避を可能にしている。

　第2次ギラード政権下の第43議会は，個々の議員の立法権限を強化する絶好の機会だった。下院における精妙なバランスは，クロスベンチ議員は

もちろん，党議拘束がかかっている二大政党の所属議員であっても，一人が行動を変えれば法案・議案の採否を左右できることを意味した。ALPがグリーンズや無所属議員と結んだ合意から判断すれば，ギラードが3年間の任期を全うしようとする意志と，グリーンズや無所属議員がそれを支持しようとする意図は明白であった。2010年の交渉のなかでギラードが確約を得たのは，信任とサプライの2点であった。ウィンザーとオークショットは，選挙区事情や良心に従って政府の法案に反対する権利を留保している。ALPとグリーンズが結んだ合意にそのような条項はないが，政策協定の外側であればグリーンズは自らの判断で行動する。したがって，野党提案の修正法案や議員立法にグリーンズやウィンザーあるいはオークショットが賛成する可能性も充分に存在した。アボットがこの事実を受け入れて建設的にかかわれば，第43議会の3年間は，通常の多数政権とは異なった，説得力ある言葉と論理的な議論によって法案が熟議される，執政制度の新たな展開が見られたはずであった。

　ギラード政権は，少数政権でありきわめて難しい局面のなかで500を超える法案を成立させ，多くの重要な改革を実現したと評価されている。たとえば，2013年7月から実施されている全国障がい者保険制度（National Disability Insurance Scheme）は，46万人の障がい者と介護者の生活を根本的に変える可能性があるとされ，年金制度や普遍的な健康保険制度と並ぶ社会改革と評されている。この改革は，州政府の協力なしで実現することは難しい。サウスオーストラリア州と首都特別地域を除く州政府は保守政権であったにもかかわらず，ギラードはほとんどの州政権と合意を取り付けることに成功した（Bramston 2014：89-90）。州の保守政権からの合意を取り付けることに成功したもうひとつの例は，初等・中等教育に対する公費負担を抜本的に改革し，公立・私立の関係なく各校のニーズを基準に算出するというもので，政府が諮問した委員会の委員長名から「ゴンスキー改革」と称される（Bramston 2014：90-91）。この2つに関しては，アボットもその維持を約束した。アメリカ合衆国との同盟関係の強化や，

「施設における子どもに対する性的虐待に関する特別調査委員会」の設置も高く評価されている（Bramston 2014：91；Windsor 2015：128-129）。ギラード政権はその一方で，議会で否決されるような法案は提示しない，あるいは審議途中で撤回するなど，議場での敗北を可能な限り回避した面も否めない。そのようななかには，ボート・ピープルの一部をマレーシアに移送する法案や，メディア改革などが含まれている。ウィンザーは，2015年8月のTV番組のなかで，第43議会についてこのように発言している。

> 周知のとおり，全てのことに「ノー」としかいわない，野党党首としては天賦の才能に恵まれたアボットがいた。ラッド支持者はギラードを徐々にむしばんでいた。ギラード自身，議会での微妙な数と格闘していた。私やロブ・オークショット，それに他の人たちもそうだが，そんな経験ができてとても幸運だった。実際の経験は，人びとがそうだったと語っていることとはかなり違う。つまり，人びとは状況が完全な混沌状態だったと語っている。アボット，ラッド，ギラードの関係ではそうだったかもしれない。しかし，議会や政策の関係では決してそうではなかった。あの議会で，非常に重要な政策のいくつかが実行に移された（Tony Windsor, *Q&A*, ABC, 2015年8月24日収録・放映）。

ギラード政権のこのような実績にもかかわらず，アボットは比較的短期間で首相の座に就くことができると確信し，建設的にかかわることなく徹底したネガティブ・キャンペーンを行い，「きわめて不安定で混沌とした議会と政府」という印象を作り出した（*The Killing Season*）。アボットがそのような確信を抱くに至った理由は，まず第1にNSW州の接戦選挙区選出のクレイグ・トムソン下院議員が，組合幹部時代の組合費の私的流用の疑いで捜査される事態となり，トムソンの議員辞職と2010年総選挙でALPがかろうじて維持できた接戦選挙区での補欠選挙の可能性が取りざ

たされるようになった。連邦憲法44条は，連邦法ないし州法違反で禁固1年以上の実刑判決が確定すると議員資格を喪失すると定めている。たとえトムソンが訴追されたとしても，実刑判決が確定するまで相当の日数がかかるはずであり，補欠選挙が実施されるとしてもそれはかなり先になるはずであった。しかしながら，保守連合の追及とメディアの報道は危機を煽り，エスコート・サービスの女性が絡んだ組合費の流用をめぐるスキャンダルは，NSW州においてALP州政権の腐敗が追及されていたこともあり，ALPとギラード政権にとって明らかに好ましくない事態であった。

　第2に，ウィルキーとALPが結んだギャンブル規制は，中低所得者が会員となっている非営利の会員制クラブやパブに置かれたポーカー・マシーンをターゲットとしていた。クラブの頂上団体によれば，全国に約6500のクラブが存在し，キャンベラの労働者クラブのようにALPが直接かかわっているクラブも存在する。ギャンブルからの収益の一部は，地域のスポーツ活動などに寄付されており，規制に反対するTVコマーシャルのほか接戦選挙区のALP議員に対し激しいロビー活動が展開された。すなわち，ウィルキーとの合意は実現できない可能性が高く，その場合はウィルキーがギラード政権に対する支持を撤回することも充分考えられた。

　第3に，ギラード政権への支持率は，2011年2月に発表した3年間の固定価格を含む気候変動ガスの排出量取引制度が，選挙公約違反であるとアボットから攻撃され急降下した。そして第4に，首相の座を追われたことに屈辱感を抱き，虎視眈々と復帰を狙うラッドというもう一人の「野党党首」の存在があった。

4　ALPの内紛

　風刺画家ジョン・シェイクスピアが，「ラッドを動物にたとえるならば何？」とSNSで尋ねたところ，「シロアリ」という回答が多数を占めた。ギラードのスピーチ・ライターを務めたマイクル・クーニーによれば，

ラッドは，議員団の支持があまりに少ないため党首選を争うこともできず，屈辱的に首相の座を明け渡したことを受け入れることができなかった（Cooney 2015：122）。10月までに支持率が上昇しなければ自発的に退くというラッドの提案をギラードがいったんは受け入れながら，支持者に促されて即座にその合意を覆したとされることや，ギラードが閣議において年金の増額や育児休業手当に関し否定的な発言をしたとされることが，2010年の総選挙直前に特定のジャーナリストにリークされた。首相交代で上昇したALPへの支持率は，このリークで再度下落した。リーク者がだれであるか特定はされていないが，クーニーやスティーヴン・コンロイ通信相（当時）は，選挙期間中にギラードが選挙後ラッドを外相に起用することを約束した時点でリークが止まったことを指摘している（Cooney 2015：122；*The Killing Season*）。

　外相起用後も，ラッドおよび彼の支持者によるゆさぶりは続いた（詳細はWalsh 2013）。たとえば2011年3月，中東を訪れたラッドは，リビアのカッザーフィー政権に対する飛行禁止空域の設定を提唱し，オーストラリアがそれに参加する可能性も示唆した。同時期に訪米中であったギラードは，「あくまで国連安全保障理事会において全てのオプションが考慮されるべきであり，選択の幅を狭めるべきではない」とラッドの発言を訂正した。こういったことは外交政策上の意見の相違ととられていたが，クーニーはラッドが意図的に外相としての権限を越えてギラードの見解と異なる発言を行い，ギラードの判断に対する疑問を醸成しようとしていたと記している（Cooney 2015：122）。

　ギラード側もラッドへの配慮が足りなかった。ギラードは，ラッドから首相の座を奪った時点で即座に外相の座を提示すべきだった。2011年12月にシドニーで開催されたALP全国党大会冒頭のスピーチのなかで，ギラードは第2次世界大戦以降のALP政権の歴代首相について名前を挙げて言及し功績をたたえながら，ラッドには言及しなかった。ラッドの凍りついた様子が，ニュース映像に映し出されている。ギラードはラッドの名

を挙げることに熱心ではなかったとの証言もある（*The Killing Season*；Walsh 2013：117；Cooney 2015：134-139）。

　2012年2月，ラッドが首相時代に執務室で激昂のあまり怒鳴り散らしている映像がYouTubeに投稿された。ラッドを傷つけるためのギラード陣営によるリークと考えたラッドは，訪問中のアメリカで外相辞任と党首挑戦を発表した。ギラードが71対31で圧勝する過程で，20カ月前の首相交代時には触れられなかったラッドの手法に対する不満が以下のように噴出した（*The Killing Season*，役職はいずれも2012年2月当時）。

- 「明らかに彼はティームの一人として働いていない」（サイモン・クリーン地方担当相）
- 「圧倒的多数の同僚に完膚なきまでに拒絶されながらもう一度挑戦するのは，巨大なエゴをもったサイコパス以外にありえない」（スティーヴ・ギボンズ下院議員）
- 「混沌，かんしゃく，決断力の欠如，いまラッドについてこんな話が広まっているが，われわれには真新しい話ではない」（トニー・バーク環境相）
- 「私たちは，ケヴィンが有権者を私たちの元に戻してくれる救世主という考えから脱却しなければならない。そんな考えは空想にすぎない」（ニコラ・ロクソン法相）
- 「ケヴィン・ラッドは内閣を軽蔑し，閣僚を軽蔑し，議員団を軽蔑し，議会を軽蔑している」（スティーヴ・コンロイ通信相）

　ギラード政権への支持を大きく失墜させた炭素価格制度が，2012年7月からさほどの混乱なく実施され，10月8日にはYouTubeにおける視聴回数が275万件を超える（2015年11月13日現在）「misogyny speech」[4]もあって，2013年初にはギラード政権の行方は好転したように見えた。しかし，2013年1月30日にギラードが9月14日の投票日を早々と発表し，その3日

後にロクソン法相とクリス・エヴァンズ教育相が次期選挙での引退を理由に閣僚を辞任すると，ラッド支持者は沈没船から乗員が脱出するイメージを描き勢いを取り戻した。コンロイ通信相が進めたメディア改革案が，ルパート・マードックが所有するオーストラリア最大のメディア企業であり，新聞市場の70％を所有するニューズ社を中心とするメディアの攻撃を受けるなか（Cooney 2015：252），ギラードが心血を注いだ，養子縁組を強制された人びとへの謝罪が連邦議会内で行われた３月21日，これまでギラードを支持してきたクリーン地方担当相がギラードに党首投票を行うよう要請し解任され，これをきっかけにリーダーシップ問題が表面化した。このときはラッドが立候補せず，党首選は行われなかったが，クリーンのほかラッド支持を明らかにしたクリス・ボウェン高等教育相，マーティン・ファーガスン資源エネルギー相，キム・カー福祉相が閣僚を辞任し，党内の亀裂は明白になった。

　６月９日，ABCの日曜朝の政治トーク番組*Insiders*のホストでベテランジャーナリストのバリー・キャシディが，ラッドによる挑戦が間近であり，３年前の首相交代以来ギラードを支えてきた有力議員のなかにもラッドへ支持を切り替えるものが現れたと報じた（*Insiders*：2013年６月９日）。そして第43議会の最終日となる６月27日に党首選が実施され，57対45でラッドが勝利した。ギラードは，次回総選挙に立候補せず政治から引退することを表明し，スワン財務相，エマソン貿易相，コンロイ通信相，グレッグ・コンベイ気候変動相，ピーター・ギャレット初中等教育相，ジョー・ラドウィグ農業相が閣僚を辞職した。エマソン，コンベイそれにギャレットは，次回総選挙に立候補せず議員を引退することを発表した。

　2010年から2013年までの３年間，ラッドとその支持者たちがギラード政権の動揺を図ってきたこと，そしてその動きはラッドに近いジャーナリストたちやメディアの一部から支援されていたことは明らかである。ギラードを支持してきたコンベイは，以下のように語っている。

それはもうひどいものだった。毎朝オフィスに行くと新聞の，ヘラルド・サン，オーストラリアン，デイリー・テレグラフ，申し訳ないがたいていの場合ニューズ社の新聞。その見出しを飾っているのがALPへのクソ記事。名は明かされていないが，みな党内部からの情報。来る日も来る日も，われわれの政権からのひどい内部情報。あれにはもうひどく落ち込まされた（*The Killing Season*）。

アラン・グリフィン下院議員は，*The Killing Season*のなかでラッド陣営の内部情報者の一人であったことをカミング・アウトし，このように語っている。

私がやったのは，さまざまな同僚たちがさまざまな時，さまざまな状況下でやってきたことだ。ケヴィン・ラッドがジュリア・ギラードにやった。確かに。しかしそれはギラードがラッドとビーズリーにやったことであり，スワンがクリーンにやったことだ。その状況でそれが必要だったと思うか？　ええ，もちろん（*The Killing Season*）。

ラッドは，2013年の選挙において敗北を最低限に食い止め，閣僚経験者の多くを救い，敗北後の人材を残すことができた。ALPの獲得議席は55であったが，ギラードのままでは30台に落ち込んでいた可能性もあった。しかしながら，そのような状況にギラードとALPを追い込んだのは，ほかならぬラッドによる不安定工作であった。ラッドが2010年に首相の座を失った後，2013年にギラードがそうしたように議会から引退していれば，ALPが少数政権に転落することも，内紛を繰り返すこともなかったであろう。もちろんラッド側は，2010年の首相交代が誤りであったと主張するであろう。ではなぜALP議員団は，2010年にラッドをギラードと交代させなければならないと考えたのであろうか。

5　ラッドの政治手法とその問題

　ラッドからギラードへの首相交代に関し，ALP内部からも後悔の声が発せられている。当時NSW州支部の書記長だったサム・ダスティアリ上院議員は，「たった一晩で，われわれはこのめざましい才能のある政治家ジュリア・ギラードをマクベス夫人にしてしまった。そして彼女は，それから立ち直ることはできなかった」と述べた（*The Killing Season*）。ギラード自身も，「私には首相となったいきさつについて，この長い影が付きまとっていた。私が首相である間，毎日のように，この影をより薄くするのではなく，より濃くするための手段が講じられていた」と語っている（*The Killing Season*）。この大きな原因のひとつは，首相交代が必要であった理由について，充分な説明が行われなかったことにある。ギラードやスワンは政権から離れたいま，当時の事情を説明し始めており，ジャーナリストの著作もそれを裏付けている。スワンは説明の欠如について，「われわれは，彼（ラッド）がそれほどの苦悩を味わったその直後に，その上で跳ね回るのは適切だと思わなかった。いまにして思えば，それは誤りだった」と述べている（*The Killing Season*）。スワンのこの発言は，支持率の低下以外に首相交代の理由があったことを暗示している。

　議院内閣制の中心的な概念は，閣僚による集団的意思決定である。閣僚の提案は，閣議において他の閣僚から批判的な検証を受けつつ最終的に閣議決定され，それが全閣僚を拘束する。たとえば1985年の税制改革の際，当時財務相であったキーティングによれば，政府案は全ての閣議に出席できる閣内閣僚（当時17名）で48時間に及ぶ議論を経たのち，閣外閣僚を含めた拡大閣議（当時27名）でさらに3日間にわたる激論の結果決定された（O'Brien 2015：206-224）。予算案を決定する過程においては，閣内に設けられた歳出検討小委員会（Expenditure Review Committee）の役割が大きいが，ホーク政権の予算案は，毎年延べ7～10週間にわたり1日10時

間を費やし，閣議において1項目ごとに可否が検討された（O'Brien 2015：257-258）。

　しかしラッドの下では，政策分野別に設けられた関連閣僚による小委員会での決定事項が既成事実として閣議に上げられ，異論なく追認されることが常態となった（Swan 2014：230）。一般的にはこの手法は，世界金融危機対策として2008年9月以降，緊急避難的にラッド，ギラード，スワンそれにリンズィー・タナー予算相によって構成される戦略的優先順位・予算小委員会（いわゆるGang of Four）に内閣の意思決定を集中させたことに始まると考えられていた。したがって，世界金融危機が去ったのちもなぜこの小委員会による意思決定が続いたのか疑問視されてきた。しかし気候変動対策に関して，ラッド，ギラード，スワン，それにペニー・ウォン気候変動相によって構成される小委員会に意思決定が集中され，閣議全体に諮られることはなかった。当初加わっていた首相府や財務省の次官は退出させられ，マーティン・パーキンソン気候変動省次官のみが残された（Chubb 2014：16）。ギラードは労使関係改革や教育改革，スワンは世界金融危機対策で多忙をきわめており，必然的に意思決定はラッドとウォンに集中した。この枠組みが世界金融危機以前から存在していたことを考えると，ラッドが議院内閣制に基づく集団的意思決定を退け，少人数による決定という枠組みを志向したと結論づけられる。ラッドはまた，ウェストミンスター的官僚制度の中心であるキャリア官僚による率直で勇気ある（frank and fearless）助言ではなく，優秀ではあるがラッド個人に忠誠を誓う若いアドバイザーを重用した。

　気候変動は，2007年の政権交代につながった2つの大きな争点のひとつであった[5]。ラッドは，これを単なる環境上の課題というだけでなく「われわれの世代が直面している重大な倫理上の課題（the great moral challenge）」であり，経済上の課題でもあり社会上の課題でもあり，それはまた安全保障全体にとっての大きな課題でもあると位置づけた[6]。ラッドは，野党党首時代であった2007年4月にオーストラリア国立大学の経済学者で

1980年代ホーク政権の経済顧問であったロス・ガーノーを気候変動政策のアドバイザーに任命し，政策の立案にあたらせていた。ガーノーは2008年9月に最終報告を公表したが，ラッド政権が排出量取引制度法案（Carbon Pollution Reduction Scheme: CPRS）を議会に提出するまでさらに1年を要した。2009年12月，保守連合の支持を得てCPRS法案を成立させる目論みが自由党の党首交代で挫折し，コペンハーゲン国連気候変動枠組会議も失敗に終わると，ラッドは憲法上そういった場合の解決のために規定されている両院解散選挙を決断できず，そこから逃避するかのように公立病院に関する権限を州政府から連邦に移管するという新たな，それ自体巨大な問題に没頭した。政府は解散の機を失い，「重大な倫理上の課題」として最優先事項だったはずの気候変動対策は，2013年以降，すなわち次々回の選挙以降に先延ばしされ，しかもそれはシドニーモーニングヘラルド紙のレノア・テイラー記者のスクープという形で明るみに出た（Taylor 2010；Chubb 2014）。この結果ラッドへの支持は急降下し，6月の党首交代につながった。閣議による集団意思決定が機能していれば異なった結果となっていた可能性が高い。

　ギラードは政府を大型客船にたとえ，首相の役割は，戦略的な針路を定め政府という重みを使って荒波を切り進んでいくことであり，長期的な思考とそれに合わせた過程と手法が求められるが，ラッドは大型船ではなく高速ボートの操縦を好み，戦略よりも戦術を重視したと記している（Gillard 2014：8）。スワンは，首相として求められる資質として労働倫理，マネジメント・スタイル，意思決定それに時間管理を挙げ，ラッドは労働倫理以外全てに弱点を抱えていたと指摘している。ラッドは，官僚が用意したブリーフ資料を読み込まずに閣議に出席することが多く，その結果閣議は決定を下す場ではなくラッドにブリーフする場となることがしばしばであった（Swan 2014：227-228）。閣僚に担当部門の運営を任せ重要な問題のみを閣議で議論するのではなく，ラッドは全ての事項について細部に至るまで掌握しようとした結果（micro-management），ラッドのイ

ンボックスには書類が積みあがる一方，決済のスピードがきわめて遅く滞った。閣僚はラッドと話をする時間を確保することもままならず，ラッドと話をする目的だけのために首相専用機に乗らなければならないことすらあった（Marr 2010：70）。閣僚や官僚はラッドの外国訪問時を狙ってギラード首相代行に決裁を求めるようになり，ギラードは，自らが担当するきわめて膨大な政策分野に加え，ラッドの執務室でスタッフを激励しつつ閣僚が求めている書類を探し出し，ラッドに決裁させる，あるいはラッドが不在の時は自ら首相代行として決済していた（*The Killing Season*；Gillard 2014：14）。

　ラッドの手法について，ダスティアリ上院議員は，「真実を言えば，ラッド首相には大きな欠陥があった。彼を議員にしてくれた労働運動に対し忠実ではなかったのだ」と証言している（*The Killing Season*）。労働運動を母体とする大衆組織政党であるALPは，民主的集中制を党組織運営の中心としてきた。閣僚や影の閣僚はあくまで議員団（コーカス）が選出し，党首の権限は議員団が選んだ閣僚（影の閣僚）に担当する分野を配分することに限定されていた。このことで，形骸化しているかもしれないが，ALPは大衆組織政党としての外見を保っていた。ところがラッドは，2007年の選挙で勝利すると100年以上にわたるこの伝統をいとも簡単に覆し，閣僚を自らが単独で指名する権限を入手した。

　労働運動を母体とするALPの議員団や党組織の幹部の多くは，党青年部や組合専従職員，あるいは大学での政治活動にそのルーツを求めることができる。これに対してラッドは，15歳の時にALPに入党してはいるが，8年間外交官として勤務したのちクィンズランド州のウェイン・ゴス州首相の首席補佐官，さらには州首相府長官として辣腕をふるったことで頭角を現した。このことは，ラッドが労働運動や党内活動にルーツをもたず，党内の支持基盤を欠き，党活動家としての集団的な記憶を欠いていたことを意味する。ラッドが，2006年に党首となった背景には，民放TV局の朝のニュース・バラエティ番組にレギュラー出演することで顔を売り，サダ

ム・フセイン下のイラクに対する小麦輸出をめぐるオーストラリア小麦庁の汚職を追及することで人気を得て，それによって高い支持率を得ていたことに尽きる。労働運動や党内の活動ではなく，自らの能力と人気で首相に上り詰めたと自負していたであろうラッドは，必ずしも党への忠誠を優先するわけではなかった。ALPの常識であれば，ラッドは2010年に首相の座を追われたとき，目前に迫る選挙への立候補を辞退するはずであった。選挙直前に党に打撃を与えるようなリークをやったりすることや，その後意図的な不安定工作を行ったりすることは，ALPにとって想定外のことであった。

6　ALPの変容と課題

　ALPが，ラッドを党首に据えるに至った背景を考えると，党としての性格の変化に着目せざるを得ない。かつてALPは，大衆組織政党として明確に規定されたプログラムを立法化し実現することを役目としていた。1972年の選挙で首相の座に就いたウィットラム，1983年に政権を取り戻したホーク，いずれも政権に就いたら即座に実行に移すことができる政策を用意していた。ウィットラムの場合，全議席が確定し議員団が閣僚を互選で選出するまでの2週間を惜しみ，ランス・バーナード副首相と二人内閣を組織し予定されていたプログラムの実行を開始した。ホークの場合，政権を獲得する以前から労働組合との間に物価・賃金協定（Accord）を結び，政権発足直後に労働運動に加え経営者団体や州政府を含めた全国経済サミットを開催して経済政策に対する合意を取り付け，即座に実行に移した。

　これに対し，ラッド政権を特徴づけるのは，数多くの諮問委員会である。たとえば，2008年4月19-20日の日程で，キャンベラの連邦議会に1000人の識者を集め，2020サミットが開催された。2020サミットからは多くの総花的なアイディアが出されたが，政府が採用した数少ないひとつが，包括

的な税制の見直しであった。これは，2020サミット以降ケン・ヘンリー財務次官に諮問されたもので，ヘンリー報告書は2009年12月に提出され，2010年5月に全容が公表された。政府は，138項目の勧告のうち135を退け，主要なものでは，資源価格の高騰による資源企業の通常を超えた利益に特別に課税する項目のみが残された（Stuart 2010：256）。最重要政策分野であったはずの気候変動対策さえ，政権発足から法案提出まで2年近くを要し，選挙直前に対応しきれない状況を生み出した。

　ラッド・ギラード政権を通じたもうひとつの大きな問題は，説明能力の不足である。気候変動に関してギラードは，2010年総選挙の終盤「私が率いる政府の下で炭素税は決してありえない」と宣言した。選挙前日には「炭素税は否定するが，市場原理に基づいた炭素汚染削減制度は否定しない」と述べているのだが（Chubb 2014：143），前者の発言が大きく取り上げられた。第2次ギラード政権が少数政権であり，グリーンズや無所属議員と政策協定や合意を取り交わし，そのなかで特に気候変動対策に言及したということは，労働党単独の政策を実行することができないことを意味する。政策協定・合意のなかで約束された気候変動委員会は，導入後3年間を固定価格とする排出量取引制度の導入を決定し，その枠組みを2011年2月24日にALP政権とグリーンズの共同記者会見の形で発表した。グリーンズとの共同記者会見は，グリーンズ主導との印象を与えた。さらにその後のTVインタビューのなかで，「これは炭素税であると認めるか」との質問に対し，ギラードは「これは，市場取引に基づいて炭素に価格をつけるメカニズムで，最初に固定価格の時期があり，それは実質上税金のようなものなので，炭素税という言葉を使っても私はかまわない」と答えた（*ABC 730*：2011年2月24日）。この発言は，野党や一部メディアに対し，ギラードが選挙公約を破ったと主張する絶好の機会を与えることとなった。[7] 税であることを否定した場合，税か税ではないかの議論が起きた可能性は高い。しかし，エマソン貿易相が主張したように，税と認めることは公約を破ったと取られることは明らかであり，あくまで固定価格期間を

伴う市場制度であると主張すべきであった（*The Killing Season*）。

　税という単語以上に問題であったのは，この政策の枠組みが2月24日に発表されてから詳細が明らかになる7月10日まで，政府からの説明がなかったことである。ギラードは，野党や産業がどれほどの恐怖キャンペーンを行ったとしても，2012年7月1日に施行されてみればほとんどは杞憂に終わるとの考えだったが，説明の空白によって反対勢力の主張のみがその間の言論空間を埋め，決定的な負の印象を与えることとなった。世論調査によれば，2006年には「気候変動は深刻かつ緊急性のある問題であり，相当なコストがかかるとしても今すぐ対策を取り始めるべきである」ことに68％が同意していたが，2010年には46％，2011年には41％，さらに炭素価格制度が施行された2012年には36％にまで低下した（Lowy Institute 2015）。これは，オーストラリアの有権者の多くが気候変動と直結していると考える早魃が緩んだこともあるが，政府の説明不足がこの世論調査結果に現れている。

　かつてのALPは，説明不足を責められることはなかった。1980年代半ばからの経済構造改革の場合，キーティング財務相がメディアに対し，あるいはメディアを通じて広く市民社会に対し，改革の内容やその必要性を粘り強く説明し，経済の現状と改革の必要性が理解されていった（O'Brien 2015：330-331，366）。気候変動について，ラッド政権からもギラード政権からもそのような説明はなかった。ギラード政権は，少数政権であることやその成り立ち，成立させた法案の内容よりも，気候変動政策の説明の失敗と欠如から最も大きな痛手を受けることとなった。2013年の敗北の種は2011年2月24日にまかれたといっても過言ではない。

　ラッド政権と同様に選挙によって政権交代を果たしたウィットラムやホークと比較すると，決定的な違いは準備の差である。なぜ発足から5カ月近く経過したところで2020サミットを開いたのか，税制改革の諮問はなぜそのあとになったのか，最重要課題だったはずの気候変動に関する法案の提出になぜ2年かかり，その結果税制も気候変動も選挙年に取り組まな

ければならなかったのか。明らかに，ウィットラムやホークの時に比べ政策の準備に違いがあり，長期的な思考と戦略の欠如を示している。この問題は，ラッド個人に帰しては本質を見誤る。1996年の敗北以来，ALPは一貫した語り（narrative）のある政策の重要性が言われながら，ついにそれを実現できずに現在に至っている。接戦選挙区でのフォーカス・グループを用いた定性的分析をあまりに重視しすぎているとも指摘されている（Megalogenis 2010）。ウィットラム，ホーク，キーティングは，政権獲得時のプログラムを明確に掲げ，選挙で勝つことはそのための手段と考えていた。こんにちのALPは，選挙に勝つことが目的と化している。ALPが大衆組織政党から包括政党化したことに関する議論がかつてあったように（杉田 2007），選挙プロフェッショナル政党化とその是非を議論すべき時にALPは直面している。

　議院内閣制におけるALPの組織上の特徴はボトム・アップにあった。支部組織から議論を重ね全国党大会で決定された政策は，リーダー・グループを含めた議員団を拘束していた。2〜3年に一度の全国党大会を待っていられない場合，ホーク政権の税制改革や予算策定過程が示すように，全閣僚が参加して議論し決定事項を共有した。閣僚や影の閣僚は，議員団の互選によって選出され，党首の役割は所管する担当を振り当てることに限定されていた。議院内閣制が立法と行政の融合を特徴とすることを示すように，閣僚たちはキャリア官僚を首席補佐官に任用していた。こんにちでは，全国党大会の議論は振付けられて形骸化し，閣議ではなく内閣小委員会が政策を決定し，閣僚や影の閣僚は党首に指名され，首席補佐官を官僚機構外から任用することが通常となっている。また保守連合政権では，政権交代直後に事務次官の一斉大量馘首を行い，政治任用をより一層進めている。

　過去30年ほどの間，オーストラリアでは，特に選挙時に党首の動向が注目を集めるにつれ，政治の「大統領制化」が言われてきたが，議院内閣制が定着している執政制度に関しては，「大統領制化」は無関係と考えられ

てきた。ALPの選挙プロフェッショナル政党化は，同党の内部組織や意思決定過程が議院内閣制から乖離し始めていることを示している。ここ数年のうちに共和制移行に関する議論が再燃することが予測される。オーストラリアの連邦憲法は，若干の修正で大統領制に対応することが充分可能であり，大統領間接選挙による議院内閣制を残した共和制が1999年に否定されたことを鑑みると，次回は大統領直接選挙を伴った，大統領制に近づく形での共和制移行が真剣に考慮される可能性がある。

注

1) オーストラリアでは，全候補者に優先順位をつけて投票する方式が採られており，第1次選好と二党間選好の2通りの得票率が指標として使われている。
2) ウィンザーによればアボットは実際に以下のように告げたという。"I will do anything for this job, I will do anything. I will do anything but to sell my arse". またウィルキーによれば，選挙区ホバートのロイヤルホバート病院の改築費用の支出を条件として提示した際，アボットは改築費の2倍以上にあたる10億ドルを提示した。ギラードからの提示は3億4千万ドルであったが，ウィルキーは現実的なギラードのオファーを受けた (ABC 2010年9月3日)。
3) 選挙による多数政権は，1910年のアンドルー・フィッシャー労働党政権の成立まで待たなければならなかった。
4) ギラードが，アボットの旧態然とした女性観と女性軽視を15分にわたって完膚なきまでに叩いた議会スピーチ (https://www.youtube.com/watch?v=ihd7ofrwQX0)。
5) もうひとつの重要な争点は，ハワード政権による行き過ぎた労使関係改革であった。
6) 2007年8月6日の全国気候変動サミットにおけるスピーチ (https://www.youtube.com/watch?v=CqZvpRjGtGM)。
7) キャンベラの連邦議会前で行われた集会で，アボット野党党首は，「ウソつきジュリア」「ボブ・ブラウン（グリーンズ党首）の女」「魔女を片付けろ」などというプラカードに囲まれた。

参考文献

Bramston, Troy (2014) *Rudd, Gillard and Beyond*, Melbourne : Penguin Books.

Chubb, Philip (2014) *Power Failure: the inside story of climate politics under Rudd and Gillard*, Carlton : Black Inc.

Cooney, Michael (2015) *The Gillard Project: My thousand days of despair and hope*, Camberwell : Penguin Group (Australia).

Crabb, Annabel (2009) "Turnbull ups the white-ante", in The Drum, *Australian Broadcasting Corporation*, 7 December 2009.

Faulkner, John (2012) address to H.V. Evatt Memorial, 28 April 2012.

Ferguson, Sarah (2015) *The Killing Season: a real life political thriller*, Australian Broadcasting Corporation.

Garnaut, Ross (2008) *The Garnaut Climate Change Review*, Cambridge : Cambridge University Press.

Gillard, Julia (2014) *My Story*, London : Bantam Press.

Kent, Jacqueline (2009) *The Making of Julia Gillard*, Camberwell : Penguin Group (Australia).

Lowy Institute (2015) *The Lowy Institute Poll 2015*.

Marr, David (2010) *Power Trip: the political journey of Kevin Rudd*, Quarterly Essay 38, Melbourne : Black Inc.

Marsh, Ian (1995) *Beyond the Two Party System: Political representation, economic competitiveness and Australian politics*, Cambridge : Cambridge University Press.

Megalogenis, George (2010) *Trivial Pursuit: Leadership and the end of Reform Era*, Quarterly Essay 40, Melbourne : Black Inc.

Oakeshott, Rob (2014) *The Independent Member for Lyne: a Memoir*, Crows Nest : Allen & Unwin.

O'Brien, Kerry (2015) *Keating*, Crows Nest : Allen & Unwin.

Pearse, Guy (2007) *High & Dry: John Howard, climate change and the selling of Australia's future*, Camberwell : Penguin Books (Australia).

Priest, Marcus (2012) "Obsessive, yes, but Rudd got things done", *Australian Financial Review*, 27 February 2012.

Saunders, Cheryl (1997) *The Australian Constitution*, Carlton : Constitutional Centenary Foundation.

Stuart, Nicholas (2010) *Rudd's way: November 2007 to June 2010*, Melbourne：Scribe.

Swan, Wayne (2014) *The Good Fight: Six years, two prime ministers and staring down the Great Recession*, Crows Nest：Allen & Unwin.

Taylor, Lenore (2010) "Jittery leaders put saving their skins above saving the planet", *The Sydney Morning Herald*, 27 April 2010.

Uhr, John (1998) *Deliberative Democracy in Australia: The Changing place of parliament*, Cambridge：Cambridge University Press.

Walsh, Kerry-Anne (2013) *The Stalking of Julia Gillard*, Crows Nest：Allen & Unwin.

Windsor, Tony (2015) *Windsor's Way*, Carlton：Melbourne University Press.

杉田弘也（2007）「オーストラリア労働党の過去・現在・未来」『大原社会問題研究所雑誌』No.584，2007年7月，40-55頁．

（すぎた・ひろや：神奈川大学）

CHAPTER 4
カナダ政治における執政府支配の展開
—— ハーパー保守党政権を中心に ——

古地順一郎 [北海道教育大学]

1 政権交代と執政府支配

　2015年10月19日，カナダ連邦議会総選挙（定数338議席）の投開票が行われ，ジャスティン・トルドー率いる自由党が184議席を獲得して勝利を収めた。その結果，約10年間にわたってカナダの舵を取ってきたスティーブン・ハーパー保守党政権は下野した。選挙戦の最中，トルドーは，カナダ公共放送とのインタビューにおいて，カナダ政治の問題点として首相府による強力な支配を指摘した。その上で，彼が首相になった際には，父であるピエール・エリオット・トルドー首相が1960年代に始めたこの傾向に終止符を打つことになるだろうと述べた（CBC News 2015）。実際，政権就任式直後，トルドー新首相は閣僚とともに記者会見に臨み，「内閣主導の政府が帰ってきた（Government by cabinet is back）」と述べ，首相府による統制を緩め，閣僚による合議によって政策決定を行うと表明した（Leblanc, Chase and Galloway 2015）。

　トルドー政権の誕生によって，執政府のあり様が変化するかどうかは未知数である。しかし，このエピソードが示すように，首相を中心とする執政中枢による強力な支配は，1970年代以降，カナダ政治の主な特徴のひとつとしてたびたび指摘されてきた（Bakvis 2001；Smith 1977）。たとえば，行政学者のドナルド・サヴォワは，首相とその側近に権力が集中する状況を「宮廷政府（court government）」と呼び，ベテラン政治ジャーナ

リストのジェフリー・シンプソンは，ジャン・クレティエン政権（1993-2003年）の政治を「友好的な独裁（friendly dictatorship）」と形容した（Savoie 1999a；1999b；Simpson 2001）。

　このような指摘がなされる背景には，強力な執政中枢の存在が，議会による説明責任の担保と執政府における意思決定の透明性の確保を困難にし，責任政府を基本としたカナダの民主主義を蝕んでいるとの問題意識がある（Aucoin, Jarvis and Turnbull 2011）。

　そこで，本章では，ハーパー政権における執政府支配の状況を，トーマス・ポグントケとポール・ウェブによる大統領制化論を参照しつつ批判的に検証し，カナダ政治における執政府支配が近年どのように展開されてきたかを明らかにする。ハーパー政権に着目する理由は，カナダ政治史におけるこの政権の特殊性にある。2006年に誕生したハーパー政権は，カナダ政治史上最も弱い少数政権としてスタートし，野党との議席数の差は60議席あった。この差を，2008年の連邦議会総選挙で22議席に縮め，2011年の総選挙では，逆に24議席の差で多数政権となった。このように，首相が交代することなく，2期連続の少数政権から多数政権へと変化するというのは，カナダの議会史上初めてのことである[1]。このような右肩上がりの選挙結果がカナダ政治にもたらした意味を，政治ジャーナリストのポール・ウェルスは次のようにまとめている。「最初に首相職に立候補したとき［筆者注：2004年総選挙］，彼は敗れた。2回目は辛うじて勝利した。そしていま，歴代首相が誰も成しえなかったほどにカナダ政治を支配している」（Wells 2013：11）。政権交代というタイミングは，このような特徴をもつハーパー政権を批判的に検討する良い機会である。

　また，ハーマン・バクヴィスとスティーブン・B・ウォリネッツは，ポグントケとウェブの大統領制化論に従って，1960年代からポール・マーティン政権（2003-2006年）までのカナダ政治の動態を分析し，カナダ政治の大統領制化が進んでいることを示した（Bakvis and Wolinetz 2007［岩崎監訳 2014］）。しかし，バクヴィスとウォリネッツの論考では，ハー

パー政権についてほとんど触れられていない。そのため，大統領制化論の観点からハーパー政権を検証することで，バクヴィスとウォリネッツの論考を補いたい。

　執政府内部の情報を得ることが困難なこともあり，本研究では 2 次資料に基づく分析を行う。まず，首都オタワで発行され，連邦政界関係者に広く読まれている政治専門週刊紙『ヒルタイムズ（*The Hill Times*)』である。この専門紙の強みは，連邦政治の動態を，執政中枢の人事も含めて詳細に報道しているところにある。ハーパー政権が誕生した2006年2月から総選挙で敗北する2015年10月までに発行されたものを分析対象としている。さらに，ハーパー政権に関する政治ジャーナリストによる著作，その他の報道記事を参照しながら分析を進める。

　これらの分析を通じて明らかになることは，以下の 2 点である。まず，ハーパー政権においても強力な執政府が政治過程を支配し，より一層強化されたことである。次に，ハーパー政権において執政府による支配が強化された要因として，①少数政権の期間が長かったこと，②アマチュア政権として誕生したこと，③ハーパー首相自身の性格が大きく作用していたことを示す。

　本章の構成は次のとおりである。第 2 節では，本章の分析枠組みとなるポグントケとウェブによる大統領制化論について整理する。第 3 節では，カナダ政治における執政府支配に関する議論を整理する。第 4 節では，ハーパー政権における執政府支配の展開を示し，第 5 節では，ハーパー政権における執政府支配の特徴を作り出した要因をまとめる。第 6 節では，カナダ政治において執政府支配が根強く続いていることを確認しつつ，今後の研究の展望を述べ本章を閉じる。

2　大統領制化論

　大統領制化論は，ポグントケとウェブがその編著『民主政治はなぜ「大

統領制化」するのか』において提唱した考え方である（Poguntke and Webb 2007［岩崎監訳 2014］）。ポグントケとウェブは，民主主義社会において政治リーダー個人の存在感が増大しているとの認識に基づき，政治的決定の重心が，内閣や政党といった集団的アクターからリーダー個人へと移行する過程を「大統領制化」と名付けた。大統領制化の特徴は，執政府，政党，選挙の3つの側面で見受けられる。執政府内部でリーダーの権力が増大する一方，政党は弱体化し，党首に対する統制力の低下が観察される。選挙においては，党首を前面に出した政党の選挙戦略や選挙報道など，リーダー中心の選挙過程が展開される。

　ポグントケとウェブは，大統領制化が生じる要因として，偶発的要因と構造的要因に分けている。偶発的要因は，その時々の政治的状況や，リーダーの人格などが含まれている。構造的要因には，伝統的な社会的亀裂の衰退，メディアを中心としたコミュニケーションの変化，国際化，国家の肥大化と複雑化の4点が挙げられている。

　まず，階級，民族，宗教といった社会集団のイデオロギーを対立軸とした政治が衰退したことで，政党と社会集団の結びつきが弱くなった。また，現代社会における価値が多様化したことで，有権者と社会集団の紐帯も弱体化し，イデオロギーに基づいて有権者の忠誠心を動員することが難しくなった。多様な価値観をもった有権者の関心を引くため，党首の人格が選挙で強調されるようになり，政党のあり様も，党首と側近を中心とした組織に変化したとされる。

　次に，1960年代以降の電子メディアの発達に注目している。とりわけ，テレビ放送の誕生によって，政治コミュニケーションは政策より人格に焦点が当たるようになり，政党は，党首の人格を中心とした選挙運動を行うようになったと指摘している。

　また，ポグントケとウェブは，国際化がもたらす影響にも着目している。経済と社会のグローバル化が進むにつれて，さまざまな課題に対処するために国際的な協働がますます求められるようになっている。二国間，多国

間を問わず首脳会談が増加し，リーダーに対する注目とその政治的資源が増大する結果になっているとされる。

最後に，国家の肥大化も大統領制化を促す要因のひとつとして挙げている。福祉国家の発展を中心に，過去半世紀にわたる国家活動の拡大に伴って，各省庁が行っている政策や活動を調整することが重要になった。執政府の中枢機関がその役割を担うことで，リーダーへの集権化が進むこととなったと指摘している。

ポグントケとウェブは，大統領制化の議論で，偶発的な要因よりも構造的な要因を重視している。また，大統領制化論の枠組みに則ってカナダ政治の動態を分析したバクヴィスとウォリネッツも，構造的要因を重視した分析を行い，カナダ政治が大統領制化している傾向を指摘している。

一方，本章で明らかになるように，大統領制化論からハーパー政権を分析すると，偶発的要因によって大統領制化が進んでいることが分かる。ハーパー政権の分析に進む前に，カナダ政治における執政府支配の状況を整理しておこう。

3　カナダ政治における執政府支配

（1）　執政中枢の発達

英国をモデルとする議院内閣制を採用し，エリート主導型の国づくりを進めたカナダの場合，歴史的に執政府が強いリーダーシップを発揮してきた。

カナダにおいて強力な執政府が誕生した背景には，歴史的，社会的，政治的，経済的な要因があった。まず，現在のカナダの基礎となる北米英領植民地で責任政府が樹立されたのは1840年前後であるが，そこに至るまでに，民主主義のあり方に関して，英国型の立憲君主制を維持するか，米国のような共和制を採用するかをめぐって武力闘争を含む思想対立の歴史があった。[2] 最終的に，立憲君主制が採用されたが，その理由のひとつは，米

国共和制を支える主権在民と権力分立に対する不信感があった（Smith 1999）。カナダをまとめていく強力な政治的リーダーシップを確立するには，立法権と行政権を融合させた議院内閣制を採用する立憲君主制が理想的な政治体制とされた。

また，カナダが3つの英領植民地の合併による連邦国家として誕生したこと[3]も重要な影響を残している。連邦結成の大きな契機のひとつは，米国の脅威に対する北米植民地の防衛であった（大原 1981：56）。安全保障上の脅威に加え，南北戦争に陥った米国の連邦制を反面教師としながら，連邦政府の権限を強めたより集権的な連邦国家を構想した。また，イギリス系住民とフランス系住民の共存，連邦政府と州政府の関係，カナダ連邦の版図拡大に伴う東西軸での国民経済の構築といった国家統合の問題も存在し，エリート協調を基本とした国家運営が行われた。

このような背景は，執政府，とりわけ首相に権力が集まりやすい素地を作り出した。首相権力の源泉は，国王大権（royal prerogatives）への自由なアクセスにある。カナダ連邦を誕生させた英領北アメリカ法（1867年憲法）では，行政権が国王に属することが規定され（第9条），その行使は枢密院の助言と同意に基づくと規定されている（第12条）[4]。しかし，枢密院議員の数は374名（2015年11月現在）（Canada, Privy Council Office 2015）に上り，一堂に会して議論することは非現実的である。また，枢密院議員には過去の首相や閣僚も含まれており，責任政府の原則にそぐわない。その結果，国王に対して助言と同意を実際に与えているのは内閣，実質的には首相である。なお，カナダでは首相や内閣の設置および権限を規定した法律は存在しない。

また，国王大権の行使に関するチェック機能がほとんどないことも首相権力の強化につながっている（Savoie 2010：133）。制度上，連邦議会に対する説明責任と下院の信任による担保があるが，カナダでは党議拘束が非常に強く，与党が過半数を占める場合にはチェック機能はないに等しい。

歴代首相は，国王大権を駆使しながら求心力を維持してきた。そのなか

でも最も効果的なものは、広範な任命権と政府機構のデザインに関する裁量権である。首相の任命権は、閣僚・大臣政務官から始まり、事務次官を含む幹部官僚、判事、大使、上院議員、公社幹部と広範囲に及ぶ。さらに、任命にあたって議会の承認を必要としないため、首相の裁量の範囲内で行われる。そのため、あからさまな論功行賞や党派的な任命といったパトロネジ（patronage）が日常的に行われ、これもカナダ政治の特徴のひとつとされてきた。

また、内閣や政府機構のデザインも、首相の排他的管轄権である。閣僚数やポストの内容に加え、閣内委員会の数や役割、中枢機関の役割も自由に設定できる。閣内委員会については、政策分野に関する委員会に加えて、首相を議長とし、内閣全体の方針を決定する委員会が設置される。通常、この委員会は、他の閣内委員会よりも上位に位置づけられ、「閣内内閣（インナーキャビネット）」として機能し、首相と側近閣僚による統制を強化する役割を果たしている。

中枢機関には、首相府、枢密院事務局、予算庁、財務省が含まれる（Smith 2009）。首相府は、首相の政治的な利害関係を担当する機関で党派的な側近とスタッフが詰めている。政策、政局を含めた幅広い政治的調整や案件処理を担当し、政治的に政府全体を俯瞰している。

枢密院事務局は、首相を所管大臣とする官庁で、事務方として首相を補佐する。首相が任命する枢密院事務局長は官僚のトップであり、首相の事務次官として位置づけられている。枢密院事務局は、内閣と閣内委員会の事務局であると同時に、各省庁から上がってくる閣議案件の調整や省庁間調整を行っている。

予算庁は、歳出を管理する閣内委員会である予算委員会の事務局として機能し、歳出に関して大きな影響力がある。財務省は歳出の使い道に関する計画を立てるが、実際の歳出については予算庁が権限を握っている。

カナダの執政中枢は、首相、首相首席補佐官を含む首相府の2-3人のアドバイザー、枢密院事務局長、枢密院事務局の3-4人の幹部官僚に

よって構成されている（Bakvis and Wolinetz 2007：208）。各省庁の事務次官は，担当大臣のみならず中枢機関に対しても報告関係にある。毎週行われる事務次官定例会議には，枢密院事務局長も出席し，執政中枢による統制を効かせている。

　また，閣僚には首席補佐官をはじめとする数人の政務スタッフが付いているが，その選任に首相府が関与することも多い。経験の長いベテランの大臣の場合は自ら選任することもあるが，首相府の承認が必要となる。経験の浅い大臣の場合，首相府が政務スタッフをあてがう。首相府と各大臣の政務スタッフは連絡を密にし，首相府の監督を受けながら政治案件を処理する。このような政治任用者のつながりも首相府の権限強化につながっている。

　執政府における中枢機関，とりわけ首相府と枢密院事務局の拡大と強化が1960年代に始まったのは単なる偶然や首相のリーダーシップによるものだけではない。この変化は，福祉国家の発展に従って国家活動が拡大し複雑化するなかで，政府活動を総合的に調整することが執政府に求められるようになったことへの対応である。これに伴って内閣の運用スタイルも，閣僚や省庁の裁量範囲が大きかった「分離型内閣（departmentalized cabinet）」から，中枢機関が取り仕切る「統合型内閣（institutionalized cabinet）」に変化した（Dupré 1985：3）。たとえば，首相府に関して言えば，レスター・B・ピアソン政権時（1963-68年）のスタッフは約40名であったが，ブライアン・マルルーニー政権（1984-93年）では約200名に増加した（Smith 2009：2）。ハーパー政権における首相府の職員数は，2008年9月で約80名だったが，2014年9月には87名と微増している[5]。首相府の歳出は，2007年度に約760万カナダドルであったが，2013年度には約810万カナダドルとなっている（Canada. Receiver General 2008：10.27；Canada. Receiver General 2014：10.41）。枢密院事務局は，2013年度で903人のスタッフを抱え，約1億2600万カナダドルを歳出している（Canada. Privy Council Office 2014：11）。

これまで見てきたように，カナダでは建国の歴史にまつわる政治的，社会的，経済的要因により，強力な執政府が存在する背景があった。しかし，ピエール・エリオット・トルドー政権が誕生した1960年代後半から，首相を中心とする執政中枢の発達が見られ，首相権力の増大につながった。

（2）執政中枢を支える政党と選挙

　執政中枢の発達は，執政府内部の変化のみによって論じることはできない。ポグントケとウェブの大統領制化論でも指摘されているように，政党の変容と選挙戦の特徴も執政中枢の発達を支えた。

　政党において権力が党首に集中する要因はいくつかある。まず，カナダでは下院議員の入れ替えが激しく，党首や執行部に対して影響力を行使できるほどの知識と経験をもった議員が少ない。やや古いデータになるが，平均すると約45％の議員が毎回の選挙で入れ替わっている（Docherty 1997：52）。このような大幅な入れ替えが起こる最大の理由は総選挙での落選であるが，議員生活に関わる公私さまざまな要因から，自ら議会を後にする議員も多い。そのなかでも，家族との生活が犠牲になることが，最も大きな要因として挙げられている。また，議員として変革をもたらすことができないことへのフラストレーションも，2番目に重要な要因となっている（Docherty 2001：18）。執政府が強力なカナダでは，与党議員であっても平議員（バックベンチャー）である限り政策に影響を及ぼすことはほとんどない。また，強力な党議拘束や首相府からの統制もあるため，政策や政府提出法案に関して自由に発言することもできない。野党議員の場合，政策への影響力はさらに低下する。

　次に，党首選出過程の変化も党首権力の伸張につながった。当初，議員団（コーカス）による互選で党首が選ばれていたため，議員に対する党首の依存度は高かった。その後，党員投票による選出に変更されると，党首の支持基盤は一般党員へと移り，コーカスに対する党首の依存度は低下した。さらに，効果的な党首解任手続きも存在せず，党首の権力を際立たせ

ることになっている（Bakvis and Wolinetz 2007：205-207）。

　また，カナダの選挙の特徴も党首権力の拡大に一役買っている。まず，ラジオ，テレビをはじめとする新たなマスメディアの発達である。有権者に対して，生放送などを通じて党首が直接訴えかけることが可能になり，選挙戦での党首の存在感が増した。とくにテレビの登場は，服装や立ち居振る舞いを含め，より視覚に訴えた選挙戦の重要性を高め，党首個人に対するメディアの注目が高まることとなった（Bakvis and Wolinetz 2007：213-214）。

　さらに，選挙戦では広大な国土を党首が飛行機で飛び回ることが通例となっている。各党は飛行機をチャーターし，取材陣も同行させる。陸上移動でも政党のロゴや党首の顔写真をあしらったバスをチャーターし，随行記者団も同乗する。選挙期間中，党首，党首側近，メディアが常時「缶詰め」状態になることで，党首に対する注目度と存在感は自然と高くなる。

　最後に，カナダ政府の公用語である英語および仏語で行われる党首討論も，党首への注目を高める要因となっている。両公用語でそれぞれ長時間にわたる複数回の党首討論を乗り切ることは，言語的にもハードルの高い課題とされているが，長時間に及ぶ党首討論を通じて，首相にふさわしい人物を見極めることとなる。

　このような政党の変化や選挙戦の特徴により，政党内部における党首の存在感が高まり，政権与党においては執政中枢の支配を支えることとなった。

（3）　執政中枢に対する抑制

　首相には大きな権力があるが，抑制メカニズムも存在する。まず，連邦制というカナダの政治制度が挙げられる（Savoie 2010：135-136）。連邦国家の基本は，連邦政府と州政府の権限分割にあり，憲法によって規定されている。カナダでは，天然資源，教育，社会保障，医療，労働など多くの政策分野を州政府が管轄しており，連邦首相は介入することができない。

また，たとえ連邦政府の管轄分野であっても，州政府の管轄に関わる内容があった場合，首相の一存で進められない。たとえば，外交は連邦政府の所管とされているが，外交交渉の議題が州政府の管轄に関わるものであれば，州政府との妥協を強いられる。すなわち，政策分野によっては，州政府が拒否権プレーヤーとなり得るのである。

　また，執政府内部や与党との関係でも，首相権力に対する制約がある。たとえば，閣僚人事の場合，地域，言語，人種，エスニシティ，ジェンダーといった要素に配慮する必要がある。とりわけ，地域の代表性はカナダ政治において最も重要な要素のひとつであり，特定の州や地域選出の与党議員が少ない場合，首相の選択肢は大幅に制限される。

　さらに，党首選でのライバルや有能な大臣に対しても一定の配慮が必要となる。クレティエン首相の場合，1993年の総選挙で政権を獲得した後，党首選を争ったライバルのポール・マーティンを財務大臣に指名した。実業家でもあるマーティンは，その後，約10年にわたって財務大臣を務め，財政再建に大きく貢献した[6]。この功績により，クレティエン首相にとってマーティン財務相は無視できない存在となった。一方，自由党内部ではマーティン財務相に対する支持が高まり，クレティエン首相の対抗勢力として首相の座をうかがうまでになった。クレティエン首相とマーティン財務相の対立は2002年頃に最高潮に達し，マーティンは閣外に去った。その後，2003年の党大会で党首選に立候補することを公言すると，クレティエン首相は辞任の時期を明確にせざるを得なくなった[7]。クレティエン首相とマーティン財務相の対立劇は，首相にとってコーカスの運営が重要であることを物語っている。首相がいくら強力であっても，党内の支持が得られなければ首相職を続けることはできないのである（White 2005：73-74）。

　また，カナダでは，連邦議会開会中，月曜日から金曜日まで毎日45分間のクエスチョン・ピリオドが行われ，政府に対して野党から自由に質疑がなされる。野党党首からなされる質問に対しては，首相が回答することが慣例となっており，メディアなどでその内容が常に評価される。質問の内

容が事前に知らされることはないため，政治的，政策的課題に関する幅広い見識が問われることとなる。

このように，カナダ政治においては，歴史的にエリート主導による国家建設が進められてきたこともあり，政治制度のデザインも含めて「強力な執政府」が志向されてきた。首相と側近を中心とする執政中枢への権力集中は，ピエール・エリオット・トルドー政権から始まり，維持されてきた。執政府自体の変化とともに，政党の変化や選挙の特徴も執政中枢への権力集中を支えてきた。その一方で，執政中枢への抑制メカニズムも存在してきたことが分かる。次節では，ハーパー政権において，執政府支配がどのように展開したかを検討する。

4　ハーパー政権における執政府支配の展開

本節では，ハーパー政権において執政府支配がどのように展開してきたかを明らかにする。まずは，現代カナダ政治史におけるハーパー政権の位置づけを確認しておきたい。

（1）　13年ぶりの保守党政権

2006年2月に誕生したハーパー政権は，13年ぶりの保守党政権である[8]。久しぶりの政権復帰は，分裂に苦しみ，自由党の一党優位体制の定着を目の当たりにしたカナダの保守勢力にとって，年数以上に長いものであったといえる。

1993年の総選挙では，進歩保守党のキム・キャンベル政権（1993年6月-11月）が156議席から2議席に減少する歴史的大敗を喫し，自由党のクレティエン政権が誕生した。進歩保守党の大敗の要因は，西部を基盤とする地域政党である改革党と，ケベック州を基盤とし，同州の独立を掲げる地域政党，ケベック連合の躍進が挙げられるが，両党とも進歩保守党から分裂した政治勢力であった。カナダにおける保守勢力の分裂と地域化により，

カナダの政党システムは多党化が進んだ（岡田 2006）。その結果，自由党一党優位の状況が続くこととなった。2000年の総選挙でクレティエン首相率いる自由党が3期連続で多数政権を実現すると，21世紀に入っても自由党は万年与党（natural governing party）であり続けるのではないかとの声が聞こえるようになった（Gwyn 2001）。

このようななかで，改革党の流れをくむカナダ同盟の党首に2002年に就任したハーパーは，保守勢力の再結集を目指した。2003年に進歩保守党との合併に成功，新たに保守党を立ち上げて初代党首に就任した。

その頃，自由党では，長年ライバル関係にあったクレティエン首相とマーティン財務相の間で派閥対立が深まっていた。さらに，一般的に「スポンサーシップ・スキャンダル」と呼ばれる連邦政府の広報活動費に関する不正流用問題が発覚し，自由党政権に対する信頼は急激に低下した[9]。クレティエン首相が辞任し，後任にマーティン前財務相が就任すると，この問題を調査するため，ジョン・ゴメリ判事を長とする独立調査委員会，「スポンサーシップ・プログラムと政府広報活動に関する調査委員会」（通称ゴメリ委員会）を設置した。ゴメリ委員会による証人聴取の模様は連日報道され，政治倫理，首相と側近への権力集中に伴う意思決定過程の不透明さと説明責任の欠如が大きな政治問題として取り上げられた。

ハーパー保守党は，政治倫理と説明責任の確立を掲げて2004年の連邦総選挙を戦い，自由党を少数政権に追い込んだ。一方で，保守党の前身である改革党，カナダ同盟の社会保守主義的なイメージを有権者から拭い去ることができなかったこともあり，政権を獲得には至らなかった（LeDuc and Pammett 2011）。

その後，社会保守的な党内勢力を抑えつつ，政治倫理を重視するクリーンな中道右派政党というイメージ作りに成功した。その結果，2006年1月の連邦総選挙で124議席（定数308議席）を獲得し，少数政権ながら13年ぶりの保守党政権が誕生した。

2008年10月に行われた連邦総選挙では，143議席と議席は伸ばしたが，

再び少数政権に甘んじた。そして，2011年5月2日に行われた総選挙で166議席を獲得，ついに念願の多数政権となった。

このように，ハーパー政権を現代カナダ政治史のなかに位置づけると，13年ぶりの保守政権であること，保守勢力の合同による成果であること，改革党の流れをくむ西部を基盤とする政治勢力が権力を掌握したこと，2期にわたる少数政権を経て多数政権となったこと，といった特徴が見られる。後述するように，ハーパー政権における執政府支配の展開を考える際には，以上のような政治的背景を考慮することが重要となる。

（2） ハーパー政権の執政府

ハーパー政権における執政府の特徴を見ていきたい。まず，首相府の予算の推移を見ると，図1が示すように，2009年度にかけて1000万カナダドルまで上昇しているが，その後は政権初期のレベルまで低下している[10]。また，枢密院事務局についても，図2に見られるように，首相府と同様に2009年度から2010年度にかけて上昇した後，徐々に縮小傾向にある。

中枢機関の予算と職員数は，首相が直接利用できる資源を示す数字として分かりやすいが，数字のみにとらわれるとハーパー政権下における両中枢機関の位置づけを十分に理解できない。ハーパー首相は，政権就任後まもなく枢密院事務局の合理化を図るため，140人の職員を抱える一部の部署を所管官庁へ戻した（Doyle 2006a：22）[11]。この措置は，マーティン政権で枢密院事務局が抱えた贅肉を落とし，政権の優先事項の実現へ向けて機動的かつ効率的に動くためのものとされた。枢密院事務局長の言葉によれば，「現在行っている改革は，事務局の数を大幅に削減し，政策関連事務局の業務を，従来からの政策課題や戦略的な管理に再集約することにある」とするとともに，結果として「首相をより効果的に補佐する小規模組織」になることを目的とした（Doyle 2006a：22）。枢密院事務局を縮小することで，中枢機関内部での統制を高めようとする狙いがあったのである。

図1　ハーパー政権における首相府の歳出額の推移（2007-13年度）
（百万カナダドル）

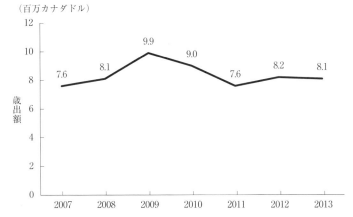

出典：Canada. Receiver General (2008-14).

図2　ハーパー政権における枢密院事務局の歳出額と職員数の推移（2006-13年度）
（百万カナダドル）　　　　　　　　　　　　　　　　　　　　（人）

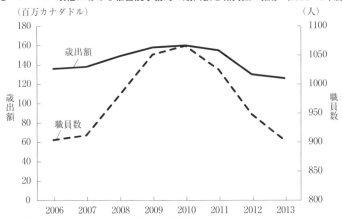

出典：Canada. Privy Council Office (2007-13).

　人数を絞ることで権力の集中を目指す方針は，ハーパー首相の最初の組閣にも表れた。閣僚数を自らも含めて27人に絞り，前政権と比べて11人減らした（Radio-Canada 2006）。閣僚数を絞ることで，首相府の目を届きやすくし，統制が効きやすいようにした。しかし，政権担当日数が長くな

るにつれて閣僚数は増加傾向にある。2008年総選挙後には38人となり，選挙前と比べて6人増えた。その後，閣僚数は30人台後半で維持され，2015年の総選挙前は39人を数えた。ただし，気をつけるべき点として，閣僚数の増加は，閣議に参加しない閣外大臣の増加によるものであるということである。閣議に参加する閣内大臣の数は一貫して26〜27人で安定的に推移している。閣内大臣の数を絞り首相府による統制を維持しつつ，閣外大臣の数を調節することで，人事権を通じてコーカスの求心力を高める狙いがあるといえる（Doyle 2007a）。[12]

また，コミュニケーション戦略に対する強力な統制も，ハーパー政権の大きな特徴である。カナダ政治史上最も弱い少数政権として誕生したという背景のみならず，ハーパー首相自身の考え方もあり，情報の流れに対する首相府の管理は徹底していた。これは，多数政権になっても基本的に変わらなかった。たとえば，メディアのインタビューに対して閣僚が自由に発言することは許されず，インタビュー要請は首相府によって審査された。失言歴のある閣僚は，メディアで発言することが一切許されなかった（Doyle 2007b：4）。

執政府とメディアの接触を最小限にするため，メディアのアクセスが制限された。たとえば，連邦議事堂で首相執務室や閣議室がある区画へのメディアの立ち入りが禁止された。マーティン政権までは，閣議を終えた閣僚が閣議室の前で記者の質問に答えていたが，その慣習も廃止された。報道陣による張り込みを避けるため，ハーパー政権では閣議の開催日程が公表されなかった。

さらに，閣僚のメディア出演は，所管にかかわらず，メディア対応に長けた数人の大臣に割り振られた。彼らは，どのような質問に対しても政府見解を忠実に伝えることができる「メッセンジャー」役を期待されていた。閣僚に対する政府見解の徹底は，議会対策にも見られた。カナダ連邦議会下院では，開会中，野党が与党に対して自由に質問する「クエスチョン・ピリオド」が，月曜日から金曜日まで毎日45分間設けられている。クエス

チョン・ピリオドに対応するため，ハーパー政権では，直前に閣僚を集めて入念な準備が行われた（Doyle 2006b）。

閣僚のメディアへの露出制限は，政府発表の出所を限りなく首相に一本化する目的もあった（Doyle 2007b：4）。重要な政策発表は，所管大臣ではなく首相自身が発表した。政府広報における首相府の役割の増大は，各大臣の首席広報官の裁量範囲を狭めることにつながり，ハーパー政権初期には，やりがいを感じない首席広報官の多くが辞任するという事態も生じた（Rana 2006b）。

首相への権力集中を図る仕組みとして，閣内委員会があることはすでに述べた。ハーパー政権には7つの閣内委員会があったが，優先事項・企画委員会（通称，P&P委員会）と政府運営委員会が閣内内閣（インナーキャビネット）の役割を果たしていた。首相を議長とするP&P委員会は，政権全体の方針を決定するのみならず，他の閣内委員会の決定事項を最終的に承認する役割を担っていた。政府運営委員会は，広報や政治的案件の処理を含めた日々の政府活動の調整を行っていた。ハーパー政権では，全閣僚を集めた閣議はほとんど開かれておらず，基本的に閣内委員会で処理され，P&P委員会において意思決定がなされていた（Doyle 2006b）。

（3） ハーパー政権と保守党

ハーパー首相は，党首として保守党コーカスを運営する必要もあった。執政府内部で強力な首相であったとしても，議院内閣制である限り，コーカスの支持がなければ政権を維持できない。保守党コーカスを運営するにあたって，首相が配慮しなければならないことは2点あった。まず，保守党議員，とりわけ改革党の流れをくむ議員は草の根民主主義に対する思い入れが強いという点である。この考え方には，中央カナダ（オンタリオ州およびケベック州）の後背地として西部カナダが歴史的に搾取されてきたという疎外感と，中央カナダのエスタブリッシュメントに対する反エリート主義が含まれている[13]。そのため，生来，トップダウンという政治手法に

対して拒否感のある人びとも多い。

　次に，西部の改革党出身者を中心に社会保守主義を奉じる人びとがいるという点である。彼らは，同性婚，人工妊娠中絶，銃規制に対する拒否感が強い。ハーパー首相自身は，原理的な社会保守主義とのつながりは強くないと見られている。しかし，彼自身が福音主義者であることや，社会的に保守的な側面があるため，ハーパー政権に対しては，同性婚および人工妊娠中絶の禁止を目指す「隠されたアジェンダ」があるのではないかとの疑念が付きまとった。多数政権を目指すハーパー首相は，社会保守的な右派政権というイメージを和らげ，中道右派政権としてのイメージ作りに努めた[14]。

　このような保守党コーカスを前に，ハーパー首相は，執政府と同様に統制を強めるアプローチを取った。少数政権を率いていたハーパー首相が恐れたのは，社会保守主義者である議員の失言などによって，野党から右派政権として攻撃されたり，最悪の場合選挙で敗れて下野したりすることであった。ハーパー首相が2006年に政権を獲得してから最も腐心してきたことは，いかに保守党政権を存続させ，保守主義をカナダの政治思想のひとつとして定着させ，保守党を自由党に代わる万年与党にすることであった（Wells 2013）。

　党内でも，情報の流れを制御することに気を配った。たとえば，毎週水曜日に非公開で行われている保守党両院議員総会（コーカス・ミーティング）では，携帯電話やスマートフォンの持ち込みを禁止し，情報流出のリスクを回避しようとした（Rana 2006a）。

　また，カナダ連邦議会では歴史的に党議拘束が強いといわれているが，とくにハーパー政権では一糸乱れぬ行動を議員に対して要求した。この傾向は2011年の総選挙で多数政権となった後も基本的に維持されており，一部議員の不満となった（Wells 2013）。

　さらに，ハーパー首相は，同性婚や人工妊娠中絶などを禁止しようとする法案の提出や，それを目指す党内の運動を封じ込めた。社会保守的な議

員からは，政権のスタンスが中道寄り過ぎるとの不満が出た。ハーパー首相は，ガス抜き程度の議論は認めたが，一定限度を超えることは認めなかった。また，議会での議員の発言についても首相府が積極的に介入し，失言などが極力出ないような体制を取った。

　ハーパー首相の強権的なやり方に対して，一部議員からは不満が上がり実際に離党者も出たが，首相に対してコーカスが公然と反旗を翻す状況にまで発展することはなかった。

　その理由は，大きく2つあると考えられる。まず，ハーパー首相が世論調査で安定的な支持率を維持していたことである。堅実な政権運営は，有権者から一定の支持を集め，最も首相にふさわしいリーダーとしてトップに立ち続けていた。カナダが比較的傷の浅いままリーマンショックを乗り切ったことで，さらに安定感を増した。この有権者の認識は，選挙結果に表れ，2008年，2011年の各選挙で票・議席を伸ばしてきた。「選挙に強い」ハーパー首相を前に，議員は異を唱えることはできなかったのである。

　これと関連して，少数政権という政治的状況がハーパー首相に有利に働いた。多くの保守党議員にとって，13年ぶりの与党の味である。党内の対立や分裂で党勢が弱まることは1990年代に経験したことであるし，2000年代の自由党を見ても明らかなことであった。政権を失いたくないという少数政権の心理が，ハーパー首相の強権的なリーダーシップをある程度受け入れる素地を形成した。

　少数政権としてスタートした事実は，政権の選挙戦略にも影響を与えた。まず，カナダでは，少数政権の場合，18-24カ月で解散・総選挙となることが多いため，選挙を常に意識した政権運営が行われていた。このような考え方は，2011年の総選挙で多数政権となっても変わらなかった (Vongdouangchanh 2012)。そのため，ハーパー政権は，野党党首に対する徹底的なネガティブ・キャンペーンを展開した。とりわけ，二大政党の一角を担ってきた歴代自由党党首に対する個人攻撃は辛辣さを極めた。ステファン・ディオン党首に対しては，リーダーとしての資質に疑義を呈す

るテレビCMを放映し，世界的にも有名な政治哲学者で，ディオンの後に党首となったマイケル・イグナティエフに対しては，彼の自己中心的な傲慢さとカナダへのコミットメントの浅さを強調するテレビCMを作成した。現在のトルドー首相に対しても，自由党党首に就任した直後，党首や首相の器に合わないとするテレビCMを流すなど，徹底して，党首に焦点を当てたネガティブ・キャンペーンを実施した。

一方で，保守党は，ハーパー首相の有能さや親しみやすさを強調したテレビCMを流すことで，ハーパー首相個人のイメージアップを図り，保守党の支持拡大を図ろうとした。

いわゆる「選挙の顔」としての党首を中心とした選挙戦略が，執政中枢の支配を強化する要因のひとつとして，ポグントケとウェブも指摘しているし，カナダでも観察されてきた。ドナルド・サヴォワは，このような状況によって政党の存在感は低下し，カナダ政治の「有名人化（celebritization)」が進行していると指摘する（Vongdouangchanh 2010）。

このように，ハーパー首相による政党運営と選挙戦略も執政中枢による統制を重視していることが分かる。次節では，このような執政府支配が展開された要因をまとめる。

5　ハーパー政権における執政府支配の要因

これまでの議論で，ハーパー政権においても執政府の支配が続いていることを示してきた。カナダでは，制度上でも，運用面でも強力な執政府を歴史的に志向し，1960年代後半からは執政中枢による支配が発達してきたが，そのダイナミクスにおいては各政権の特徴も存在する。その特徴は，政権を取り巻く政治的状況やリーダーの人格といった，ポグントケとウェブが「偶発的要因」と呼ぶものに依存している（Poguntke and Webb 2007）。具体的には，①少数政権の期間が長かったこと，②アマチュア政権として誕生したこと，③ハーパー首相自身の性格，の3点である。

まず，ハーパー政権が，2006年から2011年まで少数政権であったことである。このことは，政権担当期間の前半が少数政権であったことを意味する。前節で述べたように，カナダでの少数政権の寿命は18-24カ月といわれている。しかし，このことは，最低18カ月間は安泰ということを意味しない。カナダでは，政府歳出を伴う法案は全て政府信任案件であるため，否決されると内閣総辞職となる。そのため，野党の動向を中心に，政権運営・議会運営に常に神経を尖らせる必要がある。次期総選挙で有利な戦いを進めるためにも，与党の結束を維持し，野党につけ入る隙を与えないことが戦略上重要になる。すでに述べたように，保守党には，同性婚，人工妊娠中絶など，すでにカナダ社会の価値観として受け入れられている事柄について批判的な勢力が閣僚を含めて存在する。そのような人びとの失言で政権の足元をすくわれないために，首相府による言動の統制が必要とされた。このようなトップダウンに一部議員は不満を感じながらも，少数政権を維持するという大義名分の下に首相府のリーダーシップを受け入れた。この傾向は，2011年の総選挙で多数政権になった以降も続いた。少数政権ということのみで，執政中枢の強化を説明できるわけではないだろうが，前半5年間を少数政権として運営してきたという事実は，ハーパー政権の組織文化に大きな影響を残した。

　第2の理由は，ハーパー政権が，アマチュア政権として誕生したことである。カナダの保守勢力は，13年間政権の座を離れていたため，2006年の政権奪還当時，ハーパー首相を含めて政権担当経験のない議員がほとんどであった。閣僚や議員経験の浅さを補うため，ハーパー首相は首相府による統制を強める方法を取った。また，ハーパー首相自身の経験不足を補うため，政権移行チームのトップに，マルルーニー政権時に首相首席補佐官を務めたデレック・バーニーを招くとともに，マーティン政権で産業相を務めたデビッド・エマーソンを国際貿易相として自由党から一本釣りし，閣僚経験者を政権内部に取り込んだ。このような戦略的な人事によって，首相府のリーダーシップの早期確立を目指した。そのため，経験の浅い閣

僚や議員は，首相府の統制を受け入れざるを得ない状況が存在した。

最後に，ハーパー首相の人格を挙げることができる。同首相に関しては，統制好き，全てを把握したがる，細部にこだわるといった形容が付きまとった（Martin 2010）。また，論理的かつ実践的な思考の持ち主で，目的の達成のために戦略的に動く政治家としても知られた。一方で，人前に出ることを好まず，猜疑心が強い面もあるとされる。このような性格のため，首相とその側近に情報が集まるような体制を作ったといわれている。

これまでの議論をまとめると，ハーパー政権における執政中枢の支配は，政権を取り巻く政治的状況と，首相の人格に依存している部分が多い。また，野党，とりわけ，自由党が総選挙のたびに議席を減らし，そのたびに党首が交代するなど弱体化していたこともハーパー政権の長期化を助けたといえる。しかし，少数政権やアマチュア政権という事実や，ハーパー首相の性格は，自由党を始めとする野党に対する最大の警戒を維持させ，執政府支配の強化を緩和させるものではなかった。

さらに，ハーパー政権では，州政府の存在も執政府支配を抑制するものではなかった。小さな連邦政府を目指していたハーパー政権は，「開放的な連邦主義（open federalism）」を掲げ，連邦政府が排他的管轄権をもつ分野以外では州政府に任せることを基本的な方針としていた（高木 2013）。そのため，連州関係において州政府が拒否権プレイヤーとなってハーパー政権の執政府支配を揺るがすような事態は生じなかった。

6　新政権下での執政府支配

本章では，カナダ政治における執政府支配の展開を，2006年から2015年まで約10年間にわたって政権を担ってきたハーパー政権を中心に分析してきた。その結果，ハーパー政権においても，これまでと同様，執政府による支配が展開されてきたことが明らかになった。強力な執政府の存在自体は，カナダ政治史のなかで制度，慣習として根付いてきたため目新しいこ

とではない。また，執政中枢の強化と政治過程での支配的役割も1960年代後半からの傾向であり，現代カナダ政治の特徴として広く指摘されていることである。しかし，ハーパー政権の特徴は，執政中枢による統制が前政権以上に強化されたところにある。ハーパー政権は，少数政権としての期間が長かったことや，アマチュア政権として誕生したこと，統制好きで知られるハーパー首相の人格により，閣僚やコーカスに対して，首相府が積極的に介入し統制を強化した。2次資料の分析から見えてくることは，ハーパー政権の10年間は，首相とその側近を中心に形成される執政中枢の支配がより一層強化された時期だったということである。

　2015年10月19日の連邦議会総選挙でハーパー保守党は敗北し，トルドー自由党が政権交代を実現した。ハーパー政権の敗北に関する詳細な分析は，本章の射程を越えるが，ほぼ10年ごとに政権交代が起きるカナダ政治の流れを考えると，「時間」がもつ意味は大きかったといえる。さらに，トルドー自由党は，ハーパー首相の強権的で秘密主義的な政権運営スタイルをアンチテーゼとして，より開放的で明るい政権を目指すとのメッセージを発信し続けた。10年という時間とともに，ハーパー政権のスタイルに対する嫌気も有権者にあった可能性は高い。

　保守党議員にも，ハーパー政権時の拘束からの解放感を感じている者もいるようである（Rana 2015）。本章の冒頭で述べたように，トルドー首相は，執政中枢による支配を終わらせると述べた。11月4日にはトルドー内閣が発足し，閣議の予定や首相の動静も公表されるようになった。現在のところ，内閣主導の政権運営スタイルが強調されている。閣内委員会についても，ハーパー政権時代のP&P委員会は，「政府行動計画・実績検証委員会（Cabinet Committee on Agenda and Results）」に置き換えられた。この委員会は，前政権の時と同様，政権内部で影響力があると見られる主要閣僚によって構成されている。この委員会の運用を含め，執政中枢の役割や執政府支配が，時間とともにどのように変化するかに注目し，今後の研究課題としたい。

注

1) 1963年，1965年，1968年の連邦議会総選挙でも，自由党が少数政権を2期担当した後に多数政権となっているが，1968年総選挙の前に首相が交代している。
2) カナダの民主主義のあり方をめぐる政治思想上の対立や，カナダにおける共和主義については，Ajzenstat and Smith (1995), Ajzenstat, Gentles and Romney (2003), Smith (1999)に詳しい。
3) 3つの植民地とは，連合カナダ（現在のオンタリオ州とケベック州），ノバスコシア植民地（現在のノバスコシア州），ニューブランズウィック植民地（現在のニューブランズウィック州）である。
4) このことは，国王が単独で行政権を行使することを排除しない。第12条では，国王が単独で行使できることも明記されている。しかし，現在のカナダでの議院内閣制の運用からすると，その可能性は低い。国王大権がカナダ政治に及ぼしている影響については，Lagassé (2012)を参照。
5) 2008年9月時点の数字は，Smith (2009)による。2014年9月の数字は，筆者がSmith (2009)と同様の方法で確認したもの。
6) カナダの財政再建の経緯については岩崎 (2002)に詳しい。
7) いわゆるクレティエン派とマーティン派の争いは，その後も10年にわたって自由党内部でくすぶり続け，2000年代の自由党の衰退を招いた要因といわれている。トルドー党首が就任したことで，両派の対立はようやく解消に向かいつつあるとの見方もある（Lee 2013）。
8) 2006年の総選挙に関する分析としては，城 (2007)を参照。
9) ケベック州の分離独立をめぐる1995年の州民投票において，反対派が僅差で勝利したことを受けて，クレティエン政権は，ケベック州内における連邦政府の存在感を高めるため，催事場などにおける連邦政府ロゴの掲載など，大規模な政府広報活動を行った。その運営にあたり，連邦政府は自由党と関連の深い広告代理店と契約を結んだが，実質的な業務がほとんどなされていなかったり，契約金の一部が自由党にキックバックされていたりといった不正流用問題が明らかになった。
10) 首相府の職員数に関する年次的なデータを筆者はもちあわせていない。
11) たとえば，科学技術担当補佐官を産業省に，公用語担当事務局を遺産省に移した。
12) 日本では，26～27人でも大所帯であるが，カナダの場合は比較的スリムな内閣と考えられる。たとえば，マーティン政権では閣内大臣の数だけで33人であったし，マルルーニー政権の時には閣内大臣数が39人に上ることもあった（すなわち，全閣僚が閣議に参加する資格を有していた）。カナダの内閣では，広大な国土の地域代

表性を確保する必要があるため，人数が多くなりがちである。
13) 改革党の草の根主義についてはFlanagan（2009）に詳しい。
14) カナダの社会保守主義と政党政治については，Farney（2012）に詳しい。また，ハーパー政権における宗教の影響を論じるMcDonald（2011）の著作も興味深いが，宗教とハーパー政権の関係については異論も多い。

参考文献

岩崎美紀子（2002）『行政改革と財政再建——カナダはなぜ改革に成功したのか』御茶の水書房。

大原祐子（1981）『カナダ現代史』山川出版社。

岡田健太郎（2006）「カナダ政党システムの変容——二大政党制から多党制へ」『國家學會雑誌』119巻，1・2号，48-114頁。

城由紀子（2007）「2006年カナダ総選挙——新保守党首相の誕生」『文化女子大学紀要 人文・社会科学研究』15号，37-49頁。

高木康一（2013）「カナダ連邦制における連邦・州政府間関係」『専修大学社会科学年報』47号，87-98頁。

Ajzenstat, J. and P. J. Smith (eds.) (1995) *Canada's Origins : Liberal, Tory, or Republican?* Montreal&Kingston : McGill-Queen's University Press.

Ajzenstat, J., I. Gentles, and P. Romney (eds.) (2003) *Canada's Founding Debates.* Toronto : University of Toronto Press.

Aucoin, P., M.D. Jarvis, and L. Turnbull (2011) *Democratizing the Constitution : Reforming Responsible Government.* Toronto : Emond Montgomery Publication.

Bakvis, Herman (2001) "Prime Minister and Cabinet in Canada : An Autocracy in Need of Reform?" *Journal of Canadian Studies* 35(1) : 60-79.

Bakvis, H. and S.B. Wolinetz (2007) "Canada : Executive Dominance and Presidentialization", in T. Poguntke and P. Webb (eds.), *The Presidentialization of Politics : A Comparative Study of Modern Democracies*, 199-220. Oxford : Oxford University Press. 岩崎正洋監訳（2014）『民主政治はなぜ「大統領制化」するのか——現代民主主義国家の比較研究』ミネルヴァ書房。

Canada. Privy Council Office (2007-14) *Departmental Performance Report.* Ottawa : Privy Council Office.

Canada. Privy Council Office (2015) "Current Alphabetical List of Members of the

Queen's Privy Council for Canada." http://www.pco-bcp.gc.ca/index.asp?lang=eng&page=information&sub=council-conseil&doc=members-membres/alphabet-eng.htm, July 28 （最終アクセス日：2015年11月7日）

Canada. Receiver General (2008-14) *Public Accounts of Canada*, Vol. III. Ottawa： Minister of Public Works and Government Services Canada.

CBC News (2015) "Justin Trudeau would loosen PMO control, reverse trend started by father," September 8. http://www.cbc.ca/news/politics/canada-election-2015-justin-trudeau-interview-1.3219479 （最終アクセス日：2015年10月31日）

Docherty, David C. (1997) *Mr. Smith Goes to Ottawa : Life in the House of Commons*. Vancouver：UBC Press.

Docherty, David C. (2001) "To Run or Not to Run?", *Canadian Parliamentary Review* 24(1)：16-23.

Doyle, Simon (2006a) "Moving 140 Staff from PCO to Slay 'Two-Headed Monster'： Le Breton", *The Hill Times*. May 22：1, 22.

Doyle, Simon (2006b) "Full Cabinet Meeting Irregularly, Every Two Weeks to a Month", *The Hill Times*. June 26：5.

Doyle, Simon (2007a) "PM Harper's New Expanded Ministry A Political Move, Say Experts", *The Hill Times*. January 8：1, 4.

Doyle, Simon (2007b) "PMO Clears Media Requests, Some Cabinet Ministers Not Allowed to Talk", *The Hill Times*. November 5：1, 4.

Dupré, Stefan J. (1985) "Reflections on the Workability of Executive Federalism", in Richard Simeon (ed.), *Intergovernmental Relations*：1-32. Toronto：University of Toronto Press.

Farney, James (2012) *Social Conservatives and Party Politics in Canada and the United States*. Toronto：University of Toronto Press.

Flanagan, Tom (2009) *Waiting for the Wave : The Reform Party and the Conservative Movement*. Montreal&Kingston：McGill-Queen's University Press.

Gwyn, Richard (2001) "Canada as a One-party State", *Policy Options*. October：18-22.

Lagassé, Philippe (2012) "Parliamentary and Judicial Ambivalence toward Executive Prerogative Powers in Canada", *Canadian Public Administration* 55(2)：157-180.

Leblanc, D., S. Chase, and G. Galloway (2015) "New PM and Cabinet Set Fresh

Tone as They Quickly Begin Tackling Tough Issues of Tax Reform, Refugees", *The Globe and Mail*. November 5：A4.

LeDuc, L. and J. H. Pammett (2011) "The Evolution of the Harper Dynasty", in J. H. Pammett and C. Dornan (eds.), *The Canadian Federal Election of 2011*：303-330. Toronto：Dundurn.

Lee, Ian (2013) "No Longer Hyphenated, Liberals Cast Aside the Business Faction", *The Ottawa Citizen*. April 16：A11.

Martin, Lawrence (2010) *Harperland : The Politics of Control*. Toronto：Viking Canada.

McDonald, Marci (2011) *The Armageddon Factor : The Rise of Christian Nationalism in Canada*. Toronto：Vintage Canada.

Poguntke, T. and P. Webb (2007) "The Presidentialization of Politics in Democratic Societies：A Framework for Analysis The Presidentialization of Democracy in Democratic Societies", in T. Poguntke and P. Webb (eds.), *The Presidentialization of Politics : A Comparative Study of Modern Democracies :* 1-25. Oxford：Oxford University Press. 岩崎正洋監訳 (2014)『民主政治はなぜ「大統領制化」するのか──現代民主主義国家の比較研究』ミネルヴァ書房.

Radio-Canada (2006) "Le Cabinet de Stephen Harper", 10 février. http://ici.radio-canada.ca/nouvelles/Politique/2006/02/06/003-cabinet-Harper.shtml （最終アクセス日：2015年11月17日）

Rana, Abbas (2006a) "Conservatives Ban Cellphones, BlackBerries in Weekly Caucus Meetings", *The Hill Times*, April 10：1, 5.

Rana, Abbas (2006b) "Government Loses Eight Top Ministerial Directors of Communications in Nine Months", *The Hill Times*, November 6：21.

Rana, Abbas (2015) "Conservative MPs feel 'certain liberty' after 10 years under Harper's message discipline", *The Hill Times*, November 9：1, 44.

Savoie, Donald J. (1999a) "The Rise of Court Government in Canada", *Canadian Journal of Political Science* 32(4)：635-664.

Savoie, Donald J. (1999b) *Governing from the Centre : The Concentration of Power in Canadian Politics*. Toronto：University of Toronto Press.

Savoie, Donald J. (2010) *Power : Where Is It ?* Montreal&Kingston：McGill-Queen's University Press.

Simpson, Jeffrey (2001) *The Friendly Dictatorship*. Toronto：McClelland &

Stewart.

Smith, Alex (2009) *The Roles and Responsibilities of Central Agencies*. Ottawa： Library of Parliament. http://www.parl.gc.ca/content/lop/researchpublications/prb0901-e.pdf （最終アクセス日：2015年11月7日）

Smith, Denis (1977) "President and Parliament：The Transformation of Parliamentary Government in Canada", in Thomas A. Hockin (ed.), *Apex of Power : The Prime Minister and Political Leadership in Canada*, 2nd edition：308-325. Toronto：Prentice-Hall.

Smith, David E. (1999) *The Republican Option in Canada : Past and Present*. Toronto : University of Toronto Press.

Vongdouangchanh, Bea (2010) "Power Today All About 'Celebritization' of Political Leaders", *The Hill Times*. June 28：1, 20.

Vongdouangchanh, Bea (2012) "It's the Permanent Campaign, Harper's Team Never Rests, Says Flanagan", *The Hill Times*. September 10：1, 19.

Wells, Paul (2013) *The Longer I'm Prime Minister : Stephen Harper and Canada, 2006 -* . Toronto：Random House Canada.

White, Graham (2005) *Cabinets and First Ministers*. Vancouver：UBC Press.

（こぢ・じゅんいちろう：北海道教育大学）

CHAPTER
5

議院内閣制における政治の「大統領制化」
——トルコ・エルドアン体制と大統領権限の強化——

岩坂将充［同志社大学］

1 トルコにおける「行動的大統領」の出現

　憲法上議院内閣制を採用しているトルコでは，2002年11月総選挙以降2015年11月現在まで公正発展党（Adalet ve Kalkınma Partisi, AKP）が一院制のトルコ大国民議会（Türkiye Büyük Millet Meclisi　以下，議会）において第一党を維持し，執政府の長たる首相を輩出し続けている。AKP政権は，軍を後ろ盾とした従来の「体制」の変革を目指し，EU加盟を掲げるなかで「民主化」[1]を推進，同時に高い経済成長率を達成してきた一方，2013年半ばに生じたイスタンブル・ゲズィ公園を発端とする反政府抗議運動を暴力を伴うかたちで鎮圧し，近年はメディアへの圧力を強めるなど，「民主化」の停滞や後退とも受け取られる状況を生み出している。

　こうしたAKP政権の施策は，2014年8月まで同党の党首として首相を務め，その後大統領に就任したエルドアン（Recep Tayyip Erdoğan）のリーダーシップのもとで策定・実行されてきた。エルドアンは，親イスラーム政党である福祉党（Refah Partisi, RP；憲法裁判所判決により1998年1月閉鎖）[2]やその後継政党である美徳党（Fazilet Partisi；同様に2001年6月閉鎖）で有望若手政治家の1人として活躍し，1994年3月から約4年半の間イスタンブル広域市市長を務めるなど，地方で手腕を発揮していたが，美徳党閉鎖後その若手改革派を中心に2001年8月にAKPを結党，党首に就任し前述の総選挙で第一党となったことで一挙に国政の頂点に登

りつめた。その後，2007年10月の憲法改定によって議会選出から直接選挙へと変更された大統領選挙（2014年8月）に出馬・勝利し，憲法規定によりAKPを離党してこれに就任，現在に至っている。

　第3節で詳述するように，トルコの現行の1982年憲法では，大統領の選出方法が変更された後もその権限は限定的であり中立性が求められている。しかしエルドアンは，大統領就任後も，自身の後を継いでAKP党首・首相となったダヴトオール（Ahmet Davutoğlu）を上回る党・政治の権力者としてその存在感を強く示している。「行動的大統領（aktif cumhurbaşkanı）」とも称される彼のこのような権限の行使は，議院内閣制のトルコでなぜ可能となったのだろうか。トルコ内外の報道や現代トルコ政治に関する研究で広く見られる理解のように，彼のパーソナリティや資質といった個人的要因によるものなのだろうか，それとも，より長期的で構造的な要因が重要な役割を果たしているのだろうか。

　本章は，エルドアンがリーダーシップを発揮している現在のトルコに見られる大統領権限の実質的な強化が，事実上トルコを半大統領制たらしめていること，そしてこれが，偶発的な政治の「個人化（personalization）」ではなく，「大統領制化（presidentialization）」──主に構造的要因によってもたらされる個人への統治委任──が議院内閣制において生じた結果であることを明らかにするものである。その際には，ポグントケとウェブによって示された現代民主主義国における「大統領制化」の概念（Poguntke and Webb eds. 2007［岩崎監訳 2014］）を援用するが，同時にこれが多くの場合新興民主主義国に分類されるトルコにも当てはまることを示していく。

　本章の構成は以下のとおりである。まず次節では，政治の「大統領制化」という概念の整理を行ったうえで，「個人化」との区別を行い，本章の分析視角を提示する。第3節では，トルコの1982年憲法における執政権について分析するとともに，具体的な事例を挙げトルコ政治が実質的には半大統領制となっている状況を明らかにする。第4節では，この状況の原

因が政治の「個人化」ではなく「大統領制化」にあることを示し，その影響について執政府・政党・選挙それぞれの側面から分析を行う。そして第5節では，トルコの事例を通して明らかになったこととその含意について，考察するものとする。

2　政治の「大統領制化」とは何か

（1）執政制度の類型

　本章で扱う政治の「大統領制化」の概念は，その是非を含めこれまでさまざまな議論を呼んできた。「大統領制化」は，広くは民主政治におけるリーダーへの権力集中を指すものとして理解されているが（Cole 1993；Foley 2000；Mughan 2000；Samuels 2002；Poguntke and Webb eds. 2007；Brittner 2011；Passarelli ed. 2015），その一方でそれが一部の執政制度でのみ生じるものなのか，もしくはどのような執政制度のもとでも生じうるのかについては，議論が分かれている。さらに，「大統領制化」がどのような領域に影響を与えるのかについても，研究者によって見解に大きな相違がみられる。

　しかしまず，この「大統領制化」の射程を測る前に，その前提となる執政制度の類型を一度整理する必要がある。執政制度は，執政府と立法府の関係に注目し，一般的には大統領制・議院内閣制・半大統領制の3つに分類されることが多い。ここでは，広く知られるデュヴェルジェの分類（Duverger 1980）に基づきつつ，サミュエルズとシュガートによって修正が加えられたものを用いる（Samuels and Shugart 2010）。

　サミュエルズとシュガートによれば，民主主義の「純粋な」類型としての大統領制と議院内閣制の相違点は，投票者と執政府との関係にある（*ibid.*：22）。大統領制では，投票者は執政府と立法府を直接選出し，弾劾等の例外を除いて大統領の任期は固定である。一方，議院内閣制では，投票者は立法府を選出し，立法府が執政府を選出する。そのため，内閣は

議会に責任を負う。すなわち，執政府の「起源」と「存続」が双方とも分立している（＝大統領制）か，それとも融合している（＝議院内閣制）かが，「純粋な」類型では鍵となるのである。またこの考え方にしたがうと，「起源」が融合し「存続」が分立している議会独立制（assembly-independent regimes）や「起源」が分立し「存続」が融合している公選首相制（elected prime-ministerial regimes）も想定できる（*ibid*.: 30）。

これらの類型と異なり，半大統領制では，執政府が大統領と首相による二頭体制となり，いわゆる権力分有の状態となる。そのため，大統領の出身政党と議会多数派が一致するか否かによって，作用が異なってくる。デュヴェルジェによると，半大統領制は，①直接選挙による大統領選出，②大統領への少なからぬ憲法上の権限の付与，③議会多数派の信任による首相・内閣の成立，という特徴で定義される。しかしこの定義には，事例に照らした際にいくつか曖昧な点が残る。たとえば，②における「少なからぬ」という文言は客観的にとらえることが難しく，また首相・内閣の任命が議会によってなされるのか，それとも大統領が行うのかについては，触れられていない。シュガートとキャリーは，首相・内閣が大統領によって任命される際の半大統領制の下位類型として，責任を議会にのみ負う場合を「首相―大統領制（premier-presidential regimes）」とし，大統領と議会に二重に責任を負う場合を「大統領―議院内閣制（president-parliamentary regimes）」とした（Shugart and Carey 1992）。しかしそれでも，依然として半大統領制は厳格な基準を必要としている段階にあるといえる。

次節で詳しく述べるように，本章ではトルコはこれらの3つの執政制度の類型のうち，憲法上は議院内閣制に該当するものとして扱う。

（2）「大統領制化」の射程

このように大きく3つに分けた執政制度の類型のうち，サミュエルズとシュガートは，真の「大統領制化」が生じるのは大統領制においてのみであり，それは政党に影響を及ぼすものであると論じた（Samuels and

Shugart 2010）。これは，大統領制が執政府と立法府の権力分立を前提とし，また大統領と議会の選出が個別に行われることで，一度選出された後には大統領は出身政党に拘束されないことを根拠としている。この点，議院内閣制においては，首相は議会によって選出されると同時に議会に責任を負うため，たとえ個人的な人気や名声の獲得によって党を無視した行動を試みるようになっても，政党はこれを統制下に置くことができるとした。このような視点に立つと，「大統領制化」は「議院内閣制における党の組織・言動とは異なる方法で，権力分立が党の組織的・言動的特性を基本的に形作る方法」（*ibid*.：6）と定義される。

しかし，果たして「大統領制化」は議院内閣制や半大統領制といった他の執政制度では起こりえない，あるいは非常に起こりにくいものなのだろうか。民主政治の大きな潮流として「大統領制化」をとらえることはできないのだろうか。

これに対しポグントケとウェブは，より幅広い執政制度と領域を射程に入れて「大統領制化」を議論している（Poguntke and Webb eds. 2007［岩崎監訳 2014］）。彼らによると，「大統領制化」とは「ほとんどの場合に形式的構造である体制タイプを変えることなく，体制の実際的運用がより大統領制的なものになってゆく過程」（同前訳書：2）と定義される。つまり，執政制度の3類型である大統領制・議院内閣制・半大統領制のいずれにおいても，その制度の垣根を越えることなくリーダーへの権力集中が起こりうり，この状態を指して「大統領制化」としたのである。また彼らは，政治の「大統領制化」が影響を及ぼす領域においても，サミュエルズとシュガートよりも広くとらえている。つまり「大統領制化」は，①党内および②政治的執政府内におけるリーダーシップの権力資源と自律性の増大，そして，③リーダーシップを重視するようになった選挙過程，の発展として理解でき，執政府・政党・選挙に影響を及ぼすとした（同前訳書：7）。

このように，ポグントケとウェブによる「大統領制化」の定義では，ト

ルコのような議院内閣制を採用する国家での現象も論じることができるとともに，その影響領域についても広く考察することが可能である。またこの定義は，次項で見るように，類似概念である政治の「個人化」との相違を明確にする際にも有効であるといえる。

（3） 政治の「大統領制化」と「個人化」

政治の「大統領制化」は，先に述べたように，民主政治におけるリーダーへの権力集中ととらえられる。では，同様にそのような現象を表すと考えられる政治の「個人化」と「大統領制化」との相違点は，どこに求めればよいのだろうか。

両者を区別するとりわけ重要な点は，政治の「個人化」が明らかにリーダー個人への注目を表しているのに対し，「大統領制化」の場合はその注目は必ずしもリーダーだけに向けられているわけではない，ということである。そして，リーダー個人への注目は，たとえ同じ国であっても別のリーダーには備わっていない，その個人特有の資質への注目でもある。つまり，政治の「大統領制化」と「個人化」との相違は，現象の要因を考察する際に，前者は構造的なもの（社会やメディア構造の変化など）に注目し，後者は偶発的なもの（特定のリーダーの個性や政治状況など）に注目するという点にある。

そして同時に，「大統領制化」は構造的であるがゆえに長期的な現象であり，「個人化」は偶発的で短期的なものであると考えられる。そのため，パッサレッリが指摘するように，候補者中心の選挙キャンペーンのような「大統領制化」を伴わない「個人化」が考えられる一方で，リーダーの党からの独立や個人化された選挙キャンペーンに見られるように，「大統領制化」が生じた場合にはある程度「個人化」も生じていると考えられる（Passarelli ed. 2015：8-9）。つまり，政治の「個人化」は，政治の「大統領制化」に包含される現象だということができるのである。

政治の「大統領制化」と「個人化」をこのようにとらえた場合，トルコ

におけるエルドアンへの権力集中は，多くの場合政治の「個人化」と評価されてきたといえる。現代トルコ政治に関する先行研究などでは，権力集中の要因をエルドアンのパーソナリティに求め，彼だからこそ「行動的大統領」たりえているとの論調が強い。たとえば，デミルタシュとシェンは，エルドアン個人のイメージがAKPの成功に繋がっていると指摘，ヤヴズも，エルドアンのカリスマ性はAKP最大の強みのひとつであると評価した（Demirtaş and Şen 2007：97-98；Yavuz 2009：100）。またチュナルとサユン，そしてキルディシュは，エルドアン個人の信条が政権運営や政策決定，対外政策に影響している点を指摘している（Çınar and Sayın 2014；Kirdiş 2015）。しかし一方で，これを長期的かつ構造的な変化としてとらえる試みは，研究ならびに報道においてほとんどなされてこなかった。本章では次節以降において，エルドアンのもとでの大統領権限の実質的な強化は，「個人化」を一部内包するかたちで「大統領制化」が生じた結果であることを明らかにしていくものとする。

3　トルコにおける1982年憲法と議院内閣制

　トルコにおけるエルドアンの事例を分析するために，まず1982年憲法における執政府・立法府のあり方，そして大統領と内閣（首相）の権限を，大統領選出過程に関する規定が改定された2007年10月の前後で整理を行う。そして，トルコの執政制度がどのような特徴をもった議院内閣制であるのかを明らかにしたうえで，近年の現象を確認する。なおここでは，憲法原文は議会ウェブサイト掲載のものによった（TBMM 2011）。

（1）　1982年憲法（2007年10月まで）
　民主政治の長い歴史を有するトルコであるが，比較的短期間の軍事介入も数回生じ，そのたびに「民主化」の進展は阻害されてきた。現行の1982年憲法が制定された背景も，このようなトルコの民主政治の「未定着の定

着」状況にある。トルコでは1980年9月にエヴレン参謀総長 (Kenan Evren) を議長とする国家安全保障評議会 (Millî Güvenlik Konseyi) がクーデタを起こし，1983年11月まで評議会が軍事政府として全権を掌握することとなった。評議会は，これまでの1961年憲法——これも1960年5月クーデタ軍事政府によって制定されたものであるが——のもとで生じた小数政党乱立の議会と社会の混乱を抑制し，体制の「擁護者」として軍が文民政治家を監視できるよう，従来の議院内閣制の枠組みを維持しながらも以前の1961年憲法に比べ大統領の権限強化を試みた。これは，軍の議会不信に由来するとともに，クーデタ後しばらくはエヴレンが大統領に就任する予定であったこと，また参謀総長ら軍首脳も参加し，当時事実上の最高意思決定機関であった国家安全保障会議 (Millî Güvenlik Kurulu, MGK) において大統領が議長を務めることなどが理由として挙げられる。

　こうした背景で制定された1982年憲法では，まず，立法権 (yasama yetkisi) は「立法の権限は，トルコ国民の名においてトルコ大国民議会に帰属する。この権限は移譲されえない」(第7条) と規定され，一院制議会への帰属が明確にされている。その一方で執政権 (yürütme yetkisi) は，「執政の権限および任務は，大統領 (Cumhurbaşkanı) および内閣 (Bakanlar Kurulu) によって，本憲法および法律によって行使され，遂行される」(第8条) との規定により，内閣のほか大統領にも一定の権限が付与されていることがわかる。

① 大統領

　執政の一部を担当する大統領の規定については，第101～108条において具体的に記されている。大統領は，任期7年かつ再選不可であり，一定の議会議員推薦によって議員以外からでも大統領候補となりうる。大統領に選出された者は，政党から離脱し議会議員を辞職することとなっている (第101条)。また，大統領は議会議員総数の3分の2以上によって選出されることから (第102条)，多くの場合議会第一党以外の支持も必要となる

5　議院内閣制における政治の「大統領制化」

(Yazcı 2013：130-131)[8]。これらの規定は，大統領宣誓（第103条）の内容にもあるように，「任務を中立性（tarafsızlık）をもって遂行する」ため，党派性を排除した役割が期待されていることがわかる。つまりトルコにおける大統領とは，憲法上「共和国と国民の一体性を代表する国家元首」であり，「国家諸機関の秩序立ち調和の取れた活動を後見する」立場なのである（第104条）。

　同じく第104条では，大統領の権限や任務が，三権それぞれについてまとめられている。立法に関する権限および任務としては，議会の開会演説や召集，法律の公布，法案再審議のため議会への差し戻し[9]，憲法改定に関する法令の国民投票への付託，憲法違反と考えられる法律等の憲法裁判所への無効請求，そして議会選挙の実施決定が挙げられている。

　また執政に関する権限および任務としては，首相（Başbakan）の任命と辞任承認，首相の提案に基づく大臣の任免，必要に応じての閣議の議長担当と招集，外国への代表派遣や訪問団との接見，国際条約の承認と公布，議会の名における軍最高司令官への就任，軍の出動決定，参謀総長の任命[10]，MGKの議長担当と招集，閣議決定による戒厳令・非常事態布告，政令（kararname）への署名と発布，確定判決の減刑・赦免，国家監査委員会（Devlet Denetleme Kurulu）の委員・委員長の任命と調査・研究・監査[11]の実施要求，そして高等教育委員会（Yükseköğretim Kurumu）の委員と大学学長の選出が規定されている。

　これらに加えて，暫定内閣の首相任命（第114条）や，内閣が信任されなかった場合や不信任案が可決された場合，そして首相の罷免によらない辞職後を含め新内閣が45日以内に組閣ができなかった場合に伴う選挙実施を，議会議長との協議によって決定することが規定されており（第116条），第104条とあわせて，憲法上大統領は議会解散権の一部と首相の任命権を有していることがわかる。これらは，執政権の重要な部分ではあるが，次にみる内閣と比較すると大統領の権限はやはり限定的である。

　他方，立法については，大統領が直接関与できる方策は示されていない。

大統領は，憲法等で規定されたもの以外の決定には首相および関係大臣による署名が必要とされていること（第105条），また大統領令（Cumhurbaşkanlığı kararnamesi）も，大統領府の組織や人事にかかわる部分のみに限られている（第107条；Özbudun 2004：136）。

②内閣

内閣については，第109条以降において規定されている。首相は大統領により議会議員のなかから任命され，大臣は首相の提案に基づき大統領によって任免される（第109条）。そして内閣の任務と政治責任については，首相は内閣の長として，省庁間の協力を確保し，「政府の全体的な執政を監督する」ものとされ，この執政に関し内閣は共同して責任を負うとされる。そして各大臣は，首相に対して責任を負うと同時に，自己の権限に属する職務および部下の行為についても責任を負う（第112条）。

執政権に関する内閣の記述は大統領に比べて少ないものの，上記第112条の引用部分は，大統領の権限とされた以外のすべての執政権を与えられていることを示している。また，大統領の権限とされているもののうち，議会や内閣に関するいくつかのものは，実質的には内閣や首相が行使しているという点には注意が必要である。たとえば，議会の解散は首相の判断に基づき大統領が決定を行ってきた。首相の任命は，議会の信任を得る必要があるため，通常慣例として議会第一党の党首が組閣命令を受ける。ただし過去には例外もあり，たとえば1995年総選挙後には，「国家原則」のひとつである世俗主義（lâiklik）に反する疑いのあったRPが議会第一党となったため，当時のデミレル大統領（Süleyman Demirel）は，議会第二党・祖国党（Anavatan Partisi, ANAP）のユルマズ党首（Mesut Yılmaz）に連立での組閣を命じた。しかしこれは，当時の政治状況として，RP党首のエルバカン（Necmettin Erbakan）を首班とした連立政権が組閣されると，世俗主義擁護を理由に軍が政治介入に踏み切る可能性が非常に高かったということを考慮に入れる必要がある。事実，ユルマズ連

立政権が短期で崩壊した後に組閣されたエルバカン連立政権は，1997年6月に軍によって総辞職に追い込まれた。

　以上のように，1982年憲法下での大統領の権限・任務は，単なる「共和国と国民の一体性を代表する国家元首」の域を超えたものであるが，内閣に比べると限定的であるといえる。憲法で規定されている以上，大統領の意向によっては執政に深く関与することは可能であるが，これらの一部は議会や首相によって実質的に担当・行使されている。こうした点を考えると，2007年10月までのトルコにおける執政制度は，憲法上は「一定の権限をもった議会選出の大統領を有する議院内閣制」といえる。しかし，運営上はおよそ標準的な議院内閣制として機能してきたともいえるのである。

（2）　2007年10月憲法改定と2014年8月大統領選挙

　こうした執政権・立法権ならびに大統領・内閣の関係を大きく変容させたのが，大統領および議会議員選出に関する重大な変更を含む2007年10月の憲法改定である[12]。この憲法改定は国民投票において68.9%の賛成で承認され（TÜİK 2015)[13]，2014年8月の初の直接選挙による大統領選出へとつながっていった。

　この改定において変更されたのは，以下にみる大統領に関するもの（第101・102条)，そして議会議員の任期を5年から4年へと短縮するもの（第77条）などである。大統領については，任期が7年から5年へと短縮されると同時に，再選まで認められることとなった。また，大統領候補には，議会議員20名以上の推薦が必要とされるが，「国民によって選出される（halk tarafından seçilir)」と規定され，議会選出から直接選挙へと重大な変更がもたらされた。大統領選挙は有効票の過半数を得た候補が当選し，もし第1回投票で過半数を獲得した候補がいなかった場合には，上位2候補による決選投票を実施し，有効票の過半数を獲得した候補が当選とされた。ただし，選出された大統領は，所属していた党を離党し議会議員

であれば辞職する必要がある点は，以前と変更がない。

　こうした憲法改定によって，トルコの執政制度には憲法上どのような変更が生じたのだろうか。第2節に挙げた類型を参照すると，大統領が直接選挙で選出されるという点では，2007年10月以降は半大統領制とも考えられる状況にある。しかし，それ以外に大統領と内閣（首相）の関係には変化がなく，デュヴェルジェの示した定義のうち，「少なからぬ憲法上の権限の付与」が大統領に対して行われているかというと，やはり執政に関する大部分の権限は内閣（首相）にあると考えるのが妥当である。そのため，トルコは半大統領制に近づきながらも，憲法上は今もなお議院内閣制の範疇にとどまっていると考えられる。

　トルコ初の直接選挙による大統領選挙に向けて，各党が候補者を発表していくなか，与党AKPは7月1日に，党首にして首相のエルドアンを大統領候補として発表した。

　候補者発表の際のエルドアンの演説には，彼およびAKPの大統領観が強く現れている。エルドアンは，大統領の直接選挙による選出は，単に技術的な変化ではないことを強調したうえで，過去の大統領が「後見（vesayet）」として機能してきた状況を終わらせることであると主張した（*Radikal*, 1 July 2014）。また，現状を「大統領が政治の外側にいる」と表現し，そのことで「後見」たる大統領が体制を擁護してきたこと，その意味において憲法の規定にかかわらず実際には中立ではなく「国民の反対側（milletin karşısı）」にとどまっていたと断じた（ibid.）。エルドアンは，大統領も首相と同様に国民が選出することで，国民の側に立った，また真に共和国と国民を代表する大統領が誕生すると主張したのである。

　8月10日に実施された大統領選挙は，投票率74.1%の状況で，エルドアンが第1回目投票で51.8%を獲得し当選を果たした（TÜİK 2015）。エルドアンは，勝利演説においても「後見」体制の終焉を宣言し，「（全国民）7700万人の大統領となる」ことを表明した（*Hürriyet*, 11 August 2014）。

　このように直接投票で選出された大統領は，トルコのような憲法上議院

内閣制とされる国家において，どのような変化をもたらしたのだろうか。以下に，大統領選後初めての総選挙となった2015年6月総選挙，ならびに組閣の失敗で仕切りなおしとなった11月総選挙での動向を見ていくこととする。

（3） 議院内閣制の実質的な変容

エルドアンが大統領に就任した後，その言動が従来の大統領と大きく異なることが認知され始めたのは，2015年6月総選挙に向け与野党の動きが活発化し始めた時期と重なっている。

たとえば同年2月には，大統領として中立であるべきエルドアンがAKP支持を示唆していることに関して非難があがっている。野党の会派副代表らは，エルドアンの発言が中立性を失っており憲法違反であるとしたうえで，「AKPもエルドアンも，AKPが与党から転落しないようあらゆることを行っている」と指摘した（*Yeniçağ*, 10 February 2015）。また，エルドアンがダヴトオール首相と憲法改定による大統領制導入に向けての考えを共有していると発言したことについて，野党第一党である共和人民党（Cumhuriyet Halk Partisi, CHP）の党首は「エルドアンは議会に来て（中略）中立性について宣誓したが，これを守らなかった」と批判した（*Habertürk*, 30 March 2015；*Türkiye*, 31 March 2015）。このような大統領の中立性に関する野党などからの批判は，総選挙投票日が近づいても継続し（*Hürriyet*, 6 May 2015；*Cumhuriyet*, 3 June 2015），選挙に関する調査を実施した欧州安全保障協力機構民主制度・人権事務所（OSCE/ODIHR）によっても，「中立であるはずの大統領が，政府をたたえ野党を批判する機会として選挙期間中に非常に多くの公開行事に参加」，「エルドアンはイスタンブル征服562周年を祝う大規模行事にも参加し，首相やAKP幹部も参加するなかでAKP政権をたたえた」と指摘されるに至っている（OSCE/ODIHR 2015：14）。

事実，2015年6月総選挙のための党マニフェスト（seçim beyannamesi）

では，エルドアンが求める大統領制がこれまで以上に明確に記されている[14]。AKPは「新しい憲法とともに，トルコの参加・多元主義を基礎とし効率的に機能する統治モデルに至ることは不可欠」(AKP 2015a：38) と主張，現行制度では政治課題を解決する能力が弱いとし，直接選挙の導入で後見的役割から解放された大統領と，首相との権限と任務の共有が必要であると訴えた。さらに，「現行制度では，大統領と首相が異なる政治的背景からきた場合には，危機が生じる可能性が継続することになる」(*ibid.*：39) ため大統領制が必要であり，「大統領制はトルコの政治的経験と将来のヴィジョンにより適している」(*ibid.*：41) と主張した。

　また，AKPが総選挙に擁立する候補者の選定についても，エルドアンは介入を行ったのではないかと指摘されている。ある政治ジャーナリストは，「ダヴトオール首相は苦労している」との表現を用い，AKP候補者名簿の決定は党首であるダヴトオールではなく，依然としてAKPのリーダーと見なされるエルドアンが行うのではないか，との見方を示した (*Hürriyet*, 6 April 2015)。さらにこれを裏付けるように，複数の元AKP幹部は「候補者名簿の最終決定はエルドアンが行う」と指摘し，結果的に候補者となったエルドアン側近数名の名簿入りを予想した (*Today's Zaman*, 6 April 2015)。具体的な候補者選定については，エルドアンが外遊前にダヴトオールと会談したうえで，エルドアンのブラックリストに記載された人物は名簿から削除された，とも報道された。AKPには総選挙前は312名の議会議員がいたが，4期連続の立候補を禁じた党内規によって70名が名簿から外れたほかに，105名が候補者選定過程で除外され，前回に続き候補者名簿に掲載されたのは137名にとどまったとされる (*Hürriyet*, 7 April 2015)。こうした候補者名簿への大統領の介入疑惑について，AKP報道官は，「大統領はあなた方が知っているように我々の（党の）設立時の党首である。この行動での彼の場所は我々みんな知っている」と述べ，半ば肯定する発言を行っている。また，大統領制が党マニフェストに記載されることや，それに関してエルドアンが評価した旨も明

らかにしている（*Cumhuriyet*, 7 April 2015）。

　2015年6月総選挙は，このような大統領の中立性に疑惑が生じながらも，第一党となったAKPが議会議席数の過半数に届かず，また連立交渉も失敗に終わったことから，11月に再度総選挙を実施することとなった。この連立交渉に関しても，エルドアンはAKP党首であるダヴトオールにしか組閣命令を出しておらず，連立の実現可能性が低かったにせよ，第二党であるCHPの党首とは接触をもたなかった点は注意が必要である。

　11月総選挙に向けての動きにおいても，これまでと同様にエルドアンは候補者選定への関与を示唆する発言を行っている。エルドアンは，AKP党大会前にダヴトオールと会談したことを認め，ダヴトオールに請われてAKP設立時の党首として自身の考えや意見を共有したと述べた。また，AKP中央決定執行委員会（Merkez Karar Yönetim Kurulu）での候補者名簿作成に，エルドアンも参加したとも報道された（*Hürriyet*, 7 September 2015）。

　党マニフェストにおいても，引き続き大統領制に関する主張が見られる。当該部分の大半はそのまま継承されているが，「単に議員だけではなく政府も選挙に由来することを保証する，不安定にならない，後見の眼を完全に閉ざす，現代的でダイナミックな政府システム」（AKP 2015b：31）の導入があらたに主張された。

　11月総選挙は，AKPが議会議席数の過半数を再び獲得することに成功し，5カ月間の空白の後に単独政権へと返り咲くこととなった。ただ，単独で憲法改定を実施できるほどの議席は獲得できておらず，党マニフェストに記載された大統領制の実現については，現時点では不透明な状況にある。しかし，ここで見てきたような中立性や候補者名簿作成にかかわるエルドアンの言動，ならびに11月総選挙において彼の出身政党であるAKPが単独政権となったことを踏まえると，トルコは憲法上は議院内閣制の範疇にありながら，実質的には半大統領制として機能しつつあると考えられる。つまり，憲法上議院内閣制の枠内にとどまらせていた，大統領の執政

権の限定や従来一部の権限を議会・首相が担ってきた状況が，エルドアンによるダヴトオールやAKPへの関与を通して現在は形骸化しているのである。前節の言葉を用いるならば，現状は半大統領制の下位類型のうち首相—大統領制に近く，また大統領の出身政党と政権与党が一致した統一政府の状態にあるといえる[15]。

4　トルコにおける「大統領制化」

　トルコにおけるこのような現象，すなわち議院内閣制の実質的な半大統領制への変容は，表面的にはエルドアンの個人的資質のみに由来する偶発的な政治の「個人化」のようにも見えるが，果たしてそうなのだろうか。ここでは，①選挙：リーダーシップを重視するようになった選挙過程，②政党：党内におけるリーダーの権力資源と自律性の増大，そしてそれらに基づく③執政府：政治的執政府内におけるリーダーの権力資源と自律性の増大，がそれぞれ主に構造的かつ長期的な要因によって増幅されてきたことを指摘し，トルコが実質的な半大統領制となった背景に政治の「大統領制化」があったことを明らかにする。

（1）　選挙過程におけるリーダーシップの重視

　トルコで選挙キャンペーンに変化が生じたのは，1980年クーデタ後の民政移管の選挙となった1983年総選挙からである。トルコの政党も，西洋諸国の政党から少し遅れて，イデオロギーや党プログラムの接近，いわゆる社会的亀裂政治の衰退がクーデタ以前と比べて緩やかに生じてきたことで，選挙キャンペーンのもつ重要性は決定的なものとなった。すなわち，「（政党のイデオロギーなどの）相違点が減少していくと，作られうる最も重要な差異はイメージの相違となった」（Özkan 2004：115）のである。

　1983年総選挙でリーダーシップへのアピールを強調する選挙戦を取り入れたのは，クーデタ後に新しく設立された中道右派政党のANAPであっ

た。ANAPは，アメリカの手法を取り入れた広告代理店マンアジャンス（Manajans）を起用し選挙キャンペーンを展開，その際の戦略として，党首のオザル（Turgut Özal）を用いることを決めた。他の政党の手法とは異なり，オザル個人を前面に押し出すことで，党の顔としてのリーダーを人びとに印象付けた。経済分野のテクノクラート出身のリーダーというオザルの肯定的なイメージが，テレビでのカラー放送が拡大し始めた時代において，当時の最先端であった「スター戦略」に合致したのである（*ibid*.：65-68）。この戦略の貢献により，ANAPは事前の予想を覆すかたちで議会議席の過半数を獲得し単独政権を樹立，以後15年近くにわたって主要政党としてトルコ政治を率いることとなった。

続く1987年総選挙からは，野党も自らの党をアピールするためこの戦略を採用し始めるとともに，与党批判の際にもオザル個人をクローズアップしたキャンペーンを行った（*ibid*.：103-104）。こうした傾向は1991年総選挙で定着し，すべての主要政党が広告代理店を起用した選挙キャンペーンを行った（*ibid*.：113）。政党リーダーのイメージが最重要となり，オザルの後継者としてANAP党首となったユルマズも，ベテラン政治家で正道党（Doğru Yol Partisi）を率いるデミレルも，ポスターなどでの露出を増やしていった。

そしてこのようなリーダーを前面に押し出した選挙キャンペーンは，投票行動におけるリーダーシップ効果の重要性の増大も導いた形跡がある。イスラムオールらの調査によると，限られたサンプルからの結果ではあるものの，2002年11月総選挙においては有権者が求めるリーダー像は選挙結果との強い関連が見られる（İslamoğlu, Alınacık and Özbek 2005：15）。また，選挙キャンペーンのメディアへの反映についても，各メディアの政治的傾向と結びつくかたちで，影響が観察されている（Kaya and Çakmur 2010 ; Çarkoğlu, Beruh and Yıldırım 2014）。

このように，トルコの選挙におけるリーダー重視のキャンペーンは，西洋諸国に比べて緩やかではあるが社会的亀裂政治の衰退という文脈のなか

で，テレビのカラー放送の普及というマスコミュニケーション構造の変化が重なるかたちで，増幅されていった[17]。そしてこの状況は，第1節で述べたように政治の「個人化」も多分に含んだものであるといえるのである。

（2） 政党におけるリーダーの自律性の増大

政党におけるリーダーの自律性に関しては，トルコでは政党法（Siyasi Partiler Kanunu；法律第2820号，1983年4月）の果たしてきた役割は非常に大きい。この状況は，「民主化」が進展したはずの現在でも変化しておらず，政党や選挙におけるリーダーの自律性の増大を強く支えるものとなっている。

1980年クーデタの軍事政府によって制定された政党法は，122条にわたって政党の組織，党員登録，中央・地方組織，議会会派，選挙参加と候補者確定，規律などについて詳細に規定している。これは，軍が民政移管のための1983年11月総選挙に参加する政党を厳しく制限し，また民政移管後も統制のとりやすい政党のあり方の固定化を意図したものであるといえる[18]。この「おそらくヨーロッパでもっとも詳細な政党法」（Özbudun 2006：550）によって，トルコでは，現在でもすべての政党が類似した党組織・構造を有している。

こうした政党法によって規定されたトルコの政党は，選挙における候補者選定でトップダウンが確立されており，リーダーは党員らに説明責任を負わない状況にある。OSCE/ODIHRの報告書によると，トップダウンかつ予備選を実施しないかたちでの党執行部による候補者選定が近年も依然継続しているという（OSCE/ODIHR 2007：13-14；2011：14）。前節では，2015年総選挙におけるエルドアン大統領の候補者選定への関与を指摘したが，党首・首相時代の2007年7月総選挙の時点でも，すでにエルドアンが候補者を決定し，候補者名簿は高等選挙委員会への提出まで党幹部にも秘密とされていた（*Sabah*, 6 June 2007；*Milliyet*, 7 June 2007）。

このような党内の「権威主義的構造」を，アーヤーン＝ムシルは特に地

方の党員へのインタビュー調査によって裏付けている。彼女によると，地方のAKP党員は，候補者選定についての最終決定権はリーダーにあると認めながらも，現在の状況は権威主義的なものではないと認識している。また，党地方組織への資金配分の決定を党執行部が握っていることから，良好な関係を築くために地方組織の責任者も中央の意向に従うという状況が生まれたとしている（Ayan Musil 2011：104-114）。さらに，党地方組織の責任者を上部機関が任命することは政党法によって禁じられているが，実際には形骸化しているため，この任命も中央に従うインセンティブとなっている（ibid.：131-132）。こうした，思想的・物質的利益の提供によって，トルコの政党内の中央集権化は維持されているとアーヤーン＝ムシルは指摘している（ibid.：144）。

　また，党執行部のなかでも，とりわけ党首の権力は大きい。党首は議会会派と党執行部の双方をほぼ掌握しているといわれている（Özbudun 2006：550）。さらに，政府や選挙において過失を起こしたとしても，また汚職があったとしても，党首は生き延びることが多い。そして競争よりも服従が党の政治文化を支配している（Rubin 2002：3）。

　こうしたことは，党内の有力者の無視だけではなく，リーダーへの権力集中を意味するものである。トルコにおいては，1980年クーデタの産物として政党法が政党の中央集権化を規定し続けており，また前項で述べたような選挙過程におけるリーダーシップの重視も，これを補強するものとなっている。

（3）　執政府におけるリーダーシップの自律性の増大

　執政府におけるリーダーの自律性は，任命権や政策決定権といった公式な権限の付与に加え，人びとからの統治委任を得るためのリーダーの資源の増大などによってもたらされるが，トルコの場合にはこれらは先に挙げた2つの領域から大きな影響を受けている。リーダーを前面に押し出した選挙での継続的な勝利は，政党のみならず執政府においてもリーダーの自

律性を高めることにつながり，同様に政党法によって確立された政党におけるリーダーシップの自律性の増大も，単独政権の場合には特に執政府におけるリーダーの自律性を支えるものとなってきた。

　こうしたことに加え，執政府内における潜在的な抵抗の排除を視野に入れた，自身に近い人材の登用も，リーダーシップの自律性に関係する。エルドアンの場合は，この動きが非常に顕著であった。彼の「後継者」として現在AKP党首・首相を務めるダヴトオールは，国際関係学を専門とする大学教授であったが，エルドアンによって対外政策担当の首相主席顧問に任命され，2009年5月にエルドアン首相のもとで外務大臣に就任，2011年6月総選挙においてAKPから出馬し議会議員となった人物である。また，ダヴトオールと同様に，アクドアン副首相（Yalçın Akdoğan）やカルン大統領府報道官（İbrahim Kalın）といった人物も，エルドアンに登用され学術界から政界入りをし，現在も腹心と考えられている人物である。このほか，他党で政治経験のあったクルトゥルムシュ副首相（Numan Kurtulmuş）も，これに近いパターンであるといえる。

　さらに，エルドアンが執政府で自律していることを如実に示した例として，2013年半ばにイスタンブル・ゲズィ公園から拡大した反政府抗議運動への対応が挙げられる。抗議運動の発生当時エルドアンは外遊中であったが，数日のうちに各地の主要都市に飛び火した抗議運動に対し，国内に残っていたアルンチ副首相（Bülent Arınç）ら政府高官は，警官の行き過ぎた暴力について謝罪するとともに，初期の抗議運動を担ってきた団体との会談を実施し，対話姿勢を明確にしていた。しかし，エルドアンが帰国直後の演説で抗議運動を強く批判するなど強硬姿勢を明確にしたことで，政府の方向性はこれに一本化されていくこととなったのである（岩坂2013：67-69）。

　このような執政府におけるリーダーシップの増大は，複雑化した国家とそれに対応するための統治能力の強化ともとらえられるが，トルコの場合には，それ以上に前述の2つの項目の影響が大きいと考えられる。

5　議院内閣制における政治の「大統領制化」

　本章では，近年トルコで観察される，直接投票によって選出された大統領が，憲法上議院内閣制と判断される執政制度において首相以上の党・政治の権力者として機能している状況について，政治の「大統領制化」が議院内閣制において生じた結果，実質的な半大統領制として機能していることを，ならびに，それが短期的・個人的要因よりもむしろ長期的・構造的要因によってもたらされたものであることを明らかにした。

　分析視角としては，ポグントケとウェブのものを中心に用いたが，今回の議論を踏まえて以下の三点が提案できよう。

　まず一点目は，トルコで生じている現象が，エルドアン個人に依拠する政治の「個人化」にとどまらず，構造的な要因を含む「大統領制化」であると考えられる点である。その論拠は前節までに示したとおりであるが，このことは，エルドアンでなくとも実質的な半大統領制という状況は継続し，大統領の出身政党と政権与党との関係によっては統一政府／分割政府に近い状態が生じうることを示唆している。

　また二点目は，政治の「大統領制化」という現象が，トルコのような新興民主主義国においても該当していることが示された点である。従来の研究では特に先進（現代）民主主義国に注目して分析が進められてきたが，新興民主主義国においても，史資料の利用可能状況によっては十分に検討が可能である。またこのことは，より多くの事例の比較から新たな視点が導き出される可能性も示唆するものである。

　そして三点目は，ポグントケとウェブは「大統領制化」は形式的構造である体制タイプを変えることなく生じるとしており（Poguntke and Webb eds. 2007［岩崎監訳 2014：2］），本章もそれにしたがった分析を行ったが，トルコの事例のように，憲法上の議院内閣制が実質的に半大統領制として機能しうる可能性もあるという点である。サミュエルズとシュ

ガートが半大統領制の定義について述べたように，制度が実際にはどのように運用されているのかについては，特に注意を払って考えるべきである (Samuels and Shugart 2010：28)。

これらの点に留意した場合，先進（現代）民主主義国ほど執政を含む政治体制が安定しない国家においては，本章で取り上げたようなパターンも十分に考えられる。トルコの事例においては，議院内閣制でありながら大統領の直接選挙による選出を採用したことが大統領権限強化のひとつの重要な契機となったが，それは以前から継続していた政治の「大統領制化」の延長線上にあるものだという理解に立つことで，短期的・偶発的ではなくより長期的・構造的な要因が浮かび上がってくることとなった。

本章では，トルコ以外の事例との比較，またトルコの別の時代との比較を通して，より精緻な検証を行うことができなかった。これについては今後の課題としたい。

注

1) 本章では，カギ括弧付きの「民主化」という語を，ダールの提示したポリアーキーに接近する政治的変化を示すものとして用いる (Dahl 1971)。そのためここでは，彼の用語としての自由化と包括性（あるいはカギ括弧なしの狭義の民主化）は「民主化」の語に含まれる。これは，リンスとステパンの議論においては斜体の*democratization*に当たる (Linz and Stepan 1996：3, 93, 100)。

2) 本章では，親イスラームとは，厳格な世俗主義を建国理念のひとつとするトルコにおいて，しばしばそれを超える範囲でイスラーム的な主張を行う傾向を指すものとする。トルコの場合，たとえばシャリーアの適用などを公然と唱えることは困難である。

3) 本章第2節第3項で示した研究のほか，報道や新聞社説については，たとえばフィナンシャル・タイムズ紙，ヒュリイェト紙，ラディカル紙などでの記事や社説が挙げられる (*Financial Times*, 6 July 2014；*Hürriyet*, 8 May 2015；*Radikal*, 10 July 2015)。

4) トルコは，1923年に共和国が成立した後しばらくはCHPによる一党独裁体制であったが，1946年に複数政党制を導入して以来平和裏の政権交代を継続しているた

め，ハンティントンがいうところの民主化の「第2の波」に分類される (Huntington 1991：18；Özbudun 2000：1)。しかし，選挙結果と直接結びつかないかたちでの軍によるクーデタや明示的な政治介入が数回生じたため，民主主義の「未定着の定着」状態が長く続いた。これにより，「第3の波」に含める研究もあり (Samuels and Shugart 2014)，新興民主主義国とみなされることが多い。トルコにおける複数政党制の導入については，ヘペルおよび新井の論考を参照のこと (Heper 1998：128-163；新井 2001：237-240)。

5) 1961年憲法も，1982年憲法と同様にクーデタ軍事政府によって制定されたが，これまでのトルコの憲法のなかで最も「リベラル」であると評価されている。1982年憲法は，1961年憲法のこうした性質が，社会の統制を損ない混乱を助長したという理解のうえに策定された。

6) MGKの変遷については，岩坂の論考を参照のこと（岩坂 2014；2015）。

7) ただし，祖国への反逆を理由とした場合には，議員総数3分の1以上の提案に対して4分の3以上の賛成で弾劾されうる（第105条）。

8) 第102条では，第1回目投票で大統領が選出されなかった場合には，第2回目も同様に行うとされている。また，第3回目に至った場合には過半数での選出となるとされ，第4回目を同様に実施した場合にも選出されなければ，議会は直ちに解散される。

9) 第89条によると，議会へ差し戻しできる法案には予算案は含まれない。また，差し戻し後，議会が法案を修正せず再承認した場合には，大統領は再度差し戻すことはできない。

10) 内閣の指名に基づく（第117条）。

11) 国家監査委員会は，大統領直属の機関として第108条に規定されている。この組織は，大統領の要請により，すべての公的団体や職能別組織，公益にかかわる活動を行う社団・財団について，あらゆる調査・研究・監督を行う。なお，軍や司法機関はこの管轄外とされている。

12) トルコの改憲規定（第175条）は，1987年5月に一度改定され，改憲案発議に必要な票数は議会議員総数の3分の2から5分の3に引き下げられた。5分の3以上3分の2未満で承認された場合には，大統領は議会へ差し戻す（1回のみ）か国民投票（有効票の過半数で承認）に付すかを選択する。議会での最初の採決において3分の2以上で承認された場合には，大統領はそのまま承認する以外に，議会への差し戻し（1回のみ）か国民投票に付すかを選択できる。また，大統領から差し戻されたものを議会が再度承認した場合には，大統領はそのまま承認するか国民投票

に付すかを選択できる。こうした憲法は一般には硬性憲法に分類されるが，たとえばレイプハルトが行ったさらに詳細な分類によると，硬性憲法のなかでも硬性度が比較的低いカテゴリーⅡ～Ⅲに相当すると考えられる。(Lijphart 2012 = 粕谷・菊池訳 2014：177-181)。
13) トルコにおいて，憲法制定・改定に関する国民投票は，1982年以降これまで 5 回行われている（1982年・1987年・1988年・2007年・2010年）。このうち，2007年10月に実施されたものは，投票率が最も低い67.5％となっている（TÜİK 2015）
14) AKPは，2012年 9 月に発表した『2023年政治ヴィジョン』において初めて大統領制の導入に言及した（AKP 2012：16）。しかしこの時点では，党籍を維持したままの大統領や半大統領制も選択肢として挙げていた。
15) 憲法上は議院内閣制であるものの，政治の「大統領制化」によって実質的に半大統領制となっている状況では，半大統領制を特徴づける大統領の出身政党と政権与党との関係性が重要となる。そのため，両者に不一致が生じた場合には，大統領の権限が制限され，半大統領制における分割政府に近い状況が想定される。
16) トルコでは，1992年まではテレビ放送への民間の参入は認められていなかったため，国営のトルコ・テレビ・ラジオ協会（Türkiye Radyo Televizyon Kurumu）が唯一の放送局であった。
17) ポグントケとウェブによると，テレビ放送の拡大は「政策よりも人格に焦点を合わせ」る役割を果たした（Poguntke and Webb eds. 2007 = 岩崎監訳 2014：20-21）。これにより，選挙キャンペーンにおけるリーダー重視の傾向は加速することとなった。
18) 政党法は1965年に初めて制定された（法律第648号）。それまでは，政党は結社法（Cemiyetler Kanunu；法律第3512号，1938年）によって規定されていた。

参考文献

〈邦語文献〉

新井政美（2001）『トルコ近現代史──イスラム国家から国民国家へ』みすず書房。
岩坂将充（2013）「トルコ政治の現状と『民主化』の行方──2013年反政府抗議運動の分析から」『中東研究』第518号，66-74頁。
──（2014）「トルコにおける『民主化』の手法──文民化過程にみる『制度』と『思想』の相互作用」『国際政治』第178号，132-145頁。
──（2015）「トルコにおける政軍関係の変容──軍の権益の段階的縮小と今後の展望」『中東研究』第524号，32-40頁。

〈外国語文献〉

Ayan Musil, Pelin (2011) *Authoritarian Party Structures and Democratic Political Setting in Turkey*. New York : Palgrave Macmillan.

Brittner, Amanda (2011) *Platform or Personality? : The Role of Party Leaders in Elections*. Oxford : Oxford University Press.

Çarkoğlu, Ali, Lemi Beruh and Kerem Yıldırım (2014) "Press-Party Parallelism and Polarization of News Media during an Election Campaign : The Case of the 2011 Turkish Elections," *The International Journal of Press/Politics* 19(3), 295-317.

Çınar, Menderes and Çağkan Sayın (2014) "Reproducing the Paradigm of Democracy in Turkey : Parochial Democratization in the Decade of Justice and Development Party," *Turkish Studies* 15(3) : 365-385.

Cole, Alistair (1993) "The Presidential Party and the Fifth Republic," *West European Politics* 16(2) : 49-66.

Dahl, Robert A. (1971) *Polyarchy : Participation and Opposotion*. New Haven: Yale University Press.

Demirtaş, Neslihan and Seher Şen (2007) "*Varoş* Identity: The Redefinition of Low Income Settlements in Turkey," *Middle Eastern Studies* 43(1) : 87-106.

Duverger, Maurice (1980) "A New Political System Model: Semi-Presidential Government," *European Journal of Political Research* 8(2) : 165-187.

Foley, Michael (2000) *The British Presidency : Tony Blair and the Politics of British Leadership*. Manchester : Manchester University Press.

Heper, Metin (1998) *İsmet İnönü : The Making of A Turkish Statesman*. Leiden : Brill.

Huntington, Samuel P. (1991) *The Third Wave : Democratization in the Late Twentieth Century*. Norman : University of Oklahoma Press.

İslamoğlu, A. Hamdi, Ümit Alınacık and Volkan Özbek (2005) "The Effect of the Personality Traits of Political Party Leaders on Voter Preferences," *Proceedings for International Conference on Political Marketing, Kastoria, Greece, March 31 — Apr 2*, 1-20.

Kaya, Reşit and Barış Çakmur (2010) "Politics and the Mass Media in Turkey," *Turkish Studies* 11(4), 521-537.

Kirdiş, Esen (2015) "The Role of Foreign Policy in Constructing the Party Identity of the Turkish Justice and Development Party (AKP)," *Turkish Studies* 16 (2): 178-194.

Lijphart, Arend (2012) *Patterns of Democracy : Government Forms and Performance in Thirty-Six Countries*, 2nd ed. New Haven : Yale University Press. レイプハルト, アレンド著, 粕谷祐子・菊池啓一訳 (2014)『民主主義対民主主義——多数決型とコンセンサス型の36カ国比較研究[原著第 2 版]』勁草書房.

Linz, Juan J. and Alfred Stepan (1996) *Problems of Democratic Transition and Consolidation : Southern Europe, South America, and Post-Communist Europe*. Baltimore and London : The Johns Hopkins University Press.

Mughan, Anthony (2000) *Media and the Presidentialization of Parliamentary Elections*. London and New York : Palgrave Macmillan.

Office for Democratic Institutions and Human Rights, Organization for Security and Co-operation in Europe [OSCE/ODIHR] (2007) *Republic of Turkey, Early Parliamentary Elections 22 July 2007 : OSCE/ODIHR Election Assessment Mission Report*. Warsaw : OSCE/ODIHR.

——(2011) *Republic of Turkey, Parliamentary Elections 12 June 2011 : OSCE/ODIHR Election Assessment Mission Report*. Warsaw : OSCE/ODIHR.

——(2015) *Republic of Turkey, Parliamentary Elections 7 June 2015 : OSCE/ODIHR Limited Election Observation Mission Final Report*. Warsaw : OSCE/ODIHR.

Özbudun, Ergun (2000) *Contemporary Turkish Politics : Challenges to Democratic Consolidation*. Boulder and London : Lynne Rienner.

——(2004) *Anayasa Hukuku*. 2. Baskı. Eskişehir : Anadolu Üniversitesi Yayınları.

——(2006) "From Political Islam to Conservative Democracy : The Case of the Justice and Development Party in Turkey," *South European Society and Politics* 11(3-4), 543-557.

Özkan, Necati (2004) *Türkiye ve Dünyadan Örneklerle Seçim Kazandıran Kampanyalar*. 2. Baskı. İstanbul : Media Cat Kitapları.

Passarelli, Gianluca (ed.) (2015) *The Presidentialization of Political Parties : Organizations, Institutions, and Leaders*. New York : Palgrave Macmillan.

Poguntke, Thomas and Paul Webb (eds.) (2007) *The Presidentialization of Politics : A Comparative Study of Modern Democracies*. New York : Oxford

University Press. ポグントケ，トーマス，ポール・ウェブ編著，岩崎正洋監訳 (2014)『民主政治はなぜ「大統領制化」するのか——現代民主主義国家の比較研究』ミネルヴァ書房.

Rubin, Barry (2002) "Introduction : Turkey's Political Parties : A Remarkably Important Issue," in Barry Rubin et al. (eds.), *Political Parties in Turkey*. London : Cass.

Samuels, David J. (2002) "Presidentialized Parties : The Separation of Powers and Party Organization and Behavior," *Comparative Political Studies* 35(4): 461-483.

Samuels, David J. and Matthew S. Shugart (2010) *Presidents, Parties, and Prime Ministers : How the Separation of Powers Affects Party Organization and Behavior*. New York : Cambridge University Press.

――(2014) "Party 'Capacity' in New Democracies : How Executive Format Affects the Recruitment of Presidents and Prime Ministers," *Democratization* 21(1): 137-160.

Shugart, Matthew S. and John M. Carey (1992) *Presidents and Assemblies : Constitutional Design and Electoral Dynamics*. Cambridge : Cambridge University Press.

Türkiye Büyük Millet Meclisi [TBMM] (2011) *Türkiye Cumhuriyeti Anayasası*. https://www.tbmm.gov.tr/anayasa/anayasa_2011.pdf （2015年11月1日閲覧）.

Türkiye İstatistik Kurumu [TÜİK] (2015) *Cumhurbaşkanlığı / Halk Oylaması İstatistikleri*. http://tuik.gov.tr/VeriBilgi.do?alt_id=1049 （2015年11月1日閲覧）.

Yavuz, M. Hakan (2009) *Secularism and Muslim Democracy in Turkey*. Cambridge : Cambridge University Press.

Yazcı, Serap (2013) *Başkanlık ve Yarı-Başkanlık Sistemleri : Türkiye İçin Bir Değerlendirme*. 3. Baskı. İstanbul : İstanbul Bilgi Üniversitesi Yayınları.

〈政党出版物〉

AK Parti [AKP] (2012) *2023 Siyasi Vizyonu : Siyaset, Toplum, Dünya*. http://www.akparti.org.tr/upload/documents/akparti2023siyasivizyonuturkce.pdf （2015年11月1日閲覧）.

――(2015a) *Yeni Türkiye Yolunda Daima Adalet Daima Kalkınma*. http://www.akparti.org.tr/upload/documents/2015-secim-beyannamesi-20nisan.pdf （2015年11

月1日閲覧).

――(2015b) *Huzur ve İstikrarla Türkiye'nin Yol Haritası*. http://www.akparti.org.tr/upload/documents/1-kasim-secim-beyannamesi-rgb-rev-06-10-15. pdf （2015年11月1日閲覧).

〈新聞〉（すべて電子版による）

トルコ語：*Cumhuriyet / Habertürk / Hürriyet / Milliyet / Radikal / Sabah / Türkiye / Yeniçağ*

英語：*Financial Times / Today's Zaman*

(いわさか・まさみち：同志社大学)

CHAPTER
6
新興民主主義国における執政府の抑制
―― 司法府と独立国家機関 ――

岡部恭宜［東北大学］

1 執政府に対する制度的抑制

　新興民主主義諸国における政治制度への関心は，主に執政制度，それも大統領制と議院内閣制の比較に向けられてきた。特にフアン・リンス（Linz 1990；リンス 2003）が，大統領制の不安定性とそれによる民主主義体制の持続性の危機を強調したことが契機となって論争が始まり，比較研究は活発化した。そうした議論においては，一方では，リンスの主張を支持する研究だけでなく，反論も数多く提出された。他方で，大統領のポピュリズム的な政権運営や権限強化，低い説明責任といった，リンスが提起した諸問題については，現実の政治現象とあいまって深刻に受け止められてきた。1990年代の南米諸国の民主政治はその典型であり，ギジェルモ・オドンネルによって「委任型民主主義（delegative democracy）」（O'Donnell 1994）と呼ばれた。また，東アジアのタイでも，2000年代にはポピュリズム的な政策運営が指摘されるなど，同様の問題は，新興国の議院内閣制においても観察されている。
　このように新興民主主義国の執政制度研究においては，大統領制を中心に，執政府と立法府の関係に関心が寄せられてきた。しかし，民主体制において執政府の関係が規定されるのは立法府との間だけでない。多くの憲法は，司法府との関係も規定しており，最近は司法府の政治化という問題が研究の俎上に載せられている（Ginsburg 2003；Hirschl 2004）。さらに，

中央銀行，会計検査院，選挙管理機関，汚職対策機関など，選挙によらずに選出された独立国家機関に政策決定や行政を委ねる例が多くの国々で観察され，水平的説明責任の文脈で論じられたり，新たな権力分立という評価が示されたりしている（Schedler, Diamond, and Plattner 1999；Vibert 2007）。これらの司法府や独立国家機関は，選挙で選ばれた執政府の長の権限を抑制するものと理解できる。

本章の目的は，先行研究の論評を通じて，立法府以外の国家機関，すなわち司法府と独立国家機関による執政府への制度的抑制を取り上げ，新興民主主義国の執政制度の新たな側面について理解を深めることにある。

以下，第2節では大統領制の不安定性をめぐる先行研究を概観した後，新興民主主義国を中心に，執政府の長のポピュリズム的な政権運営や権限強化について検討する。第3節では，司法府と独立国家機関による執政府に対する抑制は水平的説明責任とコミットメント問題の解決のためであるとの機能主義的な理解を提示する。第4節と第5節では，そうした制度的抑制がなぜ可能になったのか，司法府と独立国家機関（特に中央銀行）に関する先行研究を通じて議論する。同時に執政府への抑制が民主政治に対してどのような意義があるのかも考察する。最後は結論である。

2　委任型民主主義，ポピュリズム，大統領制化

執政制度の研究では，かつて大統領制と議院内閣制のどちらの制度が優れているかという論争があった。その発端となったリンスの研究（Linz 1990；リンス 2003）はすでに多くの文献によって紹介されているので，本章に関係ある点のみ記しておきたい。

リンスは，大統領制と議院内閣制の間にはさまざまな形態があることを認めつつも，2つの制度の間には基本的な違いがあると述べ，大統領制の特徴として，第1に，大統領と議会の双方が国民から直接選出されているため，「二重の民主的正統性」があること，第2に，大統領も議会も任期

が一定であり，かつ互いに独立の関係にある（解任や解散されることがない）ことを挙げた。この構造的な特徴から，政治状況の変化に対する大統領制の硬直性が導き出される。すなわち，大統領と議会が別々の政党に支配される分裂政府が発生しやすく，対立を解決するメカニズムがないので，大統領にとって統治が難しくなり，場合によっては民主主義体制が危うくなりやすい。

また，リンスによれば，大統領選挙は「勝者総取り」的な結果に向かいやすく，勝者と敗者，与党と野党の間に緊張と分極化を増大させる。さらに，大統領は全国民によって選ばれた代表であるという感覚をもちやすく，そのため反対派を無視あるいは敵視することがある。国民が過剰な期待を大統領に対して寄せるとき，大統領と彼，彼女を支持する国民の相互作用が，そうした敵対的関係をさらに激しくする。そして，人物本位の直接選挙が，強力な政党制の不在と結びつくと，ポピュリスト的な候補者を生み出しやすい。

以上の議論からリンスは，民主主義を危うくする大統領制よりも議院内閣制の方が望ましいという結論を導き出したが，その主張は多くの研究者を刺激し，支持と批判を生み出した。その内容については，紙幅の制約上，要点のみを示しておきたい[1]。まず，大統領制の安定性は政党システムなどの条件次第であること（Shugart and Mainwaring 1997），次に政策決定能力という別の評価軸も重要であること（Haggard and McCubbins 2001），また，大統領制と議院内閣制の違いは拒否権プレイヤーの観点から見れば相対的であること（ツェベリス 2009）などである。要するに，大統領制が民主主義を崩壊させやすいというリンスらの主張は一般性をもちえなかったといえよう（恒川 2008：6）。

しかし，リンスらが懸念した大統領制の別の側面は，いくつかの国々では現実の政治問題となって現れていた。すなわち，強力な政党制が存在しない状態で人物本位の直接選挙が行われる結果，ポピュリスト的な大統領候補者が生まれやすいと論じた点や，自らを全国民の代表とみなす大統領

の感覚と国民からの過剰な期待が合わさって，反対派を無視ないしは敵視する状況を生みやすいと懸念した点は，オドンネルが「委任型民主主義」と名付けた国々の政治体制において実際に見られたのである。

　委任型民主主義とは，制度化の非常に弱い民主主義である。大統領は，国家の統治に適した人物として国民投票的に選挙で選ばれるが，任期中は自らの思うように統治する。選挙の後は，国民は受動的であると同時に大統領を応援する観客としての役割しか期待されない。大統領を制約するのは憲法上の任期と実際の力関係だけであり，議会や裁判所に対する水平的説明責任は非常に弱いし，大統領はそれを不要とまで考える（O'Donnell 1994）。アルゼンチンのカルロス・メネム大統領（1989-1999年）やペルーのアルベルト・フジモリ大統領（1990-2000年）に見られた政治行動は，その典型である。また，少々時代は下るが，ベネズエラのウーゴ・チャベス大統領（1998-2013年）も同様に理解することができよう[2]。

　こうした委任型民主主義の大統領は，議会から自律的であり，また執政府の長としての強い権限を有している。そして，個人の資質や人格を国民に訴えることで，その自律性と権限を一層増大させうる。こうした大統領の政治様式は，ポピュリズムと言い換えることもできる。

　ここで，大統領の権限について，その立法権限に焦点を当てて確認しておきたい。立法権限は①法案に対する包括的な拒否権，②法案の一部に対する部分的拒否権，③大統領令の発布権限，④特定分野における排他的な法案提出権に分けられるが（Shugart and Mainwaring 1997：40-52），シュガートとハガードはこれらを得点化して各国の大統領の強さの測定を試みた。その分析結果は，本章が関心をもつ1990年代以降を必ずしも対象としていないので，一定の留保が必要だが，委任型民主主義の代表とされるアルゼンチンやペルーで得点が高く，特に前者の得点は際立っていた（Shugart and Haggard 2001：80）。実際，アルゼンチンの事例研究は，メネム大統領が包括的および部分的な拒否権を有していただけでなく，緊急時の大統領令を発する権限も有していたこと，それらの権限の発動回数

は前任者のアルフォンシン大統領の時代を大きく上回っていたことを明らかにしている（Jones 1997：285-290）。ペルーでも、1992年にフジモリ大統領が強権的に議会を解散し、政府が立法権を吸収した。この「自主クーデタ」の後に発足した制憲議会によって新憲法が成立した結果、大統領の立法権限は強化された。因みに、18世紀後半から2000年代半ばまでの世界各国の憲法をデータ化した研究によれば、ラテンアメリカでは、法案拒否権や大統領令発布など大統領の立法権限が強化される傾向にあり、また他の地域と比べてその権限の度合いが高いという（Ginsburg, Cheibub, and Elkins 2010）。

　このように委任型民主主義やポピュリズムは、大統領個人への高い人気と強い立法権限に支えられていたが、もちろん、それは大統領制に固有の問題ではない。実際、議院内閣制のタイでも、2000年代のタクシン・チンナワット首相の時代には、ポピュリズム的な政策運営が行われていた。また、1990年代後半以降の欧州の議院内閣制の国々においても、「大統領制化」という現象が見られたことが指摘されている。大統領制化とは、執政府と政党の内部において個人としてのリーダーの権力資源と自律性が増大すると同時に、選挙においてリーダー（首相）のアピールが重視されることを指す（ポグントケ・ウェブ 2014）。

　それでは、なぜ、こうした委任型民主主義やポピュリズム、さらには大統領制化が登場したのであろうか。オドンネルは、委任型民主主義の登場を民主化と経済危機の過程のなかに位置づけている。第二次世界大戦後の日本、ドイツ、イタリアの民主化や1970年代の南欧諸国の民主化と比較して、ラテンアメリカが1980年代に民主化したときの特徴は、各国が深刻な経済危機に直面していたことである。具体的には、高インフレ、景気停滞、金融危機、巨額の公的債務、拡大する不平等、社会・福祉政策の急激な悪化である。これらが有権者の危機感を煽り、既存の政党への失望を生んだ結果、有権者は、強くて勇敢で既得権益を超えた「救世主」に過度な期待をもつようになったのである（O'Donnell 1994：62-65）。

さらに，この経済危機という状況的な要因に加えて，トーマス・ポグントケとポール・ウェブ（2014：第1章，第15章）が欧米の大統領制化を分析して抽出した構造的要因も重要である。それらは，政治の国際化，国家の膨張と複雑化，マスコミュニケーション構造の変化，社会的亀裂の衰退である。政治の国際化とは，グローバル化の諸問題が国家間交渉で取り組まれる場合，その問題のかなりの部分が執政府の長や幹部によって決定される状況を指すが，これはIMFや世界銀行と途上国政府との間の債務交渉に見られたように，新興民主主義諸国にも該当する要因である。同様に，テレビやインターネットの普及を背景にしたマスコミ構造の変化も新興国に共通する問題である。また，社会的亀裂の衰退については，一部の新興民主主義国では，経済の急激な発展とそれによる社会変化を背景に，むしろ新たな亀裂が発生しており，それがポピュリズムを生む一因となっている。たとえばタイでは，従来は確固とした政治勢力になりえなかった農民が1997年の金融危機以降に政治意識に目覚め始めた結果，ポピュリストであるタクシン首相の強固な支持層となった。近年はいわゆる赤シャツ派の一員として，都市の中間層などが構成する黄シャツ派と鋭く対立するなど，農村と都市の間の社会的亀裂は現在のタイ社会の構造となっている。

3　司法府と独立国家機関
――水平的説明責任と信頼できるコミットメント――

　前節では，新興民主主義諸国において，民主化や経済危機，そして構造的要因の変化を背景にして委任型民主主義ないしポピュリズムが登場したこと，そして「救世主」としての執政府の長が権限を強化したことを，ラテンアメリカの大統領制およびアジアや欧州の議院内閣制の事例を踏まえて検討した。そこでは，執政制度の基本的構造である執政府と立法府の関係に焦点が当てられ，前者が後者を軽視し，ときには敵視していたことが示された。

しかしながら，民主主義体制において執政府の関係が規定されるのは，立法府との間だけではない。なによりもまず，伝統的な三権分立の下では司法府との関係もまた執政府の行動を制約する。もちろん，従来の委任型民主主義やポピュリズムの論考でも，執政府が司法府への説明責任を果たしていないことには言及されていたが，新興国の民主主義研究の初期においては総じて司法府への関心は小さかったといえよう。しかし，新興国の民主主義が定着していくにつれて，司法府の独立や法の支配がどのように生まれ，持続するのかという主題に取り組む研究が増えてきたのである（Chavez 2008：63）。

もうひとつの制約として指摘したいのは，執政府が「非多数決機関（non-majoritarian institutions）」ないし「非選出機関（unelected institutions）」と呼ばれる独立国家機関に特定分野の政策決定や行政権限を委ねることで，あらかじめ自らの手を縛っていることである（高橋 2015；Schedler, Diamond, and Plattner 1999）。独立国家機関は，有権者によって選出されたわけでも，民選の政府によって直接運営されるわけでもなく，それらから独立して専門分野での権限を執行しており（Braun and Gilardi 2006：8-9），そうした制度的配置は新たな権力分立とも呼ばれている（Vibert 2007）。具体的な機関としては，選挙管理機関，中央銀行，会計検査院，汚職対策機関，公正取引委員会，（電気通信，金融監督，公正取引などの）規制機関などがあり，EUの専門機関が含まれることもある。これらは，選挙で選出された組織ではない点で司法府と共通するが，管轄する政策や規制の分野があらかじめ特定されている点で，個々の機関は司法府と比べて権限が限定されている。ただし，それらの独立国家機関を集合的に捉えて，執政府，立法府，司法府と比べるならば，新たな権力分立を構成する国家機構であると評価することも一定の妥当性をもつであろう。

このように司法府と独立国家機関は，執政府の行動を抑制する機能および独立的な地位を有する点で共通しているが，伝統的な三権分立を構成す

る司法府と,特定の行政分野で権限をもつ独立国家機関とを同等に扱ってよいのかという疑問がありえよう。そこで,両者を統一的に扱う妥当性を見出すために,司法府と独立国家機関に共通した基本的性質を理論的に検討しておきたい。

　一つの有力な議論は,「説明責任（accountability）」に関するものである（高橋 2015；Mainwaring and Welna 2003；Schedler, Diamond, and Plattner 1999）。とりわけ,オドンネルが委任型民主主義に不足しているものとして指摘して以来,執政府の行動をチェックし,監視し,説明を求め,ときには制裁を加える権限を与えられている国家機関の存在という意味での「水平的説明責任」に関心が寄せられてきた（O'Donnell 1994；1999）。この概念に当てはまる独立的な国家機関として,先行研究が分析ないし言及してきたのは,主に裁判所,会計検査院,選挙管理機関,汚職対策機関,オンブズマン,検察庁,中央銀行などである。このように見ると,本章が司法府と独立国家機関を統一的に扱うことも一定の妥当性があるといえよう。

　もう一つの注目したい基本的性質は,「信頼できるコミットメント（credible commitment）」である（Gilardi 2007；Majone 2001）。これは,主にヨーロッパ系の行政学者が上述の「非多数決機関」に関して検討してきた概念であるが,彼らはこの非多数決機関の例として,規制機関や中央銀行のほか,裁判所,行政裁判所も含めている（Braun and Gilardi 2006：9；Majone 2001：58, 74）。したがって,本章が関心をもつ独立国家機関と司法府の共通の性質として捉えられるだろう。

　信頼できるコミットメントは,非多数決機関が権限を委任されることによって可能になるが,それは理論的には「時間的不整合性（time inconsistency）」の問題を解決するからだと論じられている。時間的不整合性とは,ある政策が表明された時点では最適なものであるのに,実際に実施されるときには最適ではなくなることを指す。それが生じるのは,執政府が政策実施を表明した後にそのコミットメントを破ることで利益を得るか

もしれないことを，他の合理的アクターが期待して，行動を調整してしまうからである。その結果，政府は政策目標を達成できなくなる。このコミットメント問題を解決するためには，典型例である金融政策の場合，執政府が保守的な政策選好をもつ独立的な中央銀行に権限を委任して，自らコミットメントを破れないようにすればよい（Majone 2001）。

規制分野も同様である。たとえば，執政府が自由化や民営化を表明して投資を呼び込もうとする場合，投資の事後に政府が自由化政策を取り消すかもしれないと懸念する投資家は最初から投資を断念するだろう。このとき規制権限を独立機関に委任して執政府の手をあらかじめ縛ることが，自由化実現の見込みを高める手段となる（Gilardi 2007：306-307）。司法分野でも独立的な裁判所の存在は，執政府が合法的に権力を行使すること（法の支配）に対するコミットメントの信頼を高めることになる（Chavez 2008：65-66）。また，会計検査や選挙管理に関する独立監視機関の場合も，国家財政の適切な執行・管理や公平かつ公正な選挙管理に対して執政府がコミットしていることの保証として捉えることができよう[5]。

以上，本節では司法府と独立国家機関に共通する2つの性質を検討した。要するに，新興民主主義国において司法府や独立国家機関が重要なのは，水平的説明責任やコミットメントの問題に対処するためであり，そうした機能を通じて執政府を抑制しているのである。しかし，こうした機能主義的な見方は，実際にそれらの機関が設立され，独立性を獲得し，権限を強化できた原因を必ずしも説明してくれない。アクターとしての執政府や政権与党が常にそこに利益を見出すわけではないからである。そこで次に，司法府と独立国家機関の独立性と権限の強化に関する研究を見ていこう。

4　司法府の独立性をめぐる政治

本節と次節では，それぞれ司法府と独立国家機関が独立性と権限を強化し，執政府への抑制を高めるようになった政治的原因について，先行研究

の論評を通じて検討する。先行研究は数多いが,ここでは本章の関心に従いラテンアメリカや東アジアの新興民主主義国に関する文献を取り上げる。

司法府については,まず,1990年代にアルゼンチンとメキシコで司法の独立性と権限が強化された事例を見ていこう。すでに論じたように,メネム大統領のアルゼンチンは委任型民主主義の典型とされたが,議会を支配していたのも彼が党首を務める正義党(Partido Justicialista:PJ)であった。理論的に一党支配体制は司法を支配下に置こうとするので,その独立性に不利に働くと考えられているが(Ginsburg 2003),与党が有利な立場にありながら,それでも司法府の独立性を認めたことは,執政府への制度的抑制を検討するための好例となる。また,メキシコは委任型民主主義の例ではないが,伝統的に大統領の権限が強く,2000年までの71年間,制度的革命党(Partido Revolucionario Institucional:PRI)が執政府と立法府を支配していた。それにもかかわらず司法府が強化されたことは,これまた興味深い。

アルゼンチンで司法府の独立性と権限が強められたのは,メネム大統領の政権末期の1997年であった。彼は1989年から1999年まで大統領を務めたが,そのほとんどの期間,議会で多数を占めていた党は彼のPJであった。メネムが大統領と党首を実質的に兼ねていたことで,党の規律性は強く,それが執政府と立法府の一体性を高めていた。レベッカ・チャベスによれば,このように分裂政府とは対照的な統合政府の下では,大統領は議会の支持を得て裁判所のチェック機能を妨げることが容易になる。実際,この時期は,最高裁判事の定員数拡大,大統領の影響下にある判事の任命,執政府に反対する判決の回避が見られるなど,司法府は執政府に従属していた(Chavez 2004:455-466)。

しかし,1997年の議会の中間選挙の結果,与党PJが急進市民連合(UCR)を中心とする野党に敗北し,下院の議席数が過半数を割ってしまった。この分裂政府の登場により,司法府と執政府の関係の潮目が大きく変わる。1997年の司法評議会(Consejo de la Magistratura)と弾劾陪

審員団（Jurado de Enjuiciamiento）の創設によって，司法府の独立性が強化されたのである。前者は下級裁判所判事の人事を行い，後者は下級裁判所判事の罷免を行う機関である。いずれも1994年の憲法改正によって設立が求められていたが，実際の設立は持ち越されていたものである。この変化について，チャベスは，分裂政府は政党間の競争が激しい場合に生じやすいが，このとき与党であれ野党であれ，将来の地位変更を予見しているので，自らが野党であるときにも法的に守ってもらえるよう，司法府の独立性と権限を強化しておきたい誘因をもつと論じた（Chavez 2004：466, 475-478）。

　アルゼンチンと比べると，メキシコでは権威主義体制の下，PRIがより強固にかつ長期にわたり執政府と立法府を支配していたが，1994年に同党のエルネスト・セディージョ大統領が一連の改革を行い，司法の独立性を増大させた。そして，最高裁判所に憲法裁判所としての機能を付与し，行政や法律の合憲性を判断できるようにした。セディージョ政権は統合政府であったのに，なぜ自らの権力を司法がチェックすることを認めたのか。

　ジョディ・フィンケルは，チャベスと同じく政党間の競争に着目する（Finkel 2004）。長期にわたるPRIの覇権体制の一方で，1982年の債務危機以後，野党はいくつかの州知事選挙で勝利するなど次第にその勢力を拡大していた。そして，1988年の大統領選では革命民主党（PRD）の候補が約30％もの票を獲得するに至る。その選挙でPRIのサリーナス候補は50％の得票率で当選したが，それも従来と比べるとかなり低い数字であり，次のセディージョ候補の得票率はついに5割を下回った。このためPRIの指導者たちはかつての支配的地位をもはや維持できなくなりつつあると認識しており，仮に将来選挙で下野した際に，ライバルであるPRDもしくは国民行動党（PAN）によって，その政治的地位を脅かされないように，防止策として司法の独立を高め，最高裁に違憲審査権を与えたという（Finkel 2004：102-108）。

　ここまでアルゼンチンとメキシコの司法改革に関する研究を検討したが，

その重要な結論は，司法府の独立や権限の強化は，政治勢力間競争の増大を背景に，支配的な政党が将来選挙で負けて下野したときに政治的不利益を被らないように一種の「保険（insurance）」をかけた結果であるという理論的示唆である。

　この保険モデルの代表的な論者が，韓国，台湾，モンゴルの司法府の独立と司法審査を比較研究したトム・ギンズバーグ（Ginsburg 2003）である[7]。彼は，韓国の事例はモデルに最も適合的であるとし，民主化に伴う1987年憲法によって創設された憲法裁判所が当初から積極的に司法判断を下していったと評価する。それが可能になった要因としては，台湾とモンゴルでは旧体制側の支配政党の下で民主化が行われたのに対し，韓国では，同程度の力をもつ3つの政党（権威主義時代の与党で盧泰愚が率いる民主正義党と，金泳三と金大中がそれぞれ率いる野党の統一民主党と平和民主党）が対立し合う状況で民主化が進められたことが指摘されている。いずれの政党も選挙で勝つ見込みがない不確実性の下では，各政党にとって，将来被るかもしれない不利益に対する「保険」として憲法裁判所を設立しておくのが合理的な行動だったのである（Ginsburg 2003：242-246, 248-249）。

　以上のように，後発民主主義諸国において司法の独立性が高められ，違憲審査権が強化されてきたことは，必ずしも民主主義の強化や法の支配の発展を目的としていたわけではなかった。むしろ，司法府が執政府の権力を抑制できるようになったのは，政党間の競争の激化を背景に，大統領や政権政党が将来の政治的生き残りのために事前に手当てした結果であった。

　しかし，他方でギンズバーグは，（本来の目的が何であれ）独立した裁判所による司法審査権の拡大は，次の理由で新興民主主義国にとって望ましい効果があるとも指摘する。第1に，司法審査の存在によって，立法府で敗北した政治勢力が係争を裁判所に持ち込むようになる結果，それらの勢力が憲法秩序に忠誠を示し続ける可能性が増す。第2に，司法審査は何が民主主義にとっての基本的な価値であるかを表明することで，権威主義

体制の過去との決別を示すことができる。また，司法審査は憲法の内容を明確にする役割も果たす。新興民主主義国はガバナンスへの基本的な合意に欠ける面があるため，これらの司法審査の機能はとりわけ重要となる (Ginsburg 2003：71-72, 262)。

この指摘は司法府の役割に対する期待や楽観を示しており，上述の国々の経験はそれを裏書きしているともいえよう。ただし，司法審査の強化による執政府の抑制が常に新興国の法の支配や民主主義を促進するわけではないことにも言及しておきたい (Helmke and Rosenbluth 2009：346-347)。この点を理論と事例の両面から確認しておこう。

理論面では，ラン・ハーシュルの「覇権保持理論（theory of hegemonic preservation）」が注目されている (Hirschl 2004)。ハーシュルは，カナダ，ニュージーランド，イスラエル，南アフリカの比較研究のなかで，政権から去りゆく政治勢力は自己の利益を保持するため，司法府に権限を移譲したり，将来の政権の行動を制約するための憲法改正を行ったりするだろうと論じた。要するに，司法府が旧支配勢力の覇権を保持する道具になる可能性を指摘するのである。そして，覇権保持のために司法府が強化されやすいのは，第1に司法府が専門性，公正，公平の点で社会から高い評価を得ているとき，第2に裁判官の任命手続きが当該政治勢力の手に握られているとき，第3に裁判所が当該政治勢力の文化・イデオロギー的傾向や政策選好を反映するような憲法判断を下すだろうと予見できるときであるという。

一見すると，この理論は保険モデルに似ているが，ギンズバーグの司法府への期待とは対照的に，ハーシュルはその限界を示しているといえよう（阪口 2009：75）。彼によれば，世界での司法審査の普及が表しているのは人道主義の進歩などではなく，エリート支配の強化にすぎないからである (Hilbink 2006：19-20)。

この理論を踏まえてタイの事例を検討してみよう。タイでは，2008年の民政復帰以降，タクシン派と反タクシン派（伝統的支配勢力）の政治勢力

間で競争が激しくなったが，司法が民主主義の基本的な価値を表明することはなかった。それどころか，憲法裁判所は2006年に総選挙を無効とする判決を下したり，2008年にタクシン派の政党の解散を命じたり，2008年と2014年にはタクシン派の現役の3名の首相に対して失職命令を下したりするなど，露骨に反タクシンの姿勢を示してきた。タイの裁判所は1997年憲法によって執政府や立法府からの高い独立性を付与されたが，その一方で国王に強く忠誠を誓っており（玉田 2015：47-54），反タクシン派寄りに偏った憲法裁判所の判決や命令は，国王とその意向を受けた枢密院という政治アクターの意向が作用した結果だと考えられている（末廣 2009：13-15，199-202）。

　まさにタイの司法府は，旧支配勢力である反タクシン派の将来の利益を守るための手段として，彼らに支配され続けてきたのであり，今後も旧支配勢力（現在のプラユット暫定政権も含む）は，タクシン派が選挙で勝利する可能性に備えて，覇権保持のために引き続き司法府を支配しようとするだろう。

　それでは，司法府の執政府に対する抑制が，旧支配勢力の覇権保持ではなく民主主義と法の支配に資するためには，どのような条件が必要なのだろうか。この問題は本章の射程を超えているので，若干の論点を指摘するにとどめておく。ギンズバーグは，合理的アクターとしての司法府が独立性の獲得後に執政府や立法府との関係に応じていかに戦略的に行動するかが司法審査の積極性に影響すると分析した（Ginsburg 2003：ch.3）[8]。他方，ハーシュルの議論やタイの事例を踏まえれば，むしろ問題は裁判官のイデオロギーや社会的地位にあるのかもしれない。

5　独立国家機関の独立性をめぐる政治
――中央銀行の事例――

　本節では独立国家機関の事例として中央銀行を取り上げる。中央銀行は，

第3節で紹介したように水平的説明責任と信頼できるコミットメントの両方の性質を備えており，特に非多数決機関の研究者からはその典型例として言及されている（Braun and Gilardi 2006：9；Majone 2001：58）。そのため独立国家機関の独立性とそれに伴う権限強化を考察する上で最適な事例であると考えられる。実際に多くの国々が自らの中央銀行に独立性を付与していることはいうまでもないだろう。

　まず，独立性が付与される要因について先行研究を概観しておこう（岡部 2014）。かねてより経済学者の間では，インフレ抑制に効果的な金融政策の運営のためには，中央銀行を独立させて，執政府が政策決定やその実施に関与できないようにすることが必要であると盛んに議論されてきた。それによれば，独立性とは，国内のインフレを経済成長と雇用との関係で長期的に最適な水準に維持するための制度的コミットメントを意味する（バロー 1997：77-83）。また，その論理を応用した政治学者のシルビア・マックスフィールドは，新興市場国の中央銀行が独立性を付与されるのは，政府が国内に不足する資本を海外から導入する必要があるとき，マクロ経済安定化へのコミットメントを示すことで国際金融市場からの信頼を高めるためだと論じた（Maxfield 1997）。

　以上は，コミットメント問題（第3節参照）に由来した「信頼性論」と呼びうる研究であるが，デリア・ボイラン（Boylan 2001）はこれに異を唱えて「分配対立論」を提示した。それによれば，信頼性論は，政治家が長期的には最適なインフレ水準にすることに利益を見出すことを前提にしているが，たとえば左派政党は短期的に失業を減らすことに政治的利益を見出すかもしれない。また，中央銀行の独立の意義はアクターによって異なり，低インフレを選好するアクターには有効な手段であるが，市場への政府介入を好むアクターにとっては高コストである。このように考えたボイランは，現政権が低インフレを選好する場合，将来の左派政権が拡張的経済政策を実施するという脅威が大きいほど，現政権はそれを事前に阻止する目的で中央銀行の独立をより強く選好すると論じた。

そして，そうした脅威は政治体制が権威主義から民主主義へ移行するときに生じると述べ，脅威の大きなチリと小さなメキシコの事例を比較することで，中央銀行の独立性の程度の違いを説明した。たとえば，ピノチェト時代のチリでは，インフレ率が高く，国際金融市場の信認を得る必要があったときでさえも，中央銀行に独立性は付与されなかった。それは，政府のネオリベラルな経済政策に対する国内の反対が，独裁政権下では生じなかったからである。しかし，1989年の民主化によって近い将来に左派政権が登場し，従来のネオリベラル政策が転換される脅威を強く認識した，保守系の政治家や企業家が，政権移行の前に中央銀行の独立性を立法化したのであった（Boylan 2001）。

　本章の筆者（岡部 2014）は，この分配対立論を継承しつつも，中央銀行をめぐる別の利害や状況（たとえば，金融監督権限に関する政府との対立や，経済危機などの民主化以外の状況）も考慮に入れて，「脅威」という概念を中心に分析を行った。そして，韓国とタイでそれぞれ1997年と2008年に中央銀行が独立した事例を取り上げ，その程度とタイミングを決めた要因について，韓国では通貨金融危機という「現在の切迫した脅威」が効果をもったと論じた。他方，タイでは，2006年のクーデタで軍部と旧支配層中心の暫定政権が成立していたが，その後の2008年に民主体制に復帰する際，将来のタクシン派政権によって中央銀行が政治的圧力に晒されるかもしれないという「将来の脅威」を，暫定政権が認識したことが決定的な要因となった。つまり，分配対立論は韓国よりもタイの事例の方をよりよく説明できるのである。

　因みに，分配対立論のヒントとなった研究は，先進民主主義国の事例を分析したジョン・グッドマンに遡ることができよう。彼は，保守的な金融政策を選好する現政権が，権力を維持できる期間が短いと予想する場合，次期政権の政策を制約するために事前に独立性を付与しやすいと分析していた（Goodman 1991）。

　このように検討すると，中央銀行の研究における分配対立論の議論が，

前節で検討した司法府の「保険モデル」や「覇権保持理論」に類似していることが分かるだろう。実際に，司法の政治学研究ではグッドマンの研究が時々引用されている（e.g. Ginsburg 2003；Hirschl 2004）。こうした司法と中央銀行の独立性の研究における類似性は，ある意味当然かもしれない。なぜなら，旧与党や旧支配勢力が，対立勢力の力を抑制する制度をあらかじめ構築しておくという戦略は，司法であれ金融であれ，「将来の脅威」に対して自らの利益を守るという意味では同じだからである。

そして，司法府の場合と同じく，そうした戦略の採用の前提として，政党間ないし政治勢力間の競争の存在を指摘できる。実際，民主化の時期に中央銀行の独立性が向上した上記の国々では，好機を逃さないためであろうか，司法府の独立や組織改革が同時期に行われている。メキシコでは1993-94年の時期に，旧支配勢力であるPRIによって司法と中央銀行の2つの独立性が高められた。タイでは，2008年に旧支配勢力の暫定政権が中央銀行の改革を行った一方で，司法府はすでに1997年憲法によって執政府や立法府からの独立性を獲得していたが，既述の通り，憲法裁判所は王政に忠誠を誓う反タクシン派で固められていたので，旧支配勢力にとっては改革の必要性はなかった。さらにチリでは，1989年の民主化前に，ピノチェト前政権が中央銀行に独立性を与えていたし，憲法裁判所についても，前政権側（大統領，国家安全保障会議，上院）が7名の判事のうち4名を任命することができるように法制化していた。[9]

以上，独立国家機関の独立性をめぐる政治の例として中央銀行の事例を検討した。ところで，独立国家機関は水平的説明責任や信頼できるコミットメントを備えているといっても，「非選出機関」とも呼ばれるように代表性の弱さは否定しがたいし，司法府と異なり，伝統的な権力分立を構成するわけでもない。独立国家機関の民主的正統性はどのように理解できるのだろうか。代表的な2人の研究を考察したい。

まず，ジャンドメニコ・マヨーネは，民主的正統性を手続き的なものと実質的なものとに分けて検討している。前者は，民主的に制定された法令

による設立や執政府による機関の長の任命を指しており，多くの独立国家機関はその基準を満たしていよう。興味深いのは後者の実質的な正統性であり，それは機関の専門性，問題解決能力，そして結果による説明責任に依存しているという。この正統性はマヨーネ独自の独立国家機関（彼の論文では「非多数決機関」）の捉え方に由来している。彼は，非多数決機関と執政府との関係について，従来は契約論を基礎とした本人・代理人（PA）関係で捉えられてきたが，むしろ「信託関係（fiduciary）」として捉えるべきだと提唱する。信託関係は，PA関係のように代理人の行動の監視が問題ではなく，受託者が委任された権限を上手く行使して信託者の便益を高めているか，つまりパフォーマンスを重視するのである（Majone 2001：68-77）。

次にフランク・バイバートは，『選ばれざる者の台頭（*The Rise of the Unelected*）』と題する著書において，独立国家機関は，伝統的な三権分立の下での執政府に属する組織ではなく，より根本的な，新たな権力分立を構成する機関であると論じている。その役割は，政府のさまざまなシステム内で情報，証拠，最新の経験的知識を利用することにある。民主的社会はさまざまな形態の権力を必要としており，新たな権力分立は政策決定の新たな局面を示している。すなわち，従来の民主政治では市民による政治家への委任が望ましいという前提があったが，新たな権力分立では，独立国家機関が市民に対して科学的，実証的な情報や知識を提供することで，市民と政治家との間の情報の非対称性が改善されるとともに，独立国家機関の専門性や信頼に足る情報に基づいた政策が実施される結果，市民の福利が高まるというのである（Vibert 2007：12-14, ch.7）。

6　執政府に対する抑制と民主主義の発展

以上，本章は大統領制と議院内閣制の比較研究の系譜を辿りながら，その知見を整理，確認した上で，新興民主主義国における委任型民主主義や

ポピュリズムの問題を検討した。その問題とは，執政府が権限を強め，立法府を軽視ないし敵視していたことであったが，これに対して執政府への新たな抑制機能を果たす国家機関に注目すべきことを論じた。その機関とは，司法府と独立国家機関であり，両者の共通的性質として，水平的説明責任や信頼できるコミットメントを通じて執政府への抑制という機能を果たすことを確認した。そして，司法府や独立国家機関が独立性を獲得し，権限を強化するためには，執政府と立法府において政治勢力や政党が競争状態に置かれていることや，将来の利益に対して政治的な脅威があることが重要となることを指摘した。

たしかに執政府や立法府と異なり，司法府や独立国家機関は民主的な代表性や正統性の面では弱い。しかし，たとえ政治勢力が政治的な利益を求めた戦略の結果であるとしても，裁判所が独立性や司法審査権を獲得することで，憲法規範の普及や法の支配の向上，ひいては民主主義の発展に寄与する可能性はある。また，独立国家機関であれば，専門性に基づいた政策目標の達成および市民への情報や知識の提供という点で民主主義の強化に繋がりうる。ガバナンスの脆弱な新興民主主義国であればこそ，これらの両機関は一層重要な存在となってきている。

ただし，司法府や独立国家機関が常に民主主義の発展に寄与するわけではないことも，最後に留保しておきたい。覇権保持理論やタイの事例が示すように，支配勢力によって司法府や独立国家機関が利用されたり，両機関の構成員の認識や行動が制約されたりする可能性があるからである。両機関が民主主義の発展に寄与するためには，今後は構造や制度だけでなく，裁判官や独立国家機関の官僚の行動に関する戦略的，思想的な条件も考察する必要があるだろう。

注
1） 先行研究の優れた整理として，Elgie（2005），恒川（2008）を参照。
2） 遅野井・宇佐美（2008：28-29）は，ポリアーキーの条件自体が認められていな

いとして,チャベス政権を委任型民主主義の統治スタイルには含めていない。しかし,選挙で選ばれた大統領に権力が集中し,議会が形骸化した点で,委任型民主主義の範疇に入れても差し支えないであろう。
3) 説明責任の概念の定義については,Schedler, Diamond, and Plattner (1999) のほか,粕谷・高橋 (2015) が詳細に検討している。
4) なお,スコット・メインウォリング (Mainwaring 2003 : 18-20) は,国家内部で説明責任を課する機関の類型として,法システム (司法府) と監視機関とを区別しているが,ともに水平的説明責任を課する機関である点には違いはないだろう。
5) 選挙管理におけるコミットメント問題は,川中・浅羽 (2013 : 64) が指摘している。
6) 本章の焦点は,両機関の独立性と権限の強化の原因に当てられており,その後に両機関がそれらを維持するために行った戦略や努力については詳しく検討しない。
7) なお,保険モデルの原型は,ギンズバーグ自身も認めているように (Ginsburg 2003 : 24, fn.7),マーク・ラムザイヤーの司法権の独立に関する研究 (Ramseyer 1994) に求められる。
8) 川村 (2012) は司法府のこうした戦略的行動について,東南アジア諸国の事例から論じている。
9) Tribunal Constitucional Chile Website. http://www.tribunalconstitucional.cl/wp/tribunal/historia (2015年12月24日最終確認)。

参考文献

岡部恭宜 (2014)「現在の脅威と将来の脅威——タイと韓国の中央銀行の独立性」『レヴァイアサン』55号,36-58頁。

遅野井茂雄・宇佐見耕一 (2008)「ラテンアメリカの左派政権」遅野井茂雄・宇佐見耕一編『21世紀ラテンアメリカの左派政権——虚像と実像』アジア経済研究所,3-33頁。

粕谷祐子・高橋百合子 (2015)「アカウンタビリティ研究の現状と課題」高橋百合子編『アカウンタビリティ改革の政治学』有斐閣,17-54頁。

川中豪・浅羽祐樹 (2013)「自己拘束的制度としての選挙管理システム——韓国とフィリピンの比較研究」大西裕編『選挙管理の政治学——日本の選挙管理と「韓国モデル」の比較研究』有斐閣,59-82頁。

川村晃一 (2012)「司法制度」中村正志編『東南アジアの比較政治学』アジア経済研究所,77-102頁。

阪口正二郎（2009）「上昇する期待と下降する期待――『司法支配制』の評価をめぐって」棚瀬孝雄編『司法の国民的基盤――日米の司法政治と司法理論』日本評論社，65-85頁。

末廣昭（2009）『タイ――中進国の模索』岩波書店。

高橋百合子編（2015）『アカウンタビリティ改革の政治学』有斐閣。

玉田芳史（2015）「タイにおける脱民主化とナショナリズム」『アジア研究』第61巻第4号，10月，42-60頁。

ツェベリス，ジョージ（2009）『拒否権プレイヤー――政治制度はいかに作動するか』（眞柄秀子，井戸正伸訳）早稲田大学出版部。

恒川惠市（2008）「大統領制の不安定性」『国際問題』No.573，7・8月，1-9頁。

バロー，ロバート・J.（1997）『経済学の正しい使用法――政府は経済に手を出すな』（仁平和夫訳）日本経済新聞社。

ポグントケ，トーマス，ポール・ウェブ編（2014）『民主政治はなぜ「大統領制化」するのか――現代民主主義国家の比較研究』（岩崎正洋監訳）ミネルヴァ書房。

リンス，フアン（2003）「大統領制民主主義か議院内閣制民主主義か――その差異について」J・リンス，A・バレンズエラ編『大統領制民主主義の失敗，理論編――その比較研究』（中道寿一訳）南窓社，15-138頁。

Boylan, Delia M. (2001) *Defusing Democracy : Central Bank Autonomy and the Transition from Authoritarian Rule*, Ann Arbor : University of Michigan Press.

Braun, D. and F. Gilardi (2006) "Introduction," in D. Braun and F. Gilardi (eds.), *Delegation in Contemporary Democracies*, 1-23, London : Routledge.

Chavez, Rebecca Bill (2004) "The Evolution of Judicial Autonomy in Argentina : Establishing the Rule of Law in an Ultrapresidential System," *Journal of Latin American Studies* 36(3), August : 451-478.

Chavez, Rebecca Bill (2008) "The Rule of Law and Courts in Democratizing Regimes," in K. E. Whittington, R. D. Kelemen, and G. A. Caldeira (eds.), *The Oxford Handbook of Law and Politics*, 63-80, New York : Oxford University Press.

Elgie, Robert (2005) "From Linz to Tsebelis : Three Waves of Presidential / Parliamentary Studies?" *Democratization* 12(1) : 106-122.

Finkel, Jodi (2004) "Judicial Reform as Insurance Policy : Mexico in the 1990s,"

Latin American Politics and Society 46(4) : 87-113.

Gilardi, Fabrizio (2007) "The Same, But Different : Central Banks, Regulatory Agencies, and the Politics of Delegation to Independent Authorities," *Comparative European Politics* 5(3) : 303-327.

Ginsburg, Tom (2003) *Judicial Review in New Democracies : Constitutinal Courts in Asian Cases*, New York : Cambridge University Press.

Ginsburg, T., J. A. Cheibub, and Z. Elkins (2010) "Latin American Presidentialism in Comparative and Historical Perspective," *Texas Law Review* 89 : 1707-1739.

Goodman, John B. (1991) "The Politics of Central Bank of Independence," *Comparative Politics* 23(3), April : 329-349.

Haggard, S. and M. D. McCubbins (2001) "Introduction : Political Institutions and the Determinants of Public Policy," in S. Haggard and M. D. McCubbins (eds.), *Presidents, Parliaments, and Policy* : 1-17, New York : Cambridge University Press.

Helmke, G. and F. Rosenbluth (2009) "Regimes and the Rule of Law : Judicial Independence in Comparative Perspective," *Annual Review of Political Science* 12 : 345-366.

Hilbink, Lisa (2006) "Beyond Manicheanism : Assessing the New Constitutionalism," *Maryland Law Review* 65(1) : 15-31.

Hirschl, Ran (2004) *Towards Juristocracy : The Origins and Consequences of the New Constitutionalism*, Cambridge, Mass.: Harvard University Press.

Jones, Mark P. (1997) "Evaluating Argentina's Presidential Democracy : 1983-1995," in S. Mainwaring and M. S. Shugart (eds.), *Presidentialism and Democracy in Latin America* : 259-299, New York : Cambridge University Press.

Linz, Juan (1990) "The Perils of Presidentialism," *Journal of Democracy* 1(1) : 51-69.

Mainwaring, Scott (2003) "Introduction : Democratic Accountability in Latin America," in S. Mainwaring and C. Welna (eds.), *Democratic Accountability in Latin America* : 3-33, Oxford : Oxford University Press.

Mainwaring, S. and C. Welna (eds.) (2003) *Democratic Accountability in Latin America*, Oxford : Oxford University Press.

Majone, Giandomenico (2001) "Nonmajoritarian Institutions and the Limits of Democratic Governance : A Political Transaction-Cost Approach," *Journal of*

Institutional and Theoretical Economics, 157：57-78.

Maxfield, Sylvia（1997）*Gatekeepers of Growth : The International Political Economy of Central Banking in Developing Countries*, Princeton : Princeton University Press.

O'Donnell, Guillermo（1994）"Delegative Democracy," *Journal of Democracy* 5(1)：55-69.

O'Donnell, Guillermo（1999）"Horizontal Accountability in New Democracies," in A. Schedler, L. Diamond, and M. F. Plattner (eds.), *The Self-Restraining State : Power and Accountability in New Democracies*：29-52, Boulder : Lynne Rienner.

Ramseyer, J. Mark（1994）"The Puzzling (In)dependence of Courts : A Comparative Approach," *Journal of Legal Studies* 23(2)：721-47.

Schedler, A., L. Diamond, and M. F. Plattner (eds.), (1999) *The Self-Restraining State : Power and Accountability in New Democracies*, Boulder : Lynne Rienner.

Shugart, M. S. and S. Haggard（2001）"Institutions and Public Policy in Presidential Systems," in S. Haggard and M. D. McCubbins (eds.), *Presidents, Parliaments, and Policy*：64-102, New York : Cambridge University Press.

Shugart, M. S. and S. Mainwaring（1997）"Presidentialism and Democracy in Latin America : Rethinking the Terms of the Debate," in S. Mainwaring and M. S. Shugart (eds.), *Presidentialism and Democracy in Latin America*：12-54, New York : Cambridge University Press.

Vibert, Frank（2007）*The Rise of the Unelected : Democracy and the New Separation of Powers*, New York : Cambridge University Press.

（おかべ・やすのぶ：東北大学）

CHAPTER 7

韓国総選挙における候補者選出方法の変化と大統領による政党統制＊

浅羽祐樹 ［新潟県立大学］

1　各選挙における「国民競選」

　韓国の政党における候補者選出方法の特徴は2つある。ひとつは,「誰が選出するのか（the selectorate）」の劇的な変化である。1980年代末の民主化以後も，どの選挙に対しても総裁一人という「排他性（exclusiveness）」の極だったが，2000年代以降の大統領選挙では，代議員や党員はもちろん，有権者であれば誰でも参加できるという「包摂性（inclusiveness）」の極へと変わった（Penning and Hazan 2001；Hazan and Rahat 2010）。それを象徴するのが「国民競選（プライマリー）」の導入である。2002年の大統領選挙で初めて導入されて以来，現在の与党セヌリ党と最大野党の「共に民主党」につながる二大政党において毎回（2007年・2012年）実施され，世論調査の結果も反映されるようになった（カン 2009；チョ 2012；チ 2010b）。

　もうひとつの特徴は，大統領選挙以外の選挙では，毎回，選挙の種類別，政党別，選挙区間で，プライマリーが実施されるかどうかに顕著な差や変化があるということである。小選挙区比例代表並立制で実施されている総選挙では，2004年に初めて一部の小選挙区でプライマリーが実施されたが，2008年には一切実施されず，2012年でまた一部の小選挙区でのみ実施された。3回とも比例代表ではプライマリーは実施されていない。政党別では，セヌリ党より「共に民主党」の方がプライマリーを実施した選挙区の数が

181

多いが，地域や選挙情勢，現職の有無などによっても異なる。いずれの選挙においても，両党とも大半は執行部が任命した少数の外部専門家によって構成された公認審査委員会による「戦略公認（指名）」で候補者が選出されていて，総じて排他性が高い。また，地方選挙では，過去4回（2002年・2006年・2010年・2014年），広域自治体（2014年現在，17の市道）の首長と，基礎自治体（2014年現在，226の市郡区）の一部首長に対してのみプライマリーが実施された反面，広域・基礎を問わず，混合型選挙制度の議会選挙では選挙区も比例区もプライマリーの実施は皆無である。

　本章では，東アジアで並立制という同じ選挙制度を用いている日本や台湾における総選挙との多国間比較（Yu, Yu and Shoji 2014）や，韓国内での大統領選挙や地方選挙とのクロス・セクショナルな比較も視野に入れつつ，韓国総選挙において2004年にプライマリーが実施されるようになった理由について，まず明らかにする。その上で，その後，実施される場合は「誰が選出するのか」の包摂性が高いものの，実施される選挙区の範囲になぜ毎回政党ごとに差が生じるのかについて，時系列に比較する。そのなかで，韓国のような大統領制の場合は特に，総選挙における候補者選出方法の変化と持続のダイナミズムは，その選挙制度だけではなく，執政制度や議会制度，複数の選挙間の選挙サイクルなどマルチレベルの政治制度全体と，複数の選挙アリーナに直面している政党や大統領など各アクターによる戦略的行動との相互作用によって規定されているということを示す。

2　マルチレベルの政治制度，複数アリーナにおける政党

（1）　先行研究の検討

　韓国におけるプライマリーに関する先行研究は大統領選挙に集中している（パク・キム・チ 2013；チェ 2012）。特に，最初にプライマリーが導入された2002年に関するものが多く，新千年民主党（現，「共に民主党」）

内で「非主流派」だった盧武鉉がプライマリーを通じて一般国民から支持を集め,議員の間で本命視されていた李仁済を破って大統領候補として選出され,さらには大統領に当選したため,候補者選出方法と選挙競争力の関係が注目された(アサバ 2008;イ 2008)。2007年には,ハンナラ党(現,セヌリ党)のプライマリーで,「党心(党員・代議員)」と「民心(一般有権者)」の間で支持が割れ,後者を制した李明博が前者を固めた朴槿恵を全体として上回ったが,本選挙を前に支持率で他党を圧倒的に引き離していたなかで,プライマリー,しかも「民心」で事実上大統領が決定された(浅羽・大西・春木 2010)。

　総選挙については,2004年(キム 2006;キム 2004;チョン 2005;チョンジンミン 2004),2008年(キル 2011;パク 2008),2012年(イ 2012;ユン 2012;チョン・コン 2012)の3回それぞれ個別には研究されているが,プライマリーの実施における総選挙別,政党別,選挙区間のバリエーションに関する研究はほぼ皆無である。また,韓国の地方選挙は,広域自治体と基礎自治体という2つの次元でそれぞれ,選挙区と比例区の2つで構成される議会と首長が全国同時に一斉に選出されるが,プライマリーの実施は広域自治体の首長と基礎自治体の首長の一部に限られており,研究もそこに集中している(チョンヨンジュ 2004;チョン・パク・キム 2010;チ 2010a)。その反面,同じ基礎自治体の首長でも選挙区によってプライマリーの実施に差がある理由や,広域・基礎を問わず議会ではプライマリーが実施されない理由については,政党にとって同じタイミングでの選択であるにもかかわらず,総体として検討されていない。

　つまり,韓国は新興民主主義体制として完全に定着し,各種選挙が定期的に実施されるなかで,選挙の種類別,時期別,政党別,選挙区間でプライマリーの実施においてバリエーションが存在するにもかかわらず,そのダイナミズムに関して一貫した説明は行われていないということである。それは,単一の政治制度の効果にのみ注目してきたためである。

(2) 複数の選挙アリーナ

　東アジアの議会選挙におけるプライマリーに関しては，選挙制度の変化に応じた政党執行部の戦略的行動に注目した日本と台湾の比較研究がある（Yu, Yu and Shoji 2014）。日本の衆議院と台湾の立法院ではそれぞれ1990年代と2000年代に選挙制度が中選挙区制から小選挙区比例代表並立制へと変更された。従来は集票において候補者要因（personal voting）が重要だったため，政党の公認を得られなければ無所属でも出馬し当選できたが，新制度の下では政党ラベル（party voting）が重要になり，その分政党執行部は一般議員を統制するために候補者選出方法を「刷新する（innovate）」必要があった。特に野党にとって，政権交代を実現するためには，競争力のある候補者をできるだけ多くの選挙区で揃える必要があり，より切実だった。そのなかで，日本の民主党（現，民進党）は公募制を導入することで「誰が立候補するのか（the electorate）」を拡大した反面，台湾の民進党はプライマリーを導入し「誰が選出するのか（the selectorate）」を拡大した。特に，後者は，支持基盤の地域において誰を公認するかをめぐって党内に対立がある場合，その解決を党外にアウトソーシングできるため，政党執行部にとって合理的であった（Yu, Yu and Shoji 2014：655）。

　この研究は，候補者選出方法の変化についてクロス・ナショナルな比較を行うだけでなく，選挙制度改革前後の時系列比較や政党間のクロス・セクショナルな比較も行うなど，プライマリーの比較研究において先駆的である。しかも，選挙制度の変化に各政党がどのように対応したのかといった制度とアクターの間の相互作用に注目している。そこでは，韓国について直接検討していないが，韓国では全ての種類の選挙で相対多数制が用いられているため，台湾と同じように「誰が選出するのか」を拡大する候補者選出方法を政党執行部が選択する誘引が高いと指摘し，新たな事例への適用可能性を示唆している（Yu, Yu and Shoji 2014：656）。

　確かに，韓国でも，2000年代に入り選挙制度が改正されたため，政党の

候補者選出方法もそれに応じて変化した可能性がある。総選挙では，民主化以降，小選挙区比例代表並立制が一貫して用いられてきたが，有権者一人あたりの票の数（ballot structure）が変わった。2000年の総選挙までは「１人１票制（one-ballot system）」で，小選挙区で候補者に対して投じられた１票が比例代表で政党に対するものとしてもカウントされた。2004年の総選挙で初めて「１人２票制（two-ballot system）」が導入され，小選挙区における候補者に対する投票とは別に，比例代表で政党に対しても投票ができるようになった。また，地方の議会選挙は，広域自治体も基礎自治体も，2002年までは小選挙区制単独だったが，2006年以降，広域自治体では小選挙区比例代表並立制へ，基礎自治体では中選挙区制と比例代表制の混合型へと選挙制度がそれぞれ変化した。首長選挙は，中央も地方も，相対多数制のままである。

　さらに，本来，二院制議会の日本でも，半大統領制の台湾でも，中央次元における選挙は衆議院選挙や立法院選挙だけでなく，参議院選挙や総統選挙が存在するし，選挙制度もそれぞれ異なる。それだけではなく，国政選挙に加えて，地方選挙も首長と議会それぞれ存在し，選挙制度もそれぞれ異なる。こうした複数の選挙アリーナに同時に直面している政党にとって，候補者選出方法の選択は，あるひとつのアリーナにおける選挙制度の変化に一対一で対応したものというよりは，複数のアリーナそれぞれで異なる選挙制度の総体に応じて行われているものと少なくとも理論上は考えられる。

（３）　政党規律としての公認権

　複数の選挙が存在する場合，政権選択に関連する「第１次選挙（first-tier election）」と関連しない「第２次選挙（second-tier election）」に分けることができる。政党にとって，候補者選出にかかるステイクは第１次選挙の方が大きい。議院内閣制では，有権者が選出した議員のなかから首相が選出されるため，総選挙（二院制議会で，首相選出において第一院が

第二院より優先される場合は第一院選挙）は第1次選挙であるが，大統領制では，大統領は有権者が別途選出するため，議会議員を選出する総選挙は第2次選挙に該当する。

　選挙サイクルも候補者選出方法と関連している可能性がある。たとえば，米国で大統領選挙と議会選挙が同時に行われる場合，第2次選挙の議会選挙の結果は第1次選挙の大統領選挙に連動しやすい。その分，大統領候補に便乗する候補者が選出されやすい。一方，非同時選挙で，議会選挙のみが中間評価として実施される場合，与党も大統領と距離をとりやすい。大統領制では，議会選挙の結果次第で，大統領と議会多数派の党派構成が同じ統合政府になるか，異なる分割政府になるかが決まるが，中間選挙では分割政府が生じやすい。その意味で，議会選挙は政権選択選挙ではないが，政権運営を左右する。

　一般に，議院内閣制と比べると，大統領制では政党一体性（party unity）が低い。執政長官が議会とは別に選出されるため，議員が複数の選挙区を超えて政党に集約（party aggregation）されにくいためである。にもかかわらず，韓国では政党一体性が高い（田・待鳥 2015）。政党一体性は，議員間のイデオロギー的な凝集性（cohesion）と，公認権やポスト配分などを通じた執行部による規律（discipline）の両方によって確保されるが，韓国の場合，後者に該当する。大統領にとって，憲法上，自らの任期が一期に制限されているなかで，総選挙における公認権は与党を上から統制する上で重要な手段である。野党でも，次期大統領候補を兼ねる党総裁にとって，公認権の掌握を通じて党をマシーン化することで政権交代を目指した。

（4）　大統領の政党

　韓国の投票行動で顕著なのは地域主義で，地域ごとに政党支持に著しい差がある（大西 2004）。支持基盤の地域における公認は事実上当選を意味したため，（次期）大統領（候補）は公認権を掌握することで政党を統制

することができた。たとえば，2000年の総選挙において，新千年民主党は，支持基盤である湖南地域（朝鮮半島の南西部に位置し，広域自治体としては光州・全北・全南）で，6割以上の得票率で，議席をほぼ席巻した。ハンナラ党も，支持基盤である嶺南地域（朝鮮半島の南東部に位置し，広域自治体としては釜山・蔚山・大邱・慶北・慶南）で，5割以上の得票率で，議席をほぼ席巻した。これらの地域では，政党ラベルが当落において決定的で，政党間対立が事実上意味をなさず，その分，政党内の候補者選出方法が自らによる指名であることは，（次期）大統領（候補）にとってあまりに当然のことであった。

　そもそも，韓国の政党は，大統領になるためのもので，大統領選挙のたびに再編された。1987年12月，民主化後，最初の大統領選挙を前に，与党・民正党の盧泰愚以外にも，野党で大統領を目指した「三金（金泳三，金大中，金鍾泌）」はいずれも独自の政党を結成し臨んだ。盧泰愚が大統領になったが，1988年4月に実施された総選挙では，それぞれ嶺南・湖南・忠清（朝鮮半島の中央部，広域自治体としては大田・忠北・忠南）を支持地域とした野党三党（民主党・平民党・民主共和党）が勝利し，「与小野大（分割政府）」になった。まず大統領選挙で見られた地域主義が総選挙でも確認されたことになる。その後，1990年に，金泳三（と金鍾泌）は盧泰愚と組むことで，再編された巨大与党・民主自由党の内側から大統領を目指し，1992年の大統領選挙で，湖南地域を基盤に再挑戦した金大中を破り当選した。まもなく金鍾泌は金泳三と決別し，忠清地域を基盤に自民連を結党し，1996年の総選挙で一定の地歩を固めた。民主化以降，三度目の挑戦となる金大中（「大中」の頭文字DJ）は金鍾泌（「鍾泌」の頭文字JP）と「DJP連合（執政連合のための選挙協力）」を結成し，1997年の大統領選挙に臨んだ。一方，与党からは，現職大統領の家族スキャンダルや経済危機の招来などあるなかで，大統領候補に決まった李会昌は，差別化を図るためハンナラ党へと改名した。大統領になった金大中は，金鍾泌を「行政各部を統括する」（大韓民国憲法第86条第2項）国務総理（首相）

187

に就け，閣僚ポートフォリオの一部を自民連に配分した。また，この執政連合は立法連合でもあったが，政権発足当初は「与小野大」で，一部ハンナラ党議員を鞍替えさせることで「与大野小（統合政府）」を実現した。しかし，2000年の総選挙で再度「与小野大」に転じ，最終的には執政連合自体が瓦解した（康・浅羽 2015）。このように，韓国の政党は，議会で過半数を獲得するためというよりは，「三金」に代表される大統領候補が第1次選挙の大統領選挙に臨むためにそのつど結成・再編・消滅を繰り返してきたといえる（浅羽 2011）。

韓国総選挙における候補者選出方法の変化と持続のダイナミズムを分析するためには，先行研究で示唆されていたように1人1票制から1人2票制へという小選挙区比例代表並立制内部の変化だけでなく，それ以外の選挙，特に大統領選挙やその選挙制度，総選挙と大統領選挙の間の選挙サイクル，当選回数が1期に制限された大統領制という執政制度など，マルチレベルの政治制度全体の効果を検討する必要がある。そもそも，プライマリーの実施に関してバリエーションが存在するのは，総選挙というひとつの次元の選挙における時期別，政党別，選挙区間だけではない。総選挙と大統領選挙，国政選挙と地方選挙，首長選挙と議会選挙という複数の次元の選挙間にもバリエーションが存在する。そのため，こうした複数の選挙アリーナに同時に直面している政党にとって，候補者選出方法は，そのつど個別に選択するというよりは，本来総体として対応すべき課題なのである。問題は，マルチレベルの政治制度全体の効果をあらかじめ期待して，政党がどこまで戦略的に対応できたか，という点である。その成否は政党ごとに異なるだろうし，時期が経つにつれ「学習」していくものなのかもしれない。少なくとも分析する上で明らかな課題は，ひとつの次元の選挙だけを対象に据える場合でも，政治制度全体の効果を検討することである。執政制度が大統領制の場合は特に，そのなかで執政長官がどのように戦略的行動をとるのかが重要である。本章は，あくまでも総選挙の時系列比較にとどまるが，将来，韓国内で大統領選挙や地方選挙とのクロス・セク

ショナルな比較，さらには日本や台湾とのクロス・ナショナルな比較へと発展させる土台になるものである。

3　プライマリー導入の理由

（1）選挙制度の変化

　韓国総選挙では2004年4月にプライマリーが初めて導入されたが，その理由について，まず明らかにする。

　この総選挙を前に，複数の政治制度が同時に変わったが，最初に，1人1票制から1人2票制への選挙制度の変化に注目する。有権者にとっては，小選挙区での候補者に対する投票とは別に，比例代表で政党に対しても投票できるようになったが，政党執行部からすると，小選挙区と比例代表の結果が少なくとも機械的には（mechanically）連動しなくなったため，それぞれ独自の理由で候補者選出を行う必要が生じたことを意味する。とはいえ，並立制であることには変わりがなく，比例代表だけでなく小選挙区でも政党ラベルが重要なのは従前どおりであるし，両者間には，小選挙区での候補者擁立が比例代表での得票を押し上げるという連動効果（contamination effects）があることも確認されている（アサバ 2006：第7章）。有権者1人あたりの票の数（ballot structure）も選挙制度を構成する重要な要素であることは間違いないが，選挙区あたりの当選者数（district magnitude）や当選者決定方式（electoral formula）の変化と比べるとインパクトが小さい。同じ時期に日本や台湾で見られた中選挙区制から小選挙区制への変化は後者の例である。

　それよりも，このとき，総定数が273から299へと変化するなかで，小選挙区に配分される議席数も227から243へと16も増加したことの方が重要である。選挙区が増えた分，新人が参入する余地が広がったといえる。本来，議会の定数も選挙制度のひとつであるし，並立制の場合，小選挙区と比例代表の間の議席比も重要である。さらに，2001年に下された憲法裁判所の

決定によって，1票の格差に関する違憲基準が従前の「4倍」から「3倍」へと厳格化されたこともあって，区割りのやり直しの影響を受ける選挙区が民主化以降で最も多かった（浅羽 2013）。そのため，現職議員と選挙区＝有権者（constituency）とのつながりが弱まった。このように，有権者1人あたりの票の数だけでなく，総定数や小選挙区配分の議席数，さらには区割りの再編など選挙制度が全体として変化するなかで，プライマリーを導入することは，新しくなった選挙区で競争力のある候補者をできるだけ多く揃えると同時に，候補者選出をめぐって激しくなることが確実だった党内対立の調整を直接有権者に委ねることができ，政党執行部としては好都合だった。

（2） 選挙サイクル

次に，選挙サイクルの観点から2004年の総選挙を位置づける。韓国の大統領，国会，地方首長・議会の任期はそれぞれ5年，4年，4年で，選挙日程もそれぞれ12月，4月，6月に固定されている。大統領は選挙の翌年の2月に就任する。特に，大統領選挙と総選挙は常に非同時選挙であるものの，両者間の間隔は大統領ごとに異なり，20年で一巡する。盧武鉉大統領の場合，2003年2月に政権が発足したが，就任1年2カ月後に迎えた総選挙である。金泳三（3年2カ月）や金大中（2年2カ月）など前任者と比べると，政権発足から総選挙までの間隔が短い。同時選挙ほどではないとはいえ，非同時選挙でも両者が近接しているほど，第2次選挙である総選挙の結果が，時間的に先に実施された第1次選挙の大統領選挙に連動する可能性が高い。候補者選出方法も，2002年12月に実施された大統領選挙ですでにプライマリーが導入されたことが「現状点」であり，総選挙でも実施するかどうかをめぐって各アクターの期待が収斂するフォーカル・ポイントを形成した。

そもそも，盧武鉉大統領自身，プライマリーを通じて新千年民主党の大統領候補として選出されただけでなく，ついには大統領に当選した。党

員・代議員だけでなく一般国民も参加できるプライマリーが導入されていなければ、金大中政権で8カ月間海洋水産部長官を務めたとはいえ、当時議員ではなく、院外の「非主流派」だった彼が、院内の支持を集めていた李仁済に敗れていたことは間違いない。実際は、プライマリーが毎週末、全国を巡回しながら実施され、そのつど投開票が行われると、順位の変動が伴い、「週末ごとのドラマ」として注目された。盧武鉉は序盤劣勢だったが、金大中の支持地域である湖南のなかでも圧倒的な存在である光州で一般国民の支持を背景に6割を超える票を得て、総投票数でも1位に立つと、それ以降は党員・代議員も盧武鉉人気に便乗し、一気に大勢が決まった。このように、盧武鉉大統領にとってプライマリーは、自らの正統性そのものであり、権力の源泉でもあった。

　金大中の退任と盧武鉉大統領の誕生は、民主化以降韓国政治を規定してきた「三金（金泳三、金大中、金鐘泌）政治」の終焉を象徴した。「三金」、特に金大中は、自らが大統領の座に就くために選挙のたびに政党を結成・再編してきたが、地域主義と相俟って、総選挙における公認権という規律を通じて政党を統制した。「誰が選出するのか」は党総裁を兼ねる（次期）大統領（候補）1人、あるいは、せいぜい子飼いの代議員や党員までで、実質的には大統領が排他的に掌握していた。その「三金」後、最初の大統領が候補者として選出されるにあたって、「誰が選出するのか」の包摂性が高まったが、その下で初めて迎えた総選挙においても候補者選出方法が戦略的に選択されたのは当然である。

　2004年の総選挙は、そうでなくても大統領選挙や大統領就任からの間隔が近いため、大統領の影響を受けやすかったが、総選挙のわずか1カ月前の同年3月に盧武鉉大統領が国会で弾劾訴追され、その職務の行使が停止され、憲法裁判所による最終的な審判が進むなかで実施されるなど、大統領をめぐる評価が最大の争点になった。「新しい政治」「脱権威」を掲げて当選した盧武鉉にとって、党総裁が独占してきた候補者選出は「エスタブリッシュメント」による「旧い政治」そのもので、プライマリーを導入す

ることで「新しい政治」を象徴することができた。

（3）「政治改革」競争

さらに，1人2票制が導入され，「進歩派」の民主労働党が初めて院内に進出する可能性が高まるなか，全国横断的な保革の理念対立が顕在化することで，地域主義の影響が相対的に弱まることが予想された。その分，特に支持地域において公認権を掌握することで一般議員を統制してきた政党執行部にとって，規律による政党一体性が揺らぐ恐れがあった。

当時，与党だった新千年民主党の分裂とウリ党の誕生，政治とカネの問題，国会における大統領の弾劾訴追などが立て続けに起こり，国民からの「政治改革」要求が最高潮に達していた。「政治改革」のなかで，「政党改革」は「選挙制度改革」と並ぶターゲットに挙げられ，特に「公認改革」，つまり候補者選出方法の見直しが迫られた。1人2票制への選挙制度改正，政党の地区支部の廃止（大西 2013；磯崎・大西 2012），選挙区画定委員会における党派性の排除（浅羽 2013）などに匹敵する目に見える変化が必要だった。

候補者選出方法は政党規律や政党組織だけでなく，政党システムとも関係がある。党内で「非主流派」だった盧武鉉は，プライマリーが導入され党外の支持を集めることで新千年民主党の大統領候補として選出されたが，大統領就任後も党内の対立が続き，ついに分裂した。新与党のウリ党は，大統領に対して忠誠度が高く，凝集性で政党一体性を確保したが，弾劾訴追を阻止することができる国会の3分の1の議席数にも満たない勢力しかなかった。現職議員が少ないなかで「与大野小」を実現するためには，新人の候補者をリクルートする必要があった。ウリ党にとって，「誰が立候補するか（the electorate）」を拡大することは喫緊の課題であり，プライマリーの導入は「政党改革」「公認改革」要求にも合致するものだった。また，野党のハンナラ党や民主党にとっても，「政治改革」競争において遅れをとることはできない状況だった。同時に，どの政党であれ，執行部

にとって,「公認改革」には応じつつも,それが「政党民主化」につながらないようにすることが死活的だった。プライマリーを実施する選挙区の範囲に差をつけたのはそのためであるし,それを決めるのは執行部が指名した少数の公認審査委員会で,そこは排他的なままであった。

4 2004年総選挙におけるプライマリー

(1) 候補者選出方法の類型

次に,2004年以降,総選挙では毎回,政党ごとにプライマリーが実施される選挙区の範囲に差があるが,その理由について時系列に比較する。まず,2004年総選挙について検討する。

候補者選出方法の類型について,政党別に整理すると表1のとおりである。ウリ党は,243の地域区全てに候補者を擁立したが,そのなかでプライマリーを実施したのは83の選挙区で,全体の34.2％を占めた。そこでは,複数名をめぐって,代議員や党員だけでなく一般有権者も参加し,投票することで,最終的に1人が公認候補者として選出された。残りの160の選挙区では,従来どおりの方法で単一の候補者が指名された。また,ハンナラ党は,ウリ党の支持地域である湖南ではほとんど候補者を立てず,ウリ党よりも31少ない212の地域区で候補者を擁立した。そのなかでプライマリーを実施したのは,わずかに28の選挙区だけで,全体の13.2％にすぎ

表1 2004年総選挙における政党別・選挙情勢別プライマリー実施状況

政 党	選出方法	選挙情勢			合 計
		優 勢	接 戦	劣 勢	
ウリ党	プライマリー	55(41.7%)	26(32.5%)	2(6.5%)	83(34.2%)
	指 名	77(58.3%)	54(67.5%)	29(93.5%)	160(65.8%)
	計	132	80	31	243
ハンナラ党	プライマリー	7(9.9%)	4(9.5%)	17(17.2%)	28(13.2%)
	指 名	64(90.1%)	38(90.5%)	82(82.8%)	184(86.8%)
	計	71	42	99	212

出典:チョン(2005:227)に基づいて再構成。

なかった。二大政党のウリ党とハンナラ党を比較すると，それぞれの政党が候補者を擁立した選挙区の全体においてプライマリーを実施した選挙区が占める比率は，ウリ党の方が21ポイントも高かった。とはいえ，ウリ党も，絶対数では指名で候補者を選出した選挙区の方が圧倒的に多く，全体のおよそ３分の２に達した。

　この政党別の候補者選出方法の類型について，さらに選挙区ごとに，直前の選挙情勢が特定の政党に優位か不利か，あるいは接戦なのかによって，３つに細分化する。地域主義はこれと関連し，ウリ党の支持地域である湖南（光州・全北・全南）に配分されている議席数は31である反面，ハンナラ党の支持地域である嶺南（釜山・大邱・蔚山・慶北・慶南）に配分されている議席数は68で，そもそも２倍以上差があるため，ハンナラ党が有利な構図である。にもかかわらず，総選挙の１カ月前に，ハンナラ党が主導して行った盧武鉉大統領に対する弾劾訴追に対する批判が圧倒的ななかで，選挙情勢は全般的にハンナラ党に不利であった。候補者を擁立した212の選挙区のうち，優勢なのは71にすぎず，３分の１程度にしか及ばなかった。一方，ウリ党は，過半数の選挙区では優勢で，劣勢なのは８分の１にすぎず，残りは接戦だった。優勢・接戦・劣勢の３つの選挙情勢ごとに見ると，ハンナラ党の場合，劣勢であるほどプライマリーを実施している。選挙情勢が優勢や接戦だと，プライマリーが実施される選挙区の比率はそれぞれ9.9％と9.5％で，平均の13.2％を３ポイントほど下回るが，劣勢だと17.2％で平均を４ポイント上回る。全般的に劣勢な選挙情勢のなかで，プライマリーを実施することで競争力のある候補者を擁立しようとしたものと考えられる。また，ウリ党では逆に，優勢であるほどプライマリーを実施している。選挙情勢が劣勢や接戦だと，プライマリーが実施される選挙区の比率はそれぞれ6.5％と32.5％で，平均の34.2％を下回るが，優勢だと41.7％で平均を7.5ポイント上回る。全般的に優勢な選挙情勢のなかで，候補者になれば勝利することが確実な選挙区に候補者が集中し，党内対立が強まることが十分事前に予想できたが，プライマリーは一般有権者を候

補者選出に関与させることで，その調整を党外にアウトソーシングするものだった。

ウリ党はハンナラ党よりプライマリーの実施率が高く，その傾向は情勢が優勢の選挙区で顕著だが，現職議員に限ると，ハンナラ党との差は特に見られない（チョン 2005：229）。ウリ党では，41名の現職議員が再選出馬のため公認を申請したが，プライマリーという方法で選出することになったのは5名で，12.2％にすぎない。全体の平均よりも22ポイントも低く，現職の場合，指名が圧倒的だったということである。ハンナラ党でも，103名の現職議員が再選出馬のため公認を申請したが，プライマリーになったのは10名で，9.7％にすぎない。全体の平均がそもそも13.2％と低いが，それよりもさらに3.5ポイント低い。ウリ党との差は2.5ポイントしかなく，現職議員の場合，プライマリーの実施率に政党間の差は存在しない。現職議員は選挙区＝有権者（constituency）との結びつきが強く，少なくとも一度，4年前の総選挙で当選しているため，新人と比べると，競争力を確認する必要が相対的になかったことは確かである。

(2) 公認審査委員会

そもそも，候補者選出方法の決定自体は，ウリ党もハンナラ党も，公認審査委員会という執行部が指名した少数からなるコーカスが担当した。ウリ党の場合，党内11名，党外10名の計21名，ハンナラ党の場合，党内8名，党外7名の計15名で，党内外比に差はあるものの，いずれも少数の非選出職で，「誰が選出するのか」における排他性が強い。さらに，政党執行部には，公認審査委員会の決定を最終的に承認する権限があるため，公認権は究極的には政党執行部にあるといえる。つまり，ひとたびプライマリーが実施されることになると，党員だけでなく一般有権者も参加し，包摂性が高いが，その前の段階でプライマリーを実施するかどうかは，コーカス，ひいては政党執行部が決定権を掌握しているため，プライマリーの導入後も，「誰が選出するのか」における排他性は全体として高いままであると

表2　2004年総選挙におけるプライマリーの実施状況
(値はいずれも平均値)

	選挙人登録者数	投票者数	投票率	当選者の得票数
ウリ党	876名	415名	48.2%	244票
ハンナラ党	1,837名	928名	51.1%	534票

出典：キム（2004：120）に基づいて再構成。

いうことである。

　プライマリーが実施される場合，党員だけでなく一般有権者も参加でき，形式的には包摂性が高いが，実質的には一般有権者の自発的な参加は低い。党員と一般有権者を合わせた選挙人登録数，実際の投票者数，投票率，当選者の得票数の平均について，政党別に整理すると表2のとおりである。選挙人登録者数は，ウリ党とハンナラ党でそれぞれ876名と1837名で，選挙区あたりの平均有権者数（14万6488名）の0.006%，0.013%にすぎない。投票率も5割前後で，投票者数はさらに少ない。当選者の平均得票数は244票と534票で，候補者が支持者を動員することで結果に影響を及ぼすことができる程度である。

（3）　本選挙との関係

　最後に，候補者選出方法と投票結果の関係について確認する。プライマリーを実施することで当選しやすくなったり，得票率が高くなったりすれば，政党執行部とすれば，今後，さらに多くの選挙区で指名に代わって選択する理由になる。ウリ党の場合，当選率を比較すると，プライマリーを実施した選挙区（83名中51名当選で61.4%）の方が指名で候補者が選出された選挙区（160名中78名当選で48.8%）よりも12.6ポイント高かった。一方，ハンナラ党の場合，プライマリー（28名中10名当選で35.7%）の方が指名（184名中91名当選で48.9%）よりも13.2ポイント低かった。

　もちろん，厳密には，当選率ではなく，選挙区ごとの事情を統制した分析を行う必要がある。ただ，そもそも，ウリ党は事前の選挙情勢が優勢の

選挙区でプライマリーを実施する傾向があった反面，ハンナラ党は逆に劣勢の選挙区でプライマリーを実施する傾向があるなど，候補者選出方法と，投票結果や得票率の間の関係は一方向ではない。プライマリーの実施によって得票率が上がるのかもしれないし，逆に，そもそも支持率が高いためプライマリーという候補者選出方法を選択しているのかもしれない。いずれにせよ，政党執行部にとっては，どの選挙区でプライマリーを実施するかを含めて，これまでどおり候補者選出方法を排他的に選択しているということである。

5　2008年総選挙・2012年総選挙におけるプライマリー

（1）　李明博大統領の代理人

　2004年総選挙との時系列比較を念頭に，2008年総選挙と2012年総選挙それぞれにおけるプライマリーについて，政党別，選挙区間でどのような差や変化があるのかを検討する。

　2008年総選挙では，ハンナラ党も統合民主党（現，「共に民主党」）も，全ての選挙区において公認審査委員会による「戦略公認（指名）」で候補者を選出した。プライマリーを実施した選挙区は皆無で，2004年総選挙のように，政党別，選挙区間，現職／新人の差は一切なかった。

　プライマリーか指名かという候補者選出方法を決定したのは公認審査委員会で，その構成は基本的には2004年総選挙と同じままである。二大政党のどちらも，2004年総選挙では党内委員の方が多かったが，2008年総選挙になるとハンナラ党は党内委員と党外委員が5名ずつで同数，統合民主党は党内委員4名に対して党外委員7名で，党外委員の方が多くなった。外形上，党外の影響力が大きくなったようにみえるが，そもそも委員を指名するのは党内・党外を問わず執行部で，委員会の規模自体が縮小するなか，それだけ少数の非選出機関であるコーカスが候補者選出において排他的な影響力を行使しているということである。政党執行部には公認審査委員会

の決定を最終的に承認する権限があるため,公認審査委員は執行部の代理人にすぎないといえる。

　その代理人,特に李明博大統領の代理人は,2008年総選挙における候補者選出過程を通じてハンナラ党を自派中心に再編しようとした。李明博は,2007年大統領選挙に際して,プライマリーで「民心(一般有権者)」の支持をより受けることで朴槿恵を僅差で破り,候補者に選出された。「党心(党員・代議員)」では,朴槿恵を支持する「親朴派」の方が多く,李明博を支持する「親李派」との間で党内の派閥対立が激しくなった。大統領選挙にも勝利した「親李派」とすれば,内閣形成や総選挙は「親朴派」を排除する絶好の機会だった(浅羽・大西・春木 2010)。

(2) 「親朴派」の排除

　奇しくも,李明博大統領の場合,大統領選挙(2007年12月)や大統領就任(2008年2月)から総選挙(2008年4月)までの間隔が盧武鉉大統領よりもさらに短い。選挙サイクルの関係で,20年に1回,4人に1人の大統領は,大統領選挙,大統領就任,総選挙の3つを2カ月ずつの間隔で迎えるが,李明博大統領はその例である。この場合,大統領選挙と総選挙は非同時選挙ではあるが,第2次選挙である総選挙は,わずか4カ月前に実施された第1次選挙の大統領選挙に連動しやすい。「親李派」は内閣形成に引き続いて「親朴派」を排除するために,「戦略公認(指名)」という候補者選出方法を選択した。2004年総選挙のように,現職議員は指名で新人はプライマリーというように棲み分けをすることもできなかった。当時,ハンナラ党は国会で過半数には満たなかったが,第一党で,現職議員は親李派と親朴派で二分されていた。現職議員の親朴派に親李派の新人をプライマリーで対決させても,後者が選出される見込みは低かった。それよりも,「戦略公認(指名)」だと,党内の反対派を最も確実に排除できた。事実,親李派に比べると親朴派は公認されず,特に支持地域の嶺南でその傾向が強かった(キル 2011:307)。ただ,親李派にとって誤算だったのは,公

認されなかった親朴派が敗北を承服せず，ハンナラ党を離党し，「親朴連帯」という政党を急遽結成したり，形式上無所属ではありながら「親朴無所属連帯」という共通のラベルを掲げたりして総選挙に臨み，善勝したことである。総選挙の結果，ハンナラ党は過半数議席を得て「与大野小」が実現したが，党内に残った親朴派が，党外に出て院内に一定の地保を確保した親朴派と連携すると，一気に「与小野大」に転じるくらい「与党内野党」となり，かえって党内対立が持続した。

統合民主党は，大統領選挙で大統合民主新党の鄭東泳が李明博に20ポイント以上の差をつけられて敗北した後，総選挙の2カ月前に民主党と合併して誕生した。執行部は共同代表制で，民主党代表だった朴相千と，2007年大統領選挙に際してハンナラ党を離党して大統合民主新党のプライマリーに参加し，鄭東泳に敗れた孫鶴圭の2名だった。特に新参者の孫鶴圭にとって，鄭東泳系の現職議員を排除しつつ，統合民主党を統制する上で，「戦略公認」という候補者選出方法は魅力的だった。形式的には合併とはいえ，そもそも圧倒的に劣位だった民主党出身の朴相千にとっても，旧民主党系の現職議員を公認することが党内に一定の地保を確保する上で，プライマリーはリスクが高すぎた。

つまり，ハンナラ党と統合民主党の両方において，「党内で実権を掌握しようとする派閥は，上からの戦略公認を通じて，派閥の長が候補者選出過程において影響を及ぼすことができる方法を選好する。特に2008年総選挙の場合は，選挙の直前にそれぞれの政党内で新主流となった派閥が，それまで党内で支持基盤が強かったライバルを弱体化させるために，排他的な候補者選出方法を選択して，党内の権力構造を再編しようとしたものと評価できる」(キル 2011：306) のである。

(3) セヌリ党と民主統合党の差

一方，2012年総選挙では，プライマリーを実施する選挙区の範囲に，再び政党間で差が見られるようになった。二大政党のどちらもプライマリー

を一切用いず，全ての選挙区で「戦略公認」した2008年総選挙からは，明らかな変化である。

　セヌリ党は，230の地域区に候補者を擁立したが，そのなかでプライマリーを実施したのは47の選挙区で，全体の20.4％を占めた。2004年総選挙では，前身のハンナラ党がプライマリーを実施したのは13.2％で，それより7.2ポイント高い。ただ，セヌリ党の公式集計では，47の選挙区が候補者選出方法として「プライマリー」と分類されているが，実際にプライマリーが実施されたのは36にすぎず，それだと実施率は14.6％で，2004年総選挙とほとんど変わらない。残りの11の内訳は，プライマリーとなってはいたものの，立候補したのが1名だったためそのまま公認が決まったのが3カ所で，プライマリーが実施された具体的な方法が明記されていないのが8カ所である。プライマリーが実施された36のうち，党員や一般国民が参加したものが6カ所，世論調査で代替されたものが30カ所で，前者だけだとプライマリーの実施率はわずか2.6％にすぎない（ユン　2012：20）。

　民主統合党（現，「共に民主党」）は242の地域区に候補者を擁立したが，そのなかでプライマリーを実施したのは79の選挙区で，全体の32.6％を占めた。その内訳は，党員や一般国民による投票が63カ所，世論調査による代替が1カ所，この2つの方法の組み合わせが15カ所である。プライマリーを実施した選挙区の比率はセヌリ党より19.4ポイント高く，前身のウリ党が2004年総選挙でプライマリーを実施した34.2％にほぼ匹敵する（ユン　2012：21）。

　候補者選出方法を決定したのは公認審査委員会で，その性格は2004年総選挙以降同じで，排他性の強いコーカスである。そもそも委員を指名し，その候補者選出方法を最終的に承認するかどうかを決定するのは政党執行部である。委員の数や党内外の構成比は多少変化したものの，この本質には何も変わりがなかった。

（4） 大統領選挙の前哨戦

　2012年総選挙は4月に実施されたが，その年の12月には大統領選挙が予定されていて，その「前哨戦」として位置づけられた。李明博は，20年に1回，4人に1人，任期中に2回総選挙を実施した大統領であるが，1回目は就任わずか2カ月後のハネムーン選挙というタイミングで，事実「与大野小」を実現した。しかし，2回目の総選挙は退任の10カ月前で，現職大統領に対する業績評価投票になりやすい。このなかで，朴槿恵は2007年大統領選挙に際して実施されたプライマリーで李明博に敗北して以来，「与党内野党」と呼ばれるくらい李に協力してこなかった。憲法上，大統領の任期が1期に制限されているため，大統領選挙は常に現職がいないなかでの新人同士の対決になる。与党内で次期大統領を目指す者は，任期末に近づくにつれ支持率が低下することが必至な現職大統領と差別化する必要に迫られる。朴槿恵は，2012年総選挙を前に，ハンナラ党をセヌリ党へと再編すると同時に，従来保守寄りだった政策位置を中道化させた。そうすることで，「李の与党」に対する業績評価ではなく，「朴の新党」，さらには「次期政府の新与党」に対する期待投票へと選挙の構図を変えることが可能になった。大統領選挙のプライマリーはまだ行われていなかったが，事実上，候補者として確定していた朴にとって，大統領就任後の政権運営を容易にするためには，「新与党」が国会で過半数を獲得するだけでなく，その「新与党」を自派議員で固めることが重要だった。そのためには，公認審査委員会に代理人を送り込み，プライマリーの実施は最小限に抑えつつ，大部分は指名で候補者を選出することが合理的だった。

　一方，民主統合党の場合，党内の候補者選出は，後に統合進歩党（2014年12月に憲法裁判所の決定によって解散）と候補者を一本化することを見込んで行われた。野党第1党の民主統合党と野党第2党の統合進歩党は，2012年総選挙を前に選挙協力に合意し，92の選挙区で「野圏単一化（候補者の一本化）」を行った。そのうち，16の選挙区は統合進歩党の「戦略地域」として民主統合党からは候補者を出さず，残りの76の選挙区では両党

それぞれから出た候補者に対して世論調査を通じて一本化することになった（ユン 2012：22）。このように，一部選挙区では，民主統合党内での候補者選出，そして世論調査を通じた統合進歩党との候補者一本化という2段階で最終的に候補者が決定されることになっていた。そもそも，小選挙区制の下では，野党が分裂していると，与党は得票率以上に議席を獲得しやすい。野党第1党の民主統合党としては，セヌリ党との与野党間の一対一対決を実現させるために，一部選挙区で野党第2党に候補者を譲歩しても，他の大部分の選挙区で競争力のある自党候補者を擁立することが重要だった。そのため，総選挙における第一段階の党内での候補者選出では，地盤のある現職議員をそのまま再公認するか，「党心（党員・代議員）」だけでなく「民心（一般有権者）」を反映させたプライマリーが適切な選択だった。さらに，12月の大統領選挙を前に，有力な候補者だった文在寅は，セヌリ党の支持地域の嶺南に自ら「戦略公認（指名）」形式で出馬するなど指名という候補者選出で党内を再編すると同時に，朴槿恵との一対一対決を実現すべく，無所属で有力大統領候補だった安哲秀との「野圏単一化」が不可避であると認識していた。大統領選挙に向けた党内での候補者選出，そして安哲秀との候補者一本化のいずれにおいても，プライマリーは欠かせなかったため，総選挙における候補者選出でもプライマリーという方法を一定の範囲で選択したといえる。

6　プライマリーの比較政治学

　本章では，韓国総選挙における候補者選出方法の変化と持続のダイナミズムについて分析的に叙述してきた。特に，2004年総選挙でプライマリーが初めて導入された理由と，その後，総選挙ごとに，政党別，選挙区間でプライマリーが実施されるかどうかに差や変化が生じるのはなぜなのか，の2つを明らかにした。

　2004年に総選挙で初めてプライマリーが導入されたのは，1人2票制へ

の選挙制度の改正など国会の外から包括的な「政治改革」要求が高まっていたなかで，それが「政党改革」「政党民主化」につながりかねないことを怖れた政党執行部が，「公認改革」のひとつとしてプライマリーを位置づけたためである。プライマリーを実施すれば，党員だけでなく一般有権者も参加でき，「誰が選出するのか」における包括性が高い候補者選出方法として，「公認改革」をアピールしやすい。同時に，そもそもプライマリーを実施するかどうかは自ら指名する少数のコーカスで決定することで，政党執行部は候補者選出を排他的に掌握し続けることができた。

　それだけでなく，それ以降，総選挙ごとに，政党別，選挙区間でプライマリーが実施されるかどうかに差や変化が生じたのも，政党執行部がそのつど，総選挙に勝利し国会で過半数議席を占めることだけでなく，一般議員を統制し政党一体性を確保することを目的に，公認という規律をどのように用いるのかについて戦略的に選択した結果である。指名と比べてプライマリーは，新人候補者の競争力を見極めたり，党内対立の調整を党外に委ねることで正当性を担保したりすることができる。何より，任期が1期に制限されている大統領からすると，総選挙における公認は，現職議員の閣僚兼任（大韓民国憲法第43条，国会法第29条）と合わせて与党を統制する重要な手段であるため，影響力を保持しようとするのは当然である。また，次期大統領候補にとっても，総選挙は大統領選挙に向けた前哨戦で，特に現職大統領のいる与党の場合，候補者選出過程への関与やその方法の選択を通じて政党を自派中心に再編しようとするのは当然である。つまり，プライマリーの導入だけでなく，いつ，どの選挙区で実施するのかも，政党執行部の戦略的選択次第であるということである。

　日本や台湾の総選挙における候補者選出方法の変化に関する研究では，総選挙の選挙制度の変化と，それに応じた政党執行部の戦略的行動の相互作用が注目された。本章も，こうした制度とアクターの間の相互作用に注目するアプローチに依拠している。その上で，韓国のような大統領制の場合は特に，総選挙における候補者選出方法の変化を分析する上で，1人1

票制から1人2票制へという小選挙区比例代表並立制内部の変化だけでなく，それ以外の選挙，特に大統領選挙やその選挙制度，総選挙と大統領選挙の間の選挙サイクル，当選回数が1期に制限された大統領制という執政制度など，マルチレベルの政治制度全体の効果を検討する必要があることが示された。そもそも韓国では，プライマリーの実施に関してバリエーションが存在するのは，総選挙というひとつの次元の選挙における時期別，政党別，選挙区間だけではない。同じ総選挙でも地域区と比例代表の間，総選挙と大統領選挙，国政選挙と地方選挙，首長選挙と議会選挙という複数の次元の選挙間にもバリエーションが存在する。本来はそれら全てに対して一貫した説明を行う必要があるが，本章では総選挙，それも2004年以降の時期だけしか分析できていない。分析対象の網羅性という点ではもちろん，3回の総選挙を時系列で比較することで一般的な知見を導き出していないという限界を有している。マルチレベルの政治制度全体と各アクターによる戦略的行動との相互作用に注目したとはいえ，アドホックな分析を足し合わせたにすぎないといえる。そのため，4回目の2016年総選挙ではどうなるのか，理論的に予測することもできない。

　マルチレベルの政治制度や，選挙（party in the electorate）だけでなく執政（party in government）や組織（party as an organization）など複数のアリーナにおける政党の様態に関する研究はようやく端緒についたばかりである（建林 2013；待鳥 2015）。選挙に限定しても，異なる次元の複数の選挙に直面している政党にとって，候補者選出方法の選択とは，そのつど個別に行うというよりは，総体として対応すべき課題である。とはいえ，経験的には，対応できていない場合もあるかもしれないため，分析する上では，「限定された合理性（bounded rationality）」を措定するのが妥当である。そうした前提に立ち，今後，クロス・セクショナル，時系列，クロス・ナショナルの比較研究，すなわち「プライマリーの比較政治学」が特に執政制度との関連のなかで積み重ねられることが望ましい。本章はそのためのささやかな試論にすぎない。

＊本研究はJSPS科学費26301013の助成を受けたものです。

参考文献

浅羽祐樹（2011）「韓国における政党システムの変容」岩崎正洋編『政党システムの理論と実践』おうふう，255-282頁。

浅羽祐樹（2013）「韓国における選挙区画定の政治過程――選挙区画定委員会と政治改革特別委員会の間」大西裕編『選挙管理の政治学――日本の選挙管理と「韓国モデル」の比較研究』有斐閣，179-201頁。

浅羽祐樹・大西裕・春木育美（2010）「韓国における選挙サイクル不一致の政党政治への影響」『レヴァイアサン』47，65-88頁。

磯崎典世・大西裕（2012）「韓国における党支部廃止の政治過程――非党派性の制度化と選挙管理委員会」『年報政治学』2011-II，178-205頁。

大西裕（2004）「韓国の場合――地域主義とそのゆくえ」梅津實他『新版 比較・選挙政治――21世紀初頭における先進6カ国の選挙』ミネルヴァ書房，173-220頁。

大西裕（2013）「韓国における市場志向的政党組織改革のゆくえ」建林正彦編『政党組織の政治学』東洋経済新報社，277-297頁。

康元澤・浅羽祐樹（2015）「分割政府の日韓比較」康元澤・浅羽祐樹・高選圭編『日韓政治制度比較』慶應義塾大学出版会，43-79頁。

建林正彦（2013）「マルチレベルの政治システムにおける政党組織」建林正彦編『政党組織の政治学』東洋経済新報社，1-29頁。

田眞英・待鳥聡史（2015）「政党の一体性はいかにして確保されるのか――政治制度分析による日韓比較」康元澤・浅羽祐樹・高選圭編『日韓政治制度比較』慶應義塾大学出版会，13-41頁。

待鳥聡史（2015）『政党システムと政党組織』東京大学出版会。

Hazan, R. Y., and G. Rahat (2010) *Democracy within Parties : Candidate Selection Methods and Their Political Consequences*. Oxford : Oxford University Press.

Pennings, P., and R. Y. Hazan (2001) "Democratizing Candidate Selection Causes and Consequences," *Party Politics* 7(3) : 267-275.

Yu, C. H., E. C. H. Yu, and K. Shoji (2014) "Innovations of Candidate Selection Methods : Polling Primary and Kobo under the New Electoral Rules in Taiwan and Japan," *Japanese Journal of Political Science* 15(4) : 635-659.

〈韓国語文献〉（カナダラ順）

カン・ウォンテク（2009）「政党内の公職候補者選出過程における世論調査活用の問題点」『東北アジア研究』14：35-63頁。

キム・ソグ（2006）「第17代総選挙と政治的リクルートメント——当選者決定モデルを中心に」『韓国政治外交史論叢』27（2）：287-315頁。

キム・ヨンテ（2004）「第17代国会議員選挙の公認制度と公認過程——地域区候補者公認を中心に」『韓国政党学会報』3（2）：107-124頁。

キル・ジョンア（2011）「国会議員候補者選出過程のダイナミズム——第18代総選挙におけるハンナラ党と統合民主党の公認を中心に」『韓国政治研究』20（1）：291-316頁。

パク・キョンミ（2008）「第18代総選挙における公認と政党組織——ハンナラ党と統合民主党を中心に」『韓国政党学会報』7（2）：41-63頁。

パク・チャンピョ，キム・ヨンテ，チ・ビョングン（2013）『国民参与競選制の政治的効果および改善方案の研究』国会事務処。

チョン・ヨンジュ（2004）「候補者競選制，本選競争力，政党民主化——2002年6月13日基礎自治体首長選挙を中心に」『韓国政治学会年報』38（1）：233-253頁。

チョン・ヨンジュ（2005）「候補者公認過程の民主化とその政治的結果に関する研究——第17代国会議員選挙を中心に」『韓国政治学会年報』39（2）：217-236頁。

チョン・ヨンジュ，コン・ヨンチョル（2012）「政党公認の類型と競争度，選挙競争力——第19代総選挙を中心に」『政治・情報研究』15（2）：133-152頁。

チョン・ヨンジュ，パク・ソンハク，キム・ソグ（2010）「政党の公認類型と候補者の本選競争力——2006年基礎自治体首長選挙を中心に」『OUGHTOPIA』25（1）：127-156頁。

チョン・ジンミン（2004）「第17代国会議員選挙における上向きの公認制度と予備候補登録制」『韓国政党学会報』3（2）：5-18頁。

チョ・ジンマン（2012）「世論調査公認の理論的争点と技術的課題，政党の選択」『議政研究』18（2）：131-155頁。

チ・ビョングン（2010a）「候補者選出権者（selectorate）の開放と分権化が代案なのか？——6・2地方選挙におけるハンナラ党と民主党の公認方式に関する事例研究」『現代政治研究』3（2）：217-249頁。

チ・ビョングン（2010b）「サーベイ・デモクラシー？——6・2地方選挙候補者公認事例を中心に」『韓国政治研究』19（3）：57-75頁。

チェ・ジュニョン（2012）「韓国の公認制度に対する研究動向と今後の研究課題」『韓

国政党学会報』11（１）：59-85頁。

アサバ・ユウキ（2006）『韓国における混合型選挙制度の政治的効果』ソウル大学校社会科学大学院政治学科博士論文。

アサバ・ユウキ（2008）「韓国における大統領候補選出と政党政治――第17代大統領選挙を中心に」『韓国政治研究』17（１）：111-142頁。

イ・ドンユン（2008）「政党の候補者選出制度と政党政治の問題点――第17代大統領選挙を中心に」『韓国政党学会報』7（１）：5-37頁。

イ・ドンユン（2012）「韓国政党の候補者公認と代表性――第19代国会議員選挙を中心に」『政治・情報研究』15（１）：93-126頁。

ユン・ジョンビン（2012）「第19代総選挙における候補者公認の過程と結果，争点――セヌリ党と民主統合党を中心に」『韓国政党学会報』11（２）：5-37頁。

（あさば・ゆうき：新潟県立大学）

CHAPTER 8

半大統領制と政党間競合
―― ルーマニアとブルガリアの比較から ――

藤嶋 亮 [國學院大學]

1 半大統領制と政党間競合

　半大統領制という執政制度は政党間競合，とりわけ政権をめぐる競合にいかなる影響を与えるのであろうか。議院内閣制では，議会選挙が政党間競合の中心的アリーナとなり，その結果が，執政府の組織・執政長官（首相）の選出に重要な意味をもつ。大統領制では，議会選挙とは別に執政長官（大統領）を決定する選挙が行われ，当選者が執政府を組織する。その政治的重要性から，とりわけ同時選挙の場合，議会選挙にも大きな影響を与える。

　両者と比べた場合，半大統領制下における大統領選挙の位置づけはやや不明瞭である。確かに，第五共和制下のフランスについては，大統領のもつ実質的権力・大統領選挙の重要性から，左右二極化や，政党のトップリーダーへの依存，「コアビタシオン」を生み出す選挙サイクルなどが注目されてきた（レイ・吉田 2015；Samuels and Shugart 2010：162-179；Shugart and Carey 1992：259-272）。また，多くの国が半大統領制を採用した旧共産主義諸国の場合でも，旧ソ連諸国に関しては，大統領の強大な権力に着目し，それが政党組織の発達や政党システムの制度化を阻害し，ひいては民主政の定着に負の影響を与えると主張されてきた（Elgie and Schleiter 2011；Protsyk 2011）。しかし，このような大統領制寄りの均衡，あるいは「超大統領制」は，少なくともヨーロッパの半大統領制諸国のな

かでは例外である（藤嶋 2015）。

　それでは，これらの事例と比べて相対的に大統領権限が弱く，議院内閣制に傾斜している半大統領制諸国の場合はどうであろうか。端的に言って，「弱い」大統領をもつ諸国における大統領選は，ほとんどが議会選とは時期的に分離されていることも相俟って（本章ではこれを「非同期選挙（non-concurrent election）」と呼ぶ），Tavits（2009）などの一部の例外を除けば，研究者の理論的関心をあまり集めてこなかった。実際に大統領選の重要性が低い，たとえば，明確に「二次的選挙（second-order election）」として位置づけられているならば，これは重大な理論的空白とまでは言えないであろう。しかし，たとえ「弱い」大統領であれ，その直接選挙という議院内閣制には存在しない契機・「二重の民主的正統性」が，独自のダイナミクス／サイクルを生み出す可能性は軽視できない。さらに，非同期選挙が政党間競合に与える影響という視角も重要である。それが大統領―議会（多数派），あるいは二院間などでの「ねじれ」発生の主たる原因と考えられるにもかかわらず，比較の視座からの知見の蓄積が，とりわけ半大統領制に関しては未だ十分ではないからである。

　以上の問題関心から，本章では，相対的に「弱い」大統領をもつ半大統領制諸国を対象として，大統領選が政党間競合に影響を与えるメカニズムと，影響の大きさを左右する要因を明らかにする。その際，理論的考察の射程として想定しているのは，旧ソ連諸国を除く（ただし，バルト諸国は含める）中・東欧の半大統領制諸国である。これらの国々は，制度的な共通点が多い（大統領5年・議会4年という任期も共通）のみならず，半大統領制民主主義国のなかでも最大のクラスターを構成しているからである（藤嶋 2015）。

　具体的事例としては，2000年代以降のルーマニアとブルガリアを取り上げる。両国は，ポスト共産主義の半大統領制国という共通点に加え，体制転換以降の政治展開，選挙制度，政治勢力の配置などの面でも類似点が多い。にもかかわらず，大統領選が政党間競合に与える影響については，前

者では大きく,後者では小さいという形で,好対照をなしているからである。とりわけ,本章の問題関心から見て,ルーマニアの事例は興味深い。2000年代以降の中・東欧諸国では,半大統領制的枠組みを採る国々においても,議院内閣制的運用に傾斜しつつあるが,ルーマニアでは体制転換以降,現在に至るまで,大統領選が政権をめぐる競合に大きな影響を与え続けているからである。

2 アプローチと分析枠組み

　本章の問題関心は,相対的に「弱い」大統領・非同期選挙という制度的組合せの下で,大統領選が政党間競合にいかなる影響を与えるのかという点にある。しかし,政党間競合に影響を与えるとは,あるいは,そもそも政党間競合とはいかなる現象を指すのであろうか。

　政党間競合の捉え方としてはさまざまなアプローチが考えられるが,ここでは競合の目標・獲得物の違い,政党にとっての誘因の違いによって,競合の3つの局面を想定する。第一は,政府ポストを目標（office-seeking）とする「政府形成競合」,第二は,政策実現を目標（policy-seeking）とする「政策決定競合」,第三は,議会選での得票を目標（vote-seeking）とする「選挙競合」である（Strøm 1990；空井 2010）。以上を前提とした場合,これら3つの目標を実現する上で,大統領職の獲得が重要な意味をもてばもつほど,（主要）政党にとって大統領選の重要性が増大し,政党間競合に直接的な影響を与えると想定することができる。ただし,非同期選挙という条件を算入するならば,政党にとって「選挙競合」への影響という意味合い・誘因は,相対的に低いと考えられる[5]。さらに,本章が対象とする中・東欧諸国の場合,政策形成に直接的に影響を与えるような大統領の権限は限定的であり（存在する場合でも,弱い法案拒否権のように「事後対応型（reactive）」的性格が濃厚）,実質的に「政策決定競合」の多くの部分が「政府形成競合」に含まれていると考えられる。以上のロ

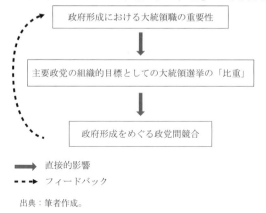

図1　半大統領制における大統領選挙の「比重」と政党間競合

出典：筆者作成。

ジックをまとめると，図1のようになる。

　この図式を踏まえ，まず第3節では，大統領選が政府形成をめぐる政党間競争に直接的影響を与える／与えないメカニズムについて，ルーマニアとブルガリアの事例を比較しながら描出する。その上で，第4節では，両国の比較から，政党間競合，とりわけ政権をめぐる競合において，大統領職・大統領選がもつ「比重」を左右する要因について分析を試みる[6]。一見すると，大統領の権力の大きさが，大統領職の重要性を直接的に規定するように思われる。しかし，本章が対象とするのは相対的に「弱い」大統領であり，憲法上の権限にも見定めがたい部分が多く存在する。さらに，デュヴェルジェ以来，大統領権力に影響を与える要因として，その時々の議会多数派の性格に加えて，大統領職が導入された歴史的経緯などが重視されてきた。したがって，大統領権力のあり方や，それと大統領選の「比重」との連関については，さまざまな要因の相互作用を考慮し，より精密に検討する必要があると考えられる。

3　大統領選挙と政党間競合

　以下ではまず，両国の執政制度，選挙制度，政党システムの特徴を概観する。その後で，議会選とは時期的に分離された大統領選が，政権の構成・存続に影響を与える／与えないメカニズムについて検討する。

（1）　両国の政治制度の概観

　ルーマニアとブルガリアの現在の政治システム形成の出発点は，1989年の体制転換に求められるが，ともに1991年に新憲法を制定し，執政制度としては，国民の直接選挙により選出される大統領と議会に責任を負う首相・内閣が並存するシステム，いわゆる「半大統領制」が採用された[7]。大統領は，国家元首として形式的役割を果たすとともに，一定の実質的権限を付与されていたために，執政府と立法府，さらには執政府内部で複雑なダイナミクスが生じることになった。

　立法府に関しては，ブルガリアでは一院制，ルーマニアでは戦間期の伝統などを理由として，二院制が導入された。ただし，上院の選出方法・任期・権限は下院とほぼ同一で（解散も同時），内閣の信任・不信任に関する議決を含め合同会議が頻繁に開かれるなど，両院が一体として機能する局面が多い。

　議会の選挙制度としては，両国ともに基本的には比例代表制を軸とする制度を採用しているが，いくつかの修正が試みられてきた。ルーマニアでは，2004年総選挙までは3％の阻止条項を伴う拘束名簿式比例代表制を採用していたが，2008年から変則的な小選挙区比例代表併用制が導入された（ただし，比例代表制的性格が濃厚）[8]。また，阻止条項も，2000年以降，単独で5％，2党で8％，3党で9％，4党以上は10％という形で強化された。これに対し，ブルガリアの場合は，4％の阻止条項を伴う拘束名簿式比例代表制が継続している（2009年総選挙のみ，1割強の議席に小選挙区

制を導入9))。

（2） 政党間競合の展開

　両国の政党システムの発展には，とりわけ1990年代末までは，以下のような共通点が見られた。第一は，共産党後継勢力が体制転換過程を主導し，最初の自由選挙で勝利したこと。第二は，体制転換直後から，共産党後継勢力を中心とする与党連合と野党のアンブレラ組織への大まかな収斂が生じたが，強力かつ安定した前者に対し，弱体かつ分裂した後者が挑戦するという非対称的な力関係で推移したこと。第三は，90年代半ばから中道右派の野党勢力の組織化も一定程度進行し，2ブロック競合と交互の政権担当が生じたこと。第四は，「ハンガリー人民主連合UDMR」（ルーマニア）とトルコ人少数民族政党「権利と自由のための運動DPS」（ブルガリア）という，中道志向で安定した支持基盤をもつ少数民族政党が存在し，連立交渉の「要」の位置を占めていること。第五は，政権連合の選択肢も，共産党の系譜を引く政党と，それ以外の（中道）右派政党の間の断層線（「体制分岐」）によって大きく規定されていたことである。

　2000年代に入ると，ブルガリアにおける「新党ブーム」のため，両国の政党システムは一時期相当に異なる様相を見せるが，それ以降は，大枠では2ブロック競合の図式が再建されつつある。ルーマニアでは，共産党後継政党が次第に社民政党化するとともに（党名も社会民主党［PSD］に変更），中道左派というアイデンティティを主張していた民主党（PD）が中道右派に移動したことにより，中道左派のPSD，中道右派のPD（2008年以降民主自由党［PDL］）および国民自由党（PNL）の主要三党に，UDMRと極右「大ルーマニア党」を加えた五党体制が成立した。その後，極右政党の凋落，2014年のPNLとPDLの合同（合同後はPNL）により，PSDとPNLを軸とした2ブロック競合が明確となった。

　ブルガリアでは，（中道）左派は，やはり次第に社民政党化した社会党（BSP）によって継続的に代表されているものの，中道右派の四分五裂状

態は解消されず，2001年の「シメオン2世国民運動NDSV」，2009年の「ブルガリアの欧州的発展のための市民GERB」という形で，強力な新政党が相次いで参入し，過半数近い議席を得て政権に到達するという現象がみられた。その後，GERBが安定的勢力を維持したことにより，中道右派優位という形での2ブロック競合の図式が一応再生した。

連合政権のパタンに関しては，ともに体制分岐の有意性が徐々に低下し，多様化が生じたが，政権構成の予測可能性は低下した。ルーマニアでは，2004年「同時選挙」までは体制分岐が深い溝をなしていたが，大統領バセスク（PD）の政治スタイルをめぐって中道右派の内部対立が深刻化し，PNLと中道左派PSDが反バセスク派として結合することで，体制分岐は部分的に解消された。これ以降，主要政党の間で目まぐるしい連合の組み替えが生じることになった。ブルガリアでも政権連合パタンは多様化したが，それはもっぱら右派の政治空間への強力な新政党の参入により生じた。

（3） 大統領選挙と政党間競合

このような政党間競合の展開を踏まえた上で，議会選とは時期的に分離された大統領選が，政府形成をめぐる政党間競合，具体的には，政権の構成・存続に影響を与える／与えないメカニズムについて検討する。対象とする時期に関しては，ブルガリアの場合，一貫して大統領選と議会選は非同期選挙であるが，ルーマニアの場合，2004年までは同時選挙，大統領任期を4年から5年に延長した憲法改正を受けて2008年以降は非同期選挙へと変化した。これにより，ルーマニアの主たる分析対象が2009年と2014年の大統領選に限定されるため，ブルガリアについても時期の近接を考慮し，2000年代以降の3つの大統領選を取り上げる（表1・表2参照）[10]。

①ルーマニアⅠ：2009年大統領選挙

2009年の大統領選をめぐる政党間競合の起点は，1年前の議会選であった。この選挙は，初の非同期選挙となったが，投票率は前回と比べ約20%

表1 ルーマニアにおける大統領選挙・議会選挙の時期と政権構成（2004〜2014年）

大統領選挙	当選者（出身政党）	議会選挙	第1党・第2党（議席率）*1	政権構成*2（小政党は除く）
2004年11月	バセスク（Băsescu, PNL + PD［彼自身はPD］→PDL）	2004年11月	PSD (39.8%) PNL + PD (33.7%)	PNL + PD + UDMR ↓ *PNL + UDMR*
2009年11月	バセスク（PDL）	2008年11月	PDL (34.4%) PSD (34.1%)	PDL + PSD →PDL →PDL + UDMR
2014年11月	ヨハニス（Iohannis, PNL + PDL→［合同］PNL）	2012年11月	PSD + PNL (66.3%) PDL (13.6%)	*PSD + PNL* ↓ PSD ↓ PSD

注：*1　下院の議席率。また選挙連合の場合，主要政党名のみ。
　　*2　斜体は（実質的な）コアビタシオンの時期。
出典：筆者作成。

も下降した。選挙戦は，かつての与党連合（PNLとPDL）が分裂したことを受けて，中道右派のPNLとPDL，中道左派のPSDの三つ巴の対立構図となった。選挙の結果，第一党のPDL（両院合計166議席）と第二党のPSD・保守党連合（同163議席）が拮抗状態となったために，世界的な金融・経済危機への対応という大義名分もあり，PDL党首ボクを首相，PSDのニカを副首相（後に内相兼任）とする，PDLとPSDの大連立政権が発足した（Dima［Cosmin］2010：43）。

しかし，PDLとPSDの関係は当初から緊張を孕んでおり，それは大統領選が近づくにつれ，公然たる対立へと転化した。2009年夏以降，現職のバセスクとPSDの候補ジョアーナ（同党党首）が舌戦を繰り広げ，大統領選での不正への危惧を表明した内相ニカが更迭されると，10月にPSDの全閣僚が辞職し，大連立は崩壊した（Dima［Cosmin］2010：43；Gallagher 2010：15）。直後にPNLとUDMRが提出した内閣不信任決議案がPSDの支持を受けて可決され，ボク内閣は，体制転換以来，初めて議会の不信任決議により倒された内閣となった。

しかし，野党連合の首相候補（ヨハニス）・専門家内閣案を大統領が拒

否したことで，新内閣樹立は大統領選の結果に委ねられることになった。第１回投票では，バセスク（PDL）とPSDのジョアーナが僅差で競り合い，３位となったPNLのアントネスクも健闘した（得票率20％）。決選投票では，PNLとUDMRがジョアーナ支持を表明したにもかかわらず，バセスクが劇的な勝利を収めた。この直近の選挙の正統性を梃子として，バセスクはボクを首相候補に再度指名，UDMRとの連立合意，さらにはPSDとPNLから30人弱の議員を切り崩すことにも成功し，議会多数派の形成に漕ぎ着けた。

②ルーマニアⅡ：2014年大統領選挙

　まず，2014年の大統領選をめぐる政党間競合の前提として，反大統領派を糾合した「社会自由連合」（USL）政権の成立と，2012年議会選について説明する。2009年末に再選されたバセスクと与党PDLの支持率は，2010年春以降の一連の財政緊縮措置によって急落した。他方で，大統領選の過程で形成されたPSDとPNLの協力が強化され，2011年２月にUSLという形で結実した。2012年４月，与党議員の切り崩しにより多数を確保したUSLは，PDL主体の内閣を退陣に追い込み，PSD党首ポンタを首班とするUSL政権を発足させた。さらに，USLは同年末の議会選で圧勝し，下院の66.3％，上院の69.3％を占める巨大与党となった。

　USL創設の際，主要選挙での統一候補擁立や大統領候補の所属政党とは異なる政党から首相を出すこと，政府ポストの均等配分などが定められていた（*Uniunea Social Liberala* 2011；*România Liberă* 2011）。議会選・組閣での協力は実現し，残すはPNL党首アントネスクの大統領候補指名のみとなった。しかし，共通の敵であるバセスクの脅威が弱まるにつれ，中道左派PSDと中道右派PNLの大連合は徐々に求心力を失っていく。

　まず，総選挙直後に，バセスクとポンタの間で「制度協力協定」が結ばれ，両者の間で一定の妥協が成立する（*Acordul de Colaborare* 2012）。さらに，2013年秋以降，PSDは（PNL抜きでも）過半数を確保すべく，野

党議員の取り込みを進めていく（*B1 TV* 2013）。大統領選の年である2014年初頭に，PNLの要求を容れアントネスクを統一候補とするUSLの議定書が作成されたが（*Cotidianul* 2014），PSDの態度は曖昧であり，加えて，5月の欧州議会選に向けて，USL内部にPNLを除外した形での政党連合が形成されつつあった。プレゼンスの低下を危惧したアントネスクは，PNL副党首ヨハニス（シビウ市長）の副首相兼内相としての入閣を軸とする内閣改造を要求するが，PSD側がこれを拒否したため，2月にPNLは最終的に政権からの離脱を決定した（Iohannis 2014：139-141；Drăgulin and Rotaru 2015：12-14）。

その後，5月に行われた欧州議会選での不振によりPNL執行部は辞職する。同時に，大統領選に向けた，PNLとPDLを軸とした中道右派結集の動きが本格化し，7月には両党の党大会で，「キリスト教自由連合（ACL）」という名称の下，統一候補を擁立し，両党が合同することが決定された。続いて，PNL党首に就任していたヨハニスがACLの候補に指名され，中道左派（首相ポンタ）・中道右派それぞれの統一候補の対決という大統領選の構図が確定した。

表2　ブルガリアにおける大統領選挙・議会選挙の時期と政権構成（2001～2014年）

大統領選挙	当選者（出身政党）	議会選挙	第1党・第2党（議席率）＊1	政権構成＊2（小政党は除く）
2001年11月	パルヴァノフ（Първанов, BSP）	2001年6月	NDSV（50%） SDS（21.3%）	*NDSV＋DPS*
2006年10月	パルヴァノフ（BSP）	2005年6月	BSP（34.2%） NDSV（22.1%）	BSP＋DPS＋NDSV
2011年10月	プレヴネリエフ（Плевнелиев, GERB）	2009年7月	GERB（48.3%） BSP（16.7%）	*GERB* ↓ GERB
		2013年3月	GERB（40.4%） BSP（35%）	*BSP＋DPS*
		2014年10月	GERB（35%） BSP（16.3%）	GERB

注：＊1　選挙連合の場合，主要政党名のみ。
　　＊2　斜体は（実質的な）コアビタシオンの時期。
出典：筆者作成。

同年11月の第1回投票は，ポンタが第1位（得票率40.4％），ヨハニスが第2位（同30.1％）という結果であったが，2週間後の決選投票では，在外投票などを中心に大幅に票を上積みしたヨハニスが（同54.4％），予想を覆す大差をつけてポンタを破り，大統領に当選した（Drăgulin and Rotaru 2015：15-25）。敗北したポンタも，議会の多数（UDMRのみが連立離脱）および与党内の消極的支持を確保できたことから，政権を存続させることが可能となり，新大統領の下でも「コアビタシオン」が継続することとなった[11]。

③ブルガリアⅠ：2001年大統領選挙

　2001年の大統領選をめぐる政党間競合の起点は，同年6月の議会選である。汚職の蔓延などで右派の民主勢力同盟（SDS），左派の社会党（BSP）の支持が低迷するなか，投票日の2カ月前に元国王シメオン2世によってNDSVが旗揚げされる。同党は，広範な抗議票を取り込み，半数にあたる120議席を得るという地滑り的勝利を収めた（得票率42.7％）。以下，SDS（同18.2％），BSP，トルコ人少数民族政党DPSと続き，シメオンを首班とする，NDSVとDPSの中道連立内閣が発足した（Barany 2002：147-149）。同内閣には，無党派という形を取りつつ，BSPからも2人が入閣した（Koinova 2001：136）。

　議会選の約4カ月後に大統領選が実施されたが，連立与党のNDSVとDPSは大統領候補を擁立せず，現職のストヤノフ（SDSが支持）とBSPの候補パルヴァノフの一騎打ちとなった。さらに，NDSVが一応現職を支持する一方で，DPSがBSPとともにパルヴァノフを支援するなど，連立内部でも立場は分かれた（Barany 2002：150-152；Koinova 2001：138-139；Andreev 2008：40, 49；Smilov 2011：9）。決選投票では，パルヴァノフがストヤノフを破り大統領に当選したが，連立の枠組みにはいかなる変化も生じなかった。

④ブルガリアⅡ：2006年大統領選挙

　まず，2006年の大統領選の構図に大きな影響を与えた，前年6月の議会選と，その結果成立した3党連立内閣について述べる。NDSV政権が公約に掲げた短期間での生活向上が実現せず，幻滅を招く一方で，BSPは大統領選での勝利を追い風として再建を進めた。議会選では，BSPが第一党に返り咲いたが，過半数には及ばす（得票率30.1％），以下，NDSV（同19.9％），DPS，極右政党「攻撃（Ataka）」，SDSと続いた（Savkova 2005）。この結果，BSPおよび同党と選挙前に協定を結んでいたDPSを軸として連立交渉が行われ，NDSVを加えた，3党連立政権が樹立された（Spirova 2007：905-906）。

　議会選の1年4カ月後に実施された大統領選では，現職で，政権与党のBSPとDPSが支持するパルヴァノフが優位を保っていた。NDSVは今回も独自候補を擁立せず（支持候補も不明確），中道右派の統一候補ベロノフ（前憲法裁長官）も苦戦するなか，Atakaのシデロフが支持を伸ばした（OSCE 2007：11, 14；Spirova 2007：905；Smilov 2011：10）。第1回投票では，パルヴァノフが過半数の票（得票率64.1％）を得たものの，投票率が50％に満たなかったため，第2位のシデロフとの間で決選投票が行われ，パルヴァノフが圧勝した（同76％）。前回同様，連立の枠組みにはいかなる変化も生じなかった。

⑤ブルガリアⅢ：2011年大統領選挙

　大統領選の2年3カ月前に行われた議会選と，その結果成立したGERB単独少数派内閣が，2011年の大統領選の構図を規定した。2009年7月の議会選では，2006年末にソフィア市長ボリソフ（元警察官僚）が結成した中道右派政党GERBが急速に支持を伸ばし，第一党（議席率48.3％）に躍り出た。以下，BSP（同16.7％），DPS（同15.8％），Ataka，中道右派の連合と続いた。この結果を受けて，GERBはAtakaの閣外協力を取り付け，ボリソフを首班とする少数派内閣を発足させた（中道右派勢力はアドホッ

クな協力）(Kolarova and Spirova 2010：913-915)。

　ボリソフは，与党を掌握し，汚職・組織犯罪対策でも一定の成果を上げるなど，安定した政権運営を行い，2011年10月の大統領選には，閣内からプレヴネリエフを擁立した。最大野党のBSPを始め，主要政党は対抗馬を擁立したが，第三党DPSは擁立を見送った（決選投票ではBSPの候補を支持）(OSCE 2011：11, 14)。第1回投票で首位のプレヴネリエフが過半数に届かなかったため（得票率40.1％），次点のカルフィン（BSP）との間で決選投票が行われ，プレヴネリエフが勝利を収めた（同52.6％）。やはり，2011年大統領選においても，政権の枠組みにはいかなる変化も生じなかった。

(4) 大統領選挙の論理か議院内閣制の論理か

　大統領選を前にして大連合政権の崩壊が起こる，これが半大統領制をとるルーマニアにおいて，直近の2回の大統領選で繰り返された政治現象であった[12]。大統領選の年を迎え，中道右派・中道左派の二大政党の協力が困難となったことがその最大の理由であり，ある意味，予想通りの展開と言うこともできる。大統領選の論理（2ブロック競合）と大連合の論理に緊張関係があるからである。これは同時に，ルーマニアの半大統領制においては，大統領選の論理が，議院内閣制の論理に優越していることを示唆している。もし，内閣の形成・存続が主として議院内閣制の論理に従っているとするならば，時期的に分離された大統領選が，内閣の形成・存続に直接の影響を与える可能性は低いはずである。

　実際，半大統領制の類似した制度配置をもつブルガリアでは，このような想定に従っている。2001年は政権の枠組みとはほぼ無関係に大統領選が行われ，2006年と2011年は政権の枠組みを前提として大統領選の構図が規定されている。すなわち，大統領選の直接的影響によって，政権の枠組みが変更されるという現象は見られない。確かに，2011年大統領選に関しては，GERB単独政権かつ与党候補が勝利するという，政権構成には最も影

響が生じにくい事例であったと言える。しかし，2006年は大連合に近い形態であったにもかかわらず，与党内で大統領選をめぐる対立は生じず，2001年に至っては，連立与党はいずれも候補者を擁立していない[13]。

　以上を要するに，ブルガリアの場合は，「議会選の結果→政権構成→大統領選の構図（大統領職をめぐる政党間競合）」という議院内閣制の論理が貫徹しているのに対して，ルーマニアの場合は，「大統領選の構図（大統領職をめぐる政党間競合）→政権構成／議会選の構図」という形で，大統領選の論理の優越が見られるのである。

　それではなぜ，ルーマニアでは，大統領選の論理の優越が生じるのであろうか。前節で述べたように，主要政党にとって，大統領職の獲得が，議会多数派（そして首相職）の確保と同等以上の重要性を有するからである。その結果，大統領選が政権の形成・存続に重要な影響を与えるサイクルを生み出すのである。したがって，次節では，政権をめぐる政党間競合において，大統領職・大統領選がもつ「比重」を左右する要因について分析を試みる。

4　大統領職と大統領選挙の「比重」

　ルーマニアでは，なぜ主要政党が（繰り返し）連立の枠組みを壊してまで大統領職の獲得を目指すのであろうか。大統領の憲法権限があまり大きくないことを考えれば，これは奇妙なことであり，議院内閣制の論理が優越するブルガリアの方が「正常」であるように思われる。本節では，このパズルを解くために，両国における大統領職の「比重」の違いを生み出した要因について解明を試みる。もちろん，大統領職の「比重」は，その時々の政治状況や個人的要因に左右される部分も大きいと考えられるが，本章の問題関心に従い，分析に際しては，より持続的かつ構造的な要因に焦点を合わせることとする。

　まず，当該の国における大統領職の「比重」を解明するためには，大統

領職が導入された歴史的／政治的経緯や，初代大統領のリーダーシップについて検討する必要がある。これらの初期条件が，一定の持続的影響を与えるからである（Duverger 1980；Elgie 1999；Frison-Roche 2007）。これと関連して，憲法上の大統領の権限，とりわけ内閣形成権限について，より精密な分析を行う。両国の大統領の権限は大きくはないが，組閣手続きや議会解散の条件などに関する規定は，微妙な差異がアクター間の力関係や交渉状況に大きな影響を与えると想定できるからである（藤嶋 2015）。最後に，大統領職の実際の「比重」を大きく左右すると考えられる，大統領にとってのある程度の頻度・持続性をもつ政治的機会構造について検討する。

（1） 大統領職の形成をめぐる文脈

①憲法制定過程——多数派の選好か妥協の産物か

ポーランドを始めとする東中欧諸国とは異なり，共産党の実質的後継勢力が体制転換過程を主導した点に両国の特徴がある。しかし，大統領職の（再）導入を含む憲法制定過程に関しては，無視できない相違も存在する。[14]

ルーマニアにおいて，チャウシェスク体制崩壊直後の権力真空を埋めたのは救国戦線（FSN）であるが，その主要部分は議長のイリエスクを筆頭に旧共産党幹部が占めていた。当初FSNが立法権・行政権を独占していたが，野党勢力の批判を受け，「国民統一暫定評議会」が創設された。同評議会が布告した「議会及び大統領選挙に関する緊急命令」によって，大統領の直選（と議会に責任を負う首相・内閣の並立）が明確に規定されたが，この評議会においてもFSNの優位は保証されていた（50％の議席配分と衛星政党）。1990年5月に行われた議会・大統領選では，FSNが圧勝を収め，両院合わせて3分の2以上の議席を確保するとともに，イリエスクが大差をつけて大統領に当選した（得票率85.1％）。

この結果，イリエスクとFSNが憲法制定過程を支配することとなり，1991年12月に制定された憲法にはその選好が強く反映していたと考えら

れる[15]。大統領職に関しては，野党勢力は，主として儀礼的役割を果たす大統領を議会が選出するという「議会制共和国」を選好していた。これに対し，FSNは直選の大統領職を維持するとともに，一定の実質的権限を与える「半大統領制型共和国」を主張し，これを実現した（Ioncică [ed.] 1998：488-523；Gallagher and Andrievici 2008：141）。ただし，大統領が一方的な決定権を有する領域は存在せず，立法上の権限も限定的であり（藤嶋 2015），政治勢力の配置から予想されるほど「強力な」大統領職は創出されなかった。背景としては，党派を超えた政治エリートの間で，西欧諸国で実際に機能している（と見做された）民主政のモデルが引照基準となったこと，近過去の経験（チャウシェスク体制）から個人への権力集中が警戒／忌避されたことが挙げられよう（Ioncică [ed.] 1998：488-523；Verheijen 1999：197；六鹿 1995：149）。

　ブルガリアの場合も，共産党後継勢力が主導権を保持した点は共通しているが，野党勢力との力関係はより流動的であった。まず，1990年初頭から共産党と民主勢力同盟（SDS）を中心とする野党勢力との間で「円卓会議」が開催され，自由選挙の実施に加え，国家評議会（議長）の大統領職への改組，新大統領の議会による選出が合意された。この過程では一貫して共産党が主導権を握っており，同党の指導者で国家評議会議長のムラデノフが大統領に選出された（Ganev 1999：126；Andreev 2008：33-34）。制憲議会選挙では，SDSが健闘し（議席率36％），社会党（BSP，共産党から改名）は過半数を確保したものの，大統領の選出や憲法改正に必要とされる特別多数（総議員の3分の2）には及ばなかった。さらに，前年末のデモに際し，ムラデノフが「戦車を出動させた方がよい」と発言していた映像が暴露され，辞職を余儀なくされた。新大統領の選出は，特別多数の要件により困難を極め，5度に及ぶ投票の末にSDS議長のジェレフが大統領に選出された（副大統領はBSP）（Andreev 2008：34-35）。

　以上の展開により，ブルガリアでは，共産党後継勢力が制憲議会の過半数を握る一方で，野党SDSが大統領職を握るという状況が生じた。さらに，

ゼネストによりBSP内閣が倒れ、裁判官のポポフを首班とする大連合政権が成立したことで、議会におけるBSPの支配は一定の制約を受けた。大統領の選出方法に関しては、議会選出による行き詰まりの経験から、直接選挙が有力な選択肢として浮上し、これは現職を擁するSDSの選好とも合致した。一方、BSPは、大統領の直選は受け入れたものの、その権限を削ることを重視し、「弱い」大統領職の創設に成功する（政治エリートの間での、個人への権力集中に対する警戒は、ジフコフの独裁を経験したブルガリアの場合も同様）(Ganev 1999：125-127；Andreev 2008：35)。

②初代大統領のリーダーシップ──「多数派を率いる指導者」か「調停者」か

ルーマニアの場合は、イリエスクが1992年に再選を果たし、1996年11月に任期を終えるまでの時期、ブルガリアの場合も、ジェレフが1992年の直接選挙で勝利を収め、1997年1月に任期を終えるまでの時期が、政治エリート・国民の間での大統領職に対する規範意識や、大統領職をめぐる諸慣行が形成された時期であると考えられる。前者は旧共産党幹部、後者は異論派知識人と出自は異なっていたものの、ともに国民の間で高い威信を保持し、内閣形成においてイニシアティヴを発揮するなど、政治的にアクティヴな大統領であった。しかし、両者のリーダーシップのスタイル・「資源」は大きく異なっていた。大統領のリーダーシップを左右する要因としては、大統領の「憲法権限」と「党派的権力」（「議会における多数派の性格」および「多数派と大統領との関係」）が重要であるが（粕谷 2010など）、前者については次節で検討するので、ここでは後者に焦点を合わせる。

イリエスクの場合、FSNの卓越した指導者であったことが重要である。この資源により、1992年3月のFSN分裂までは議会の圧倒的多数派を率いる決定権者として、首相を含む高官の任免や政策形成において大きな影響力を行使した。FSN分裂の半年後に行われた議会選においても、イリエスク派が結成した民主救国戦線（FDSN）が勝利し、同党が優越的地位を占

める連立政権が続いたことで，内閣形成のイニシアティヴを握り続けた。加えて，ルーマニアの場合には，2004年まで大統領選と議会選が同時に行われていたという制度的条件も重要であろう。これらの要因により，ルーマニアにおいては，「多数派という場合，それは議会多数派である以上に，大統領多数派を意味する」と特徴づけられるような，大統領職に対する国民の規範意識が形成されることになった（Barbu 1999：152-153）。

　これに対し，ジェレフを「多数派を率いる指導者」と位置づけることは難しい。彼は出身母体であるSDSと議会多数派BSPの妥協により選出された。その後，1991年10月の議会選で勝利したSDSとDPSによる連立政権の樹立，彼自身の大統領選での勝利によって，イリエスクと同様のリーダーシップの資源を得たかに見えるが，内実は異なっていた。大統領与党SDSは，16の政党・団体から成るアンブレラ組織であり，分裂を繰り返し，会期末には所属議員は半減した（Sharman and Phillips 2004：403-410；木村 1995：203-206）。さらに，大統領とSDSとの関係も急速に悪化し，「移行ショック」が強まるなかでSDS内閣は瓦解した。その後，非政党内閣を経て，1994年末の総選挙で過半数を得て成立したBSP内閣との対峙（コアビタシオン）が続くなど，ジェレフは大統領多数派の形成に失敗した。そして，1996年の大統領選に際しては，SDSの候補者を決定する予備選で大敗し，再選の望みを絶たれるのである（Andreev 2008：39）。

　ジェレフの場合にも，内閣形成に明確なイニシアティヴを発揮した例が存在する。それは1990年末のポポフ内閣および1992年末のベロフ内閣の樹立であるが，いずれも「移行」に付随する社会的・経済的危機の局面において，専門家を首班とし，主要政党の支持を受けて形成された超党派的内閣という性格を有していた（Andreev 2008：40-44）。したがって，大統領の時宜を得た一時的な介入，調整型のリーダーシップ（「調停者」）を発揮した例と位置づける方が妥当であろう。

③「初期条件」の持続性／拘束力

　両国では共産党後継勢力が憲法制定過程を主導し，直選の大統領職が創設されたが，偶発的要因もあり，憲法権限はブルガリアにおいてより抑制された内容となった。さらに，ルーマニアでは，議会多数派を掌握した大統領が，ほぼ一貫して大きな政治的影響力を行使したのに対し，ブルガリアでは，危機／手詰り状況における間歇的な介入が中心であった。このような初期条件の持続性／拘束力を過大評価することはできないが，少なくとも以下のような形で，その後の発展に一定の影響を与えたと考えられる。

　まず，初代大統領のリーダーシップのあり方によって，ルーマニアの場合は「多数派を率いる指導者」，ブルガリアの場合は「超党派的な調停者」という大統領職に対する規範意識が強められた。次いで，このような位置づけが，大統領候補者の性格を強く規定した。すなわち，ルーマニアにおいては，大統領候補は一貫して主要政党のトップリーダーであり，「大統領候補適格者（prezidenţiabil）」であることが主要政党の党首たる条件となった（この結果，大統領職の「比重」がさらに増すという正のフィードバック）(Dima [Bogdan] 2010)。これに対し，ブルガリアでは，大統領候補は主要政党のトップリーダーであるとは限らず，主要政党が大統領候補の擁立を見送ることもあった。党首が首相職を選好することも多く，大統領職の「比重」を増すような相互作用を見出すことは困難である。

　他方で，ルーマニアの場合でも，「多数派を率いる指導者」という理念を実現・持続させることは容易ではない。政治状況に左右されるのみならず，大統領職の憲法上の位置づけ・権限との間に一定の齟齬が存在するからである。したがって，以下では，両国における大統領の憲法権限を検討した上で，初期条件の再生産をもたらしたような政治的機会構造について分析を試みる。

（2）　限定された憲法権限，広範な政治的機会

　まず，憲法に規定された一般的な大統領の性格・役割を確認する。ブル

ガリアの場合，「議会制共和国」と明記され，大統領は「国家元首であり，国民の統一を体現し，国際関係において国家を代表する」（第99条）と簡潔に規定されている。ルーマニアの場合も，大統領を「国家を代表し，国の独立および領土の保全の保障者である」と位置づけている。さらに，大統領の主たる職務は，「憲法の尊重と公権力の適正な運営の監視」であり，その実現のため「国家諸権力の間および国家と社会の間で調停の役割を果たす」と規定されている（第80条）。加えて，両国ともに，政治的中立性が重視され，任期中は党籍離脱（ルーマニア）／党指導部への不参加（ブルガリア）が義務づけられている。以上の規定，そして全般的な権限配置から，大統領の役割として，諸勢力間の妥協・合意形成を促すような調整型のリーダーシップが想定されていると考えることができる（藤嶋 2013：2015）。

　他方で，内閣の形成・存続に関する権限に目を転じると，より重要な相違が存在する（藤嶋 2013）。まず，両国の大統領は，ともに首相罷免権をもたず，議会解散権についても連続して内閣形成に失敗した場合に限定されている。さらに，内閣には議会の信任が義務づけられているため，議会に明確な多数派が存在する場合には，大統領の首相指名権は実質的意味をもたない。したがって，議会に明確な多数派が存在しない場合に，大統領がどの程度裁量権をもつかが問題となる。この意味で，大統領に議会の最大党派から順番に組閣を要請することが義務づけられているブルガリアの場合，例外的事態を除き，裁量権は存在しない。これに対し，ルーマニアの場合，過半数を占める政党がある場合は当該政党と，それが存在しない場合には各政党と協議を行うと規定されている（のみの）ため，議会における政党の配置次第では，大統領が大きなイニシアティヴを握ることも想定できる。

　そして，ルーマニアにおいては，1990年から2012年までの7回の議会選のうち，50％以上の議席を占める政党が存在したのは2回（1990年・2012年）だけであり，残りの選挙においても，明確な勝者が存在したのは1回

（2000年，第二党に議席率で21％の差）のみであった。実際，明確な多数派を欠いた多くの事例において，大統領が首班指名に中心的役割を果たしたのである（藤嶋 2013）。これに対し，ブルガリアの場合は，1990年から2014年までの8回の議会選のうち，その半数において50％以上の議席を占める政党が存在し，残りの選挙においても，2回（2009年・2014年）は明確な勝者（第二党にそれぞれ議席率で22％，19％の差）が存在した。

　つまり，ルーマニアとブルガリアにおいて，初期条件により「組み込まれた（built-in）」大統領職に対する規範意識や主要政党にとっての選好／誘因の差異が，大統領の内閣形成に関する憲法権限と政治的機会構造の一定の相違によって再生産され，両国における大統領職の「比重」の違いを生み出していると考えられるのである。

5　制度間の連関と規範意識の相互作用

　本章の分析により得られた知見を図示すると，図2のようになる。
　ブルガリアの場合は，本章で述べたように「移行」に付随する危機／手詰まり状況が大統領の政治的機会を一時的に増大させたことを除けば，すべての要因が大統領職の「比重」を縮小させる方向に作用している。これに対し，ルーマニアの場合は，すべての要因が「比重」を増大させる方向へと作用した結果，大統領選が政権をめぐる政党間競合において重要な意味をもち続けている。さらに，その実際の帰結から，大統領職の規範的位置づけや政治エリートの誘因構造へのフィードバックが生じ，持続的な傾向・均衡が維持されていると考えられる。この結果，議会選とは時期的に分離された大統領選が，政権の形成・存続に重要な影響を与える独自のサイクルを生み出すことになる。

　このような観点から見ると，ルーマニアにおける2003年の憲法改正の帰結もより明確に捉えられる。この改正により非同期選挙が導入されたが（大統領の首相罷免権も明確に否定），その目的は，議会選から大統領選の

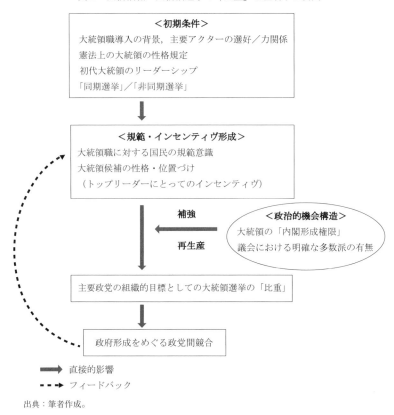

図2 大統領職・大統領選挙の「比重」を左右する要因

出典:筆者作成。

影響を排除し,前者を政党・政策本位の選挙とすること,後者の党派色を薄め,大統領職の中立性や党派対立から遮断された形での政治の継続性を確保することにあった(MO 2003:34-36)。

しかし,現実に生じたのは,フランスの事例が示唆するように(政治学の知見から容易に予想できるように),コアビタシオン状態の頻発であった(改正前は皆無,改正後少なくとも3回)。この場合でも,改正時に想定されていた超党派的な「調停者としての大統領」が実現していたならば,問題は少なかったであろう。しかし,実際の帰結は党派的な大統領と首相

による熾烈な執政部内対立であり（藤嶋 2013），本章で検証したような大統領選挙の論理の優越であった。

つまり，憲法改正による制度の部分的改変（非同期選挙・権限の曖昧性の一部解消）のみでは，built-inされた国民の規範意識や政治エリートの誘因構造を変えるには不十分だったのである。制度改革が所期の目的を達するためには，マルチレベルの制度間の連関はもちろん，政治アクターの誘因構造（の整合性）や国民の政治意識，さらにはそれらの相互作用を考慮する必要があるということであろう。ただし，改革の「意図せざる帰結」自体をどのように評価するかは，容易に答えが出ない，'open question' ではあるが。

注
1) 本章では，2つの選挙が文字通り同日に行われる場合（「同時選挙」）に加えて，時期が近接し（1～2カ月程度），かつ広義の選挙プロセス（選挙連合や候補者の確定，選挙キャンペーンなど）が重なっているならば「同期選挙」，それ以外の（一応別個に行われている）場合は「非同期選挙」と呼ぶ。
2) Tavits（2009）は，「大統領をもつ議院内閣制」という枠組みに基づき，大統領の選出方法の違い（直接選挙か間接選出か）が，大統領のアクティヴィズム，大統領選の競争性・党派性を左右するかどうかを検証し，選出方法自体はあまり重要ではないと結論づけた。
3) ただし，Shugart and Carey（1992）の先駆的研究，あるいは邦語に限定しても，「非同時選挙」が政府形成に与える影響については，浅羽・大西・春木（2010），「分割政府」／「ねじれ」を生み出す過程・理由については，康・浅羽（2015）など，興味深い研究が数多く現れている。
4) ブルガリア，クロアチア，チェコ，リトアニア，マケドニア，モンテネグロ，ポーランド，ルーマニア，セルビア，スロヴァキア，スロヴェニアの11カ国。
5) もちろん，大統領選は議会選に一定の影響を与えると考えられるが（コートテール効果など），その直接的効果には見定めがたい部分が多い上に，同時（同期）か非同期か，非同期の場合でも，選挙の前後関係や近接の度合いによって大きな差が生じると予想される。Hicken and Stoll（2013）も参照。
6) 本章では「比重」という用語を，大統領選・（国政）議会選・地方選・欧州議会

選といった複数の選挙が，政党および有権者にとって相対的にどの程度の重要性をもつのかという意味で用いている．とりわけ，主要政党によって，大統領職の獲得が議会多数派（そして首相職）の確保と同等以上に重視されている場合は「比重」が大きい．そうでない場合は「比重」が小さいと位置づけている．

7）半大統領制の定義には共通理解が存在しないが，本章では客観的識別が容易という長所から，本文中にあるようにエルジーの定義（Elgie 1999）を便宜的に採用する．

8）有権者は1票のみをもち，小選挙区の候補者に投票する．これは県ごとのブロック単位で各政党の得票としても集計され，比例代表制に基づき議席が配分される．これからまず，小選挙区で絶対多数を獲得した候補者を当選させ，以下得票率の高い順に当選させていく．小選挙区で絶対多数を獲得した候補者には必ず議席が与えられるため，政党が比例代表制による配分以上の議席を獲得する場合も存在する．

9）なお，1990年に実施された制憲議会選挙では，定数の半分が小選挙区制で，残りの半分が比例代表制で選出された．

10）ルーマニアとブルガリアの選挙結果に関しては，北海道大学スラブ・ユーラシア研究センターのHPにおかれている，「中東欧・旧ソ連諸国の選挙データ」(http://src-h.slav.hokudai.ac.jp/election_europe/index.html) に基づく．

11）しかし，大統領選に敗れたポンタの連立内・与党内における威信低下は明らかであり，2015年7月，汚職問題によりPSDの党首を辞任，同年11月には，多数の死傷者を出したナイトクラブの火災を契機とする街頭での抗議行動によって内閣総辞職に追い込まれ，前欧州委員のチョロシュを首班とする専門家内閣が発足した．

12）2014年2月における大連合政権崩壊の要因としては，同年11月の大統領選よりも，同年5月の欧州議会選の方が重要であったと主張することも一応は可能である．しかし，他のEU諸国と同様に，ルーマニアでも欧州議会選は明確に「二次的選挙」と位置づけられている（投票率も低く，2014年の事例では，欧州議会選，大統領選の第1回および決選投票の投票率は，それぞれ，32％，53％，64％）．さらに，全議席が比例代表制で争われる欧州議会選の場合，候補者調整を含め，連立政権に与える負荷は小さいと考えられる（別個に選挙を戦うことが比較的容易）．実際，USLの協定は，大統領選，議会選，地方選については詳細に規定しているが，欧州議会選についてはいかなる言及もない．したがって，大連合崩壊の要因としては大統領選がより重要であり，欧州議会選は対立を加速させる／決裂の時期を早める効果をもったと解釈するのが妥当であろう．

13）与党NDSVの指導者シメオン2世に関しては特殊な事情が存在する．第二次世界

大戦中に6歳で国王に即位したシメオンは，戦後間もなく退位・亡命を余儀なくされ，スペインで実業家として成功を収めた。他方，大統領選への立候補要件として，「選挙に先立つ5年間，継続してブルガリア国内に居住していること」（憲法第93条）と定められているため，2001年の大統領選への立候補は，その意思があったとしても困難であった。しかし，2006年の大統領選に関してはこの障害は存在せず，2001年の場合も，NDSVが大統領職を首相職と同様に重要視していたならば，独自候補の擁立を含め，大統領選に対してより明確な立場を示したであろうと考えられる。

14) ルーマニアとブルガリアの憲法（制定過程）に関しては，それぞれ六鹿（1995），木村（1995）が簡潔ながら的確な整理を行っている。また，旧東欧諸国における制度選択に関しては，平田（2011）などが示唆に富む。
15) FSN内部では次第に大統領派と首相ロマン派の対立が表面化したが，争点は憲法制定ではなく，主として経済改革の速度であった。
16) 「弱い」大統領の資源を増大させる政治的機会構造については，Protsyk（2005），Tavits（2009）も参照。
17) 議会における多数派の有無は，「選挙競合」の結果であり，本章において独立した要因として扱うには留保が必要である。ここでは，多数派の有無の持続の傾向とそこから導かれる大統領の行動パタンが，大統領職に対する規範意識・誘因を補強／再生産するという形での影響関係に着目する。したがって，体制転換以降のすべての時期を分析対象に含める。

参考文献（＊URLはいずれも2015年11月20日最終アクセス）

1．議事録・官報・大統領府報告書・回想録など

Acordul de Colaborare Instituţională între Preşedintele României şi Primul-Ministru al Guvernului（2012）（http://www.presidency.ro/static/Acord_de_colaborare.pdf）.

Ioncică, Dumitru (ed.)（1998）*Geneza Constituţiei României 1991, Lucrările Adunării Constituante*, Regia Autonomă "Monitorul Oficial"：Bucureşti.

Iohannis, Klaus（2014）*Pas cu pas*, Bucureşti：Curtea Veche Publishing.

Monitorul oficial al României, partea a II-a, nr. 99/6. IX. 2003［*MO 2003*と略記］.

OSCE/ODIHR（2007）"Republic of Bulgaria, Presidential Election 22 and 29 October 2006," *OSCE/ODIHR Election Assessment Mission Report*, Warsaw.

OSCE/ODIHR（2011）"Republic of Bulgaria, Presidential Election 23 and 30 October

2006,″ *OSCE/ODIHR Election Assessment Mission Report*, Warsaw.

Uniunea Social Liberala - Protocol Politic (oficial)（2011）（http://www.psdcluj.ro/wp-content/uploads/2011/01/Uniunea-Social-Liberala.pdf#search='Uniunea+Social+Liberal'）．

2．研究書・論文など

浅羽祐樹・大西裕・春木育美（2010）「韓国における選挙サイクル不一致の政党政治への影響」『レヴァイアサン』47号，65-88頁。

粕谷祐子（2010）「アジアにおける大統領・議会関係の分析枠組み——憲法権限と党派的権力を中心に」粕谷祐子編『アジアにおける大統領制の比較政治学』ミネルヴァ書房，1-37頁。

康元澤・浅羽祐樹（2015）「分割政府の日韓比較」康元澤・浅羽祐樹・高選圭編『日韓政治制度比較』慶應義塾大学出版会，43-79頁。

木村真（1995）「ブルガリアの議会と政党」伊東孝之編『東欧政治ハンドブック』日本国際問題研究所，183-212頁。

空井護（2010）「政党システム概念の『サルトーリ的展開』について」2010年度日本比較政治学会研究大会，自由企画12「政党戦略と政党間競合」報告ペーパー，1-17頁。

平田武（2011）「『歴史の遺産』とその影響」仙石学・林忠行編『ポスト社会主義の政治と経済』北海道大学出版会，19-48頁。

藤嶋亮（2013）「『プレイヤーとしての大統領』トライアン・バセスク」『ロシア・東欧研究』第41号，1-18頁。

藤嶋亮（2015）「半大統領制の下位類型に関する一試論」佐々木毅編『21世紀デモクラシーの課題』吉田書店，101-138頁。

六鹿茂夫（1995）「ルーマニアの議会と政党」伊東孝之編『東欧政治ハンドブック』日本国際問題研究所，145-181頁。

レイ，アンリ・吉田徹（2015）「フランス二大政党の大統領制化」吉田徹編『野党とは何か——政権交代と組織改革の比較政治』ミネルヴァ書房，109-141頁。

Andreev, Svetlozar A.（2008）"Semi-presidentialism in Bulgaria : the cyclical rise of informal powers and individual political ambitions in a 'dual executive'," in Robert Elgie and Sophia Moestrup（eds.）, *Semi-Presidentialism in Central and Eastern Europe*, Manchester : Manchester University Press, pp. 32-50.

B1 TV（2013）"PSD, la un parlamentar distanţă de a atinge majoritate parlamentară fără PNL,"10 octombrie 2013 (http://www.b1.ro/stiri/politica/psd-la-un-parlamentar-distan-a-de-a-atinge-majoritate-parlamentara-fara-pnl-6714 1.html).

Barany, Zoltan (2002) "Bulgaria's Royal Elections," *Journal of Democracy*, Vol. 13, No. 2, pp. 141-155.

Barbu, Daniel (1999) *Republica absentă*, Bucureşti : Nemira.

Cotidianul (2014) "Clarificări în USL. Alegerile prezidenţiale, în prima decadă a lunii noiembriet," 13 ianuarie 2014 (http: //www. cotidianul. ro/alegerile-prezidentiale-in-prima-decada-a-lunii-noiembrie-230021).

Dima, Bogdan (2010) "Preşedintele României : instituţia cheie a sistemului cons tituţonal românesc," *Sfera Politicii*, vol. XVIII, nr. 1 (143), pp. 30-41.

Dima, Cosmin (2010) "De ce a pierdut Crin Antonescu alegerile prezidenţiale?" *Sfera Politicii*, vol. XVIII, nr. 1 (143), pp. 42-47.

Drăgulin, Sabin and Silvia Rotaru (2015) "Alegerile prezidenţiale 2014 – Preşedintele României şi eşecul previzionării," *Sfera Politicii*, vol. XXIII, nr. 1 (183), pp. 10-28.

Duverger, Maurice (1980) "A New Political System Model : Semi-Presidentialism Government," *European Journal of Political Research*, Vol. 8, No. 2, pp. 165-187.

Elgie, Robert (1999) "The Politics of Semi-Presidentialism," in Robert Elgie (ed.), *Semi-Presidentialism in Europe*, Oxford : Oxford University Press, pp. 1-21.

Elgie, Robert and Petra Schleiter (2011) "Variation in the Durability of Semi-Presidential Democracies," in Robert Elgie, Sophia Moestrup and Yu-Shan Wu (eds.), *Semi-Presidentialism and Democracy*, Basingstoke : Palgrave Macmillan, pp. 42-60.

Frison-Roche, Fraçois (2007) "Semi-presidentialism in a post-communist context, " in Robert Elgie and Sophia Moestrup (eds.), *Semi-presidentialism outside Europe : A Comparative Study*, London : Routledge, pp. 56-77.

Gallagher, Tom (2010) "Romanian Presidential Elections of 2009. Race for the Prize of 'Răul cel mai mic', " *Sfera Politicii*, vol. XVIII, nr. 1 (143), pp. 13-21.

Gallagher, Tom and Viorel Andrievici (2008) "Romania : political irresponsibility without constitutional safeguards, " in Robert Elgie and Sophia Moestrup (eds.), *Semi-Presidentialism in Central and Eastern Europe*, Manchester : Manchester University Press, pp. 138-158.

Ganev, Venelin I. (1999) "Bulgaria," in Robert Elgie, (ed.), *Semi-Presidentialism in Europe*, Oxford : Oxford University Press, pp. 124-149.

Hicken, Allen and Heather Stoll (2013) "Are All Presidents Created Equal ? Presidential Powers and the Shadow of Presidential Elections," *Comparative Political Studies*, Vol. 46, No. 3, pp. 291-319.

Koinova, Maria (2001) "Saxcoburggotsky and His Catch-All Attitude : Cooperation or Cooptation ?" *Southeast European Politics*, Vol. 2, No. 2, pp. 135-140.

Kolarova, Rumyana and Maria Spirova (2010) "Bulgaria," *European Journal of Political Research*, Vol. 49, No. 7-8, pp. 909-918.

Protsyk, Oleh (2005) "Politics of Intraexecutive Conflict in Semipresidential Regimes in Eastern Europe," *Eastern European Politics and Societies*, Vol. 19, No. 2, pp. 135-160.

Protsyk, Oleh (2011) "Semi-Presidentialism under Post-Communism," in Robert Elgie, Sophia Moestrup and Yu-Shan Wu (eds.), *Semi-Presidentialism and Democracy*, Basingstoke : Palgrave Macmillan, pp. 98-116.

România Liberă (2011) "Ponta şi Antonescu au semnat protocolul de ifiinţare a Uniunii Social-Liberale," 5 februarie 2011 (http://www.romanialibera.ro/politica/institutii/ponta-si-antonescu-au-semnat-protocolul-de-infiintare-a-uniunii-social-liberale-215820).

Samuels, David J. and Matthew S. Shugart (2010) *Presidents, Parties, and Prime Ministers: How the Separation of Powers Affects Party Organization and Behavior*, New York : Cambridge University Press.

Savkova, Lyubka (2005) "Europe and the Parliamentary Election in Bulgaria, 25TH June 2005," *EPERN Election Briefing*, No. 21, Brighton : Sussex European Institute, pp. 1-12.

Sharman, Jason C. and Robert Phillips, Jr. (2004) "An internalist perspective on party consolidation and the Bulgarian Union of Democratic Forces," *European Journal of Political Research*, Vol. 43, No. 3, pp. 397-420.

Shugart, Matthew Søberg and John M. Carey (1992) *Presidents and Assemblies*, Cambridge : Cambridge University Press.

Smilov, Daniel (2011) "Political Liberalism in Bulgaria : Achievements and Prospects," Friedrich Ebert Foundation Office Bulgaria, Sofia.

Spirova, Maria (2007) "Bulgaria," *European Journal of Political Research*, Vol. 46,

No. 7-8, pp. 901-908.

Strøm, Kaare (1990) "A Behavioral Theory of Competitive Political Parties," *American Journal of Political Science*, Vol. 34, No. 2, pp. 565-598.

Tavits, Margit (2009) *Presidents with Prime Ministers : Do Direct Elections Matter ?* Oxford : Oxford University Press.

Verheijen, Tony (1999) "Romania," in Robert Elgie (ed.), *Semi-Presidentialism in Europe*, Oxford : Oxford University Press, pp. 193-215.

（ふじしま・りょう：國學院大學）

CHAPTER 9
フランス半大統領制における家族政策の削減と再編
―― 1990年代の利益団体の抵抗と「自由選択」――

千田　航［北海道大学］

1　執政制度による削減提案と再編への道

　本章では，1990年代半ばのフランス家族政策の政治過程から福祉国家の削減と再編の間にある執政制度の機能を検討する。

　フランス半大統領制は大統領に首相任命権や下院解散権，国民投票付託権，非常事態措置権などの固有権限として規定される事項を除き，日常の政治決定を首相に委ねていると解釈することが可能である。ただし，首相が政治決定を行うには大統領との調整が必要であることが想像できるため，結局のところ第五共和制で大統領と首相のいずれに主導権があるのかを説明することは難しい（大山 2013：55-59）。

　本章のように社会保障政策を事例として取り上げた場合，大統領と首相のいずれに主導権があるのかという問題のほかに，執政レベルでの決定と利益団体の抵抗との間の対立がさらなる問題として浮上する。ピアソンは福祉国家拡大期と削減期では政策決定者の政治的目標と政治的文脈の変化という2点で異なるとする（Pierson 1996：144-147）。削減期に政治家が削減を提示することは再選可能性に悪影響を及ぼす可能性があるため，政治家は社会保障政策での業績獲得よりも非難回避を政治的目標に据えるようになる。また，社会保障政策が発展するとそれに伴って利益団体が登場するだけではなく，既存の社会保障政策への投資を続けることでロックイン効果も生じる。そのため，財政状況の悪化に対応した削減が困難になる

という政治的文脈の変化が起こる。

　このように福祉国家削減期における利益団体との関係から政治家が削減を提示することは難しい。しかし，フランスでは1995-96年にかけて首相のリーダーシップのもと中核的執政レベルでの社会保障改革が行われた（Hayward and Wright 2002：180-184）。1995年，利益団体が権利への制約や負担の増大に抵抗したことで生じた社会保障財政の悪化を改善するため，首相のジュペによる社会保障改革案「ジュペ・プラン」が打ち出された。ここで主に問題となったのは医療費であり，特に薬価は医者が安価なジェネリック医薬品を処方しないことで上昇していた。1970年代や80年代の社会保障の赤字削減は医者や社会保険を擁護する労働組合の抵抗から失敗した。それに対して，ジュペ・プランは，シラクの支援も受けて，各省庁の権限の外側から急進的な社会保障改革を実行した。ジュペ・プランの形成にあたって，医者で利益団体に近かった保健相を排除することで利益団体との距離を取った。大規模なストライキを引き起こしながらも医療政策の利益団体の抵抗を押しのけ，これまでの政治的な慣性を打ち破る「ジュペ・プラン」が社会保障財政の赤字を改善させたのであった。

　このように中核的執政レベルでの社会保障改革は医療政策では成功したといえる。しかし，他の社会保障政策では十分な削減が達成できたのだろうか。本章では医療制度とは異なる対応が現れた1990年代半ばの家族政策のなかでも現金給付を取り上げ，中核的執政レベルでの削減提案がもたらした家族政策の削減から再編への移行をみていく。家族政策では，社会保障の削減ではなく，むしろ多様なアクターの合意を伴って福祉国家の再編へと道を開くことになった。この事例と通じて，家族政策という単一事例ではあるものの，福祉国家の削減と再編との関係にある執政制度の機能の一端がみえてくるだろう。

　以下，第2節で家族政策の削減と再編の政治過程を説明する枠組みを提示し，第3節と第4節で家族政策の政治過程をみていく。第5節でその政治過程をまとめ，第6節でフランス家族政策における執政制度の役割を考

えたい。

2 削減の政治と再編の政治

(1) フランス家族政策の現金給付

　現在のフランス家族政策の現金給付は，家族手当に代表されるすべての子どもを対象とした基礎的給付に加えて，家族の多様なニーズに対応するために支給する補足的給付を用意する重層的な給付体系をもっている（宮本 2015）。こうした重層的な給付体系は最近になって形成されたものではない。フランスは戦前から，家族手当に加えて，母親が育児に専念できるよう唯一の職業収入を得る賃労働家族に主婦手当を支給する「二階建て」の制度であった（深澤 2012）。

　フランスは戦後もこの「二階建て」の重層的な給付体系を維持しているが，女性の労働市場参加に伴って補足的給付の種類は増えていった。2014年時点での代表的な補足的給付は第3子以降の多子家族を支援する家族補足手当と，他国の育児休業給付にあたる就業自由選択補足手当，子どもを育てながら働き続けたいニーズに応えて認定保育ママや在宅保育者を雇用した親に支給する保育方法自由選択補足手当である[1]。

　これら補足的給付のなかではフランス家族政策のキーワードとなる「自由選択」が用いられる。神尾真知子によれば，2004年以降の家族政策は，子育て支援の選択肢を多くすることで「選択の自由」を確保しており，選択に伴う経済的支出を補塡する家族給付や税制の優遇措置が設けられている（神尾 2007：67-69）。本章での「自由選択」は，子育てをするために家庭内に留まるか労働市場に参加するかの選択は個人の判断に委ね，政府はどちらの選択にも不都合にならない多様な施策の提供を目指す全体的な方針として定義できる。「自由選択」は働く女性が仕事と家庭を両立できるよう支援するだけではなく，多子家族への経済的支援や専業主婦向けの支援も含む。

この「自由選択」の現金給付は1970年代後半から1990年頃に前身となる施策が整備された。本章はこの「自由選択」の現金給付がいかにして発展してきたのかを説明する。基本的にフランス家族政策の現金給付は戦前からの「二階建て」を維持し，予算規模が徐々に拡大する経路依存性をもって発展してきた。そのため，長期的な過程は歴史的制度論から説明することができる。しかし，本章が扱う時期は家族政策が変化しなかったのではなく，最終的に「自由選択」への再編という変化をもたらした。したがって，単に経路依存性による安定だけではなく，再編へと向かう変化も説明する必要がある。本章はこうした変化しないことと変化することの間を捉えるためにマホニーの議論を用いて1990年代のフランス家族政策の発展と再編を説明する。そして，半大統領制の執政制度が再編を導くひとつの契機をもたらしたことを示す。

　なお，アイディアによる説明は，一部の歴史的制度論が変化や内容を十分に説明できないという問題点に対して，変化を射程に収めることで福祉国家の多様な再編過程に説明を加える（加藤　2012：152-155）。ただし，本章で登場する政策アイディアは大規模な変化をもたらすのではなく，結果的に既存の施策へと吸収されるため影響力は小さかった。

（2）　反応的シークエンスを用いた削減と再編の説明

　1990年代のフランス家族政策は削減の政治であり，福祉国家の持続性が確認できる。その場合，社会保障政策の経路依存性から福祉国家の安定が説明される。これは歴史的制度論のなかでも断続均衡論と呼ばれ，短期間に広く変化を生じさせる出来事が生じ，その変化の帰結が長期間継続する（Cf. Pierson 1994）。変化の帰結が生じた後は，経路依存性が生じることで政策が安定し，自己強化メカニズムや正のフィードバック，ロックインと呼ばれる再生産過程が継続する（阪野　2006：70-76）。

　一方で，歴史的制度論のなかには再生産のメカニズムと変化の論理を分離し，フィードバックが生じる政治過程のなかから変化を生じさせる再交

渉の状況をつかみ取る分析もある (Thelen 2003：221-222)。こうした分析は漸進的変容論として制度併設，制度配置，制度放置，制度転用，制度崩壊という5つの様式から説明できる (Streeck and Thelen 2005：18-31)。しかし，様式の類型化の基準が不明確であるほか，それぞれの様式の適用に混乱がみられる（新川 2011：29-33)。さらに，漸進的変容論の5つの様式に沿って政策の変化を記述しても，その変化に制度や文脈の拘束力が認められない場合，変化が5つの様式に類型化できることを説明できても，個別の利害関係やアイディアの影響にもとづく説明がより説得力をもちうる。そのため，歴史的制度論として論じることより利益やアイディアから制度変化を有効に説明できる余地が広がり，制度の役割を強調する必要がなくなる可能性がある。

そこで，本章はマホニーの反応的シークエンスの議論を利用する (Mahoney 2000：526-535)。反応的シークエンスは，時間によって順序づけられ，原因と結合する出来事が連鎖していく前の出来事への反応としてシークエンスが現れる。そのため前の出来事との連鎖関係から制度的な拘束力が生じている。マホニーの反応的シークエンスの議論を用いることで，前の出来事との連鎖から歴史的制度論の経路依存性の側面を捉えることができ，時代を経て徐々に再編へと向かう変化の側面も捉えることができるだろう。

マホニーは反応的シークエンスを4つの例から説明する（図1）。例1はそれぞれの出来事が独立したシークエンスを形成している事例である。例1で説明できる場合，個別の施策はそれぞれ独自に発展を続けており，経路依存性が働いている。例2は，シークエンスが交錯する「結合（conjuncture）」が生じているが，この「結合」は持続的な結果をもたらすものではない。例3・4は，「結合」が後の出来事の連鎖に影響を及ぼすことになる。「結合」が生じる場所によって結果が異なってくるため，例2よりも「結合」が重要になる。例3・4は，例1のように個別の施策がそれぞれに経路依存性をもって動いているのではなく，個別の施策があるタ

図1 シークエンスと「結合」の事例

例1：2つの独立したシークエンス　　例2：帰結が持続しない「結合」

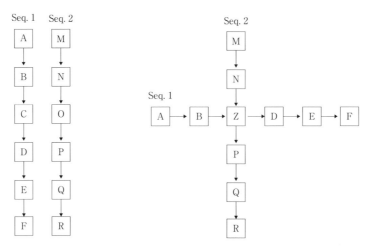

例3・4：帰結が持続する「結合」

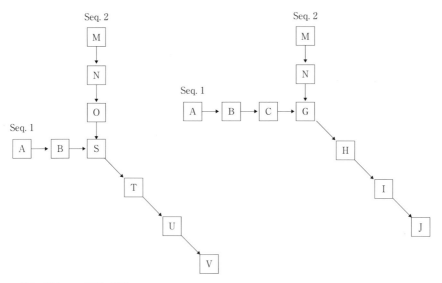

出典：Mahoney（2000：529）.

イミングでの出来事を契機として再編へと移行するものとして説明できる。そのため，いかなるタイミングで再編をもたらしたのか，例3・4の時期にいかなる制度配置になっているのかが再編の結果に影響を与える。

本章は1995年までの政治過程を例1から説明し，1995年から1998年までの削減の政治や既存の施策と政策アイディアとの交錯がみられる政治過程を例3・4から説明する。

3　既存の施策と政策アイディア

（1）　既存の施策による「自由選択」の萌芽

「自由選択」の前身となる補足的給付は1970年代後半からみられる。1977年の家族補足手当の創設は，孤児手当や障害児手当，ひとり親手当など特定の子どもを対象とした現金給付の発展を受けて，多子家族の支援に向けた現金給付を再編する意図があったといえる。家族補足手当はそれまでの第3子以降の現金給付を統合し，多子家族の経済的支援だけではなく，戦前の主婦手当も引き継いで出産奨励主義や多子家族奨励の性格を残した。

1980年代半ばに登場した現金給付にはすでに「自由選択」という文言が確認できる。1985年に創設された保育親手当は就業自由選択補足手当の前身となる育児休業給付である。この手当は第3子以降の子どもをもつ家族に支給され，受給する前には2年間の就業活動が受給要件となる（Steck 2005：143）。これを導入する政府提出法案では，家族政策が家族に自由のための新たな余地を作らなければならないとして，制約を取り除くことや自由選択の手段と家族計画の実現の手段を提供することが必要とされた。[2]
このように保育親手当の議論から「自由選択」の登場が確認できるものの，この当時の「自由選択」は国民連帯と少子化対策のために必要とされ，第1子や第3子を授かることへの選択を拡大させる出産奨励主義的側面が強かったといえる。

1986年には在宅保育者を雇用した家族への経済的支援を行う在宅保育手

当が創設された。政府提出法案ではこの手当の目的として，第1に家族給付や財政，子どもの受け入れに適した環境を通じて家族の負担を補償すること，第2に個人の決定に干渉しない選択の自由を提供すること，第3に人口減少に対応することが挙げられた[3]。1990年には認定保育ママを雇用する家族への支援策として認定保育ママ雇用家庭補助を創設した。この手当の導入に際しても委員会の一般質疑で女性に本当の「選択の自由」を与えることが望ましいとする意見が出た[4]。これらの認定保育ママや在宅保育者を雇用した際に支給される現金給付は2004年に保育方法自由選択補足手当へと統合されるが，それ以前の目的でも「自由選択」を掲げていたことがわかるだろう。ただし，具体的に「自由選択」が多様な現金給付を支える方針として取り上げたわけではなく，そこに至るまでには10年以上待たねばならなかった。

　以上の1970年代後半からの家族政策の進展は，現在の家族補足手当や就業自由選択補足手当，保育方法自由選択補足手当へとつながる「自由選択」の萌芽であった。政府提出法案などをみると1980年代半ばから「自由選択」を家族政策の目的にすることは述べられていた。しかし，こうした「自由選択」は出産奨励主義を背景に現在の方針とは異なるほか，個別施策のなかの小さな目的として述べられるに留まった。

（2）「自由選択」の政策アイディア

　1980年代以降の「自由選択」の萌芽の流れとは別に，1980年代後半からは中道右派が第1子への給付拡充や補足的給付の統合を目指す政策アイディアを提案した。

　「自由選択」が施策名称として大きく取り上げられたのは，1995年の大統領選でシラクが自由選択手当の創設を主張してからである。シラクは，すでに1991年に自由選択手当の提案を始めていたが，その際の自由選択手当は2人以上の子どもをもつ母親への最低賃金に近い額の給付であったとされる[5]。

9　フランス半大統領制における家族政策の削減と再編

　1993年5月に行われた総選挙で与党の社会党が大敗し，かわりにフランス民主連合（UDF）と共和国連合（RPR）の保守連合が大勝した。ミッテランに首相として指名されたRPRのバラデュールは，UDFのヴェイユを社会・保健・都市問題担当にするなど派閥勢力均衡型の第二次コアビタシオンを組織した。

　1993年10月，家族政策に関する意見書がRPRの国民議会議員コダッシオーニから提出された。このなかで母親が小さい子どもを1人もつ際，一時的に仕事が中断できるように支援し，育児親手当や在宅保育手当，認定保育ママ雇用家庭補助などを統合する家族政策の必要性を示した。以降，大統領選に臨むシラクは，第1子を含めて仕事と家庭の調和を支援し保育の費用や所得の喪失を補償する自由選択手当が社会の真の争点であるとした。その後，RPRによる自由選択手当は主に2階部分の補足的給付を統合する既存の施策の発展とは異なる政策アイディアとして主張されるようになった。

　バラデュール内閣の家族政策に関連する法律は，1994年7月25日法（ヴェイユ法）であった。ヴェイユ法は，保育親手当の支給対象を第3子から第2子に拡大することや，認定保育ママと在宅保育者への支給拡大，保育所設置等の社会活動への資金投入，新しい財政調整の措置などを定めた（Steck 2005：150-156）。

　1994年5月2日に出されたヴェイユ法の政府提出法案では，第1子向けの現金給付である自由選択手当の内容は盛り込まれず，「選択の自由」という文言が乳幼児受け入れの改善の目的として冒頭にふれられるだけであった[8]。対して，政府提出法案の報告者として指名されたコダッシオーニは，第1子をもつ親を対象に6歳までの期間で最低賃金の半額分を支給する自由選択親手当を創設するよう提案した[9]。しかし，家族給付部門の財政状況からは新たな手当の創設が困難であった。そのため，コダッシオーニの提案は自由選択親手当を実施した場合に既存の施策に障害が発生するとして先送りされた[10]。

247

以上，1990年代前半の「自由選択」の政策アイディアは，シラクやコダッシオーニを中心としたRPRが主導して提案を行った。「自由選択」の政策アイディアは当初明確ではなかったものの，次第に就業自由選択補足手当や保育方法自由選択補足などの統合案へと収斂していったといえる。

4　削減の政治と再編への合意

（1）　ジュペ・プランと政策アイディアの頓挫

　1995年の大統領選挙でシラクは自由選択手当の創設を掲げて闘った。シラクは大統領になり，「自由選択」の政策アイディアにもとづく家族政策の再編が進展するかに思われた。しかし，この時代に顕在化した社会保障財政の赤字に対応するためには，家族政策の再編よりも家族政策の削減を行わざるを得なかった。

　首相のジュペは社会保障財政の悪化に対応すべく11月15日に「ジュペ・プラン」を発表した。ジュペ・プランは，家族政策に関連して家族給付への課税と家族手当への所得制限を提示した。ステックによれば，ジュペ・プランではシラクやコダッシオーニが提示した「自由選択」の政策アイディアや，家族給付部門の会計の均衡を取り戻すこと，所得状況に応じた家族手当の調整が考慮された（Steck 2005：159-161）。シラクも社会保障財政の悪化を問題にしており，非効率な公的サービスの歳出を削減することや，医療従事者に責任をもたせ労働者の拠出を増やすことで医療保険制度を改善すること，企業に若年者を雇用させるための社会保障負担の削減や税制優遇を行うことを掲げていた（Safran 2009：361）。同じRPRのシラクとジュペはこうした経済政策と社会保障政策の方針のもとで削減の政治を進めた。

　この当時，家族手当への所得制限が大きな問題になった。家族手当への所得制限は戦前から続いてきた普遍主義的現金給付の崩壊を意味し，家族政策の伝統への挑戦ともいえた。家族の経済的精神的利益の発展を目的と

して創設されたアソシアシオンである全国家族協会連合（UNAF）はこの改革に反対した。UNAFは，1950年代に人民共和派（MRP）とともにフランスの家族主義を守る役割を果たしてきた。1980年代に社会党政権になっても少子化対策のために社会党に協力的な姿勢を取り続けた。しかし，ジュペ・プランで家族政策の普遍主義的性格が脅かされると考えたUNAFは，政権との協力的な方針を転換し，家族政策の普遍主義的性格を守るために政府と対立するようになった（Minonzio and Vallat 2006：213-214）。

UNAFに代表される家族政策の削減への反対は全国家族会議で取り上げられることになった。全国家族会議はヴェイユ法第41条で法定化され，政府は年1回開催することが求められた。この会議は政府が当初から設置を予定していたものではなく，国民議会の議論で条文の修正提案があり，それを受け入れて成立した偶然の産物であった[11]。UNAFなどの利益団体は家族政策の削減に抵抗するためこの全国家族会議を利用した。以降，「自由選択」に至る時期は「家族会議の時代」（Steck 2005：164-172）と形容されるまでになる。

1996年に開催された第1回の全国家族会議ではUNAFだけではなく一部を除いた労使代表も家族手当への所得制限に反対した（Steck 2005：159-166）。全国家族会議は議論が紛糾したため，全国家族会議参加者のジスロに対応を委ねた。ジスロは1997年2月に報告書を提出し，家族給付に対する課税や家族手当への所得制限の見送りを提言した。この議論のなかで，「自由選択手当」の導入も財政状況を理由に無期限の延期となり，シラクが提案してきた「自由選択」の政策アイディアは急速に後退していった[12]。その後，「自由選択手当」にもとづく改革案は登場せず，「自由選択」は施策の名称としての存在を残して既存の施策と合流することになった。

（2） 社会党の削減提案と既存の施策での再編

　右派から打ち出された所得制限の議論は以上で終了したかに思われた。1997年5月と6月に行われた国民議会選挙の結果，社会党を中心とした第三次コアビタシオンが組まれたからである。しかし，首相となった社会党のジョスパンは，これまでの全国家族会議の議論を無視するかのように家族手当への所得制限を施政方針演説で表明した。この第三次コアビタシオンでシラクはジョスパンの方針には反対しないだろうことを主張して「穏健な」大統領であることを示した（Safran 2009：213-214）。こうしたシラクの態度は与党としての社会党の主張を妨げず，これまでの議論と対立する家族手当への所得制限の表明をもたらしたと考えられる。

　突然の家族手当への所得制限導入はUNAFなどの全国家族会議参加者から強い反発を招いた。UNAFは家族手当への所得制限が子どもに開かれた普遍的権利である家族手当の受給を侵害するものとして反対した（宮本 2007：8-10）。労働総同盟（CGT）も所得制限や家族手当の普遍主義原則を崩すことや使用者の拠出金のこれ以上の削減は許されないこと，さらなる所得上限額の引き下げが行われうること，労働者が家族手当の受給者と非受給者で分断されることなどを理由に反対した。

　政府もこうした反対への譲歩を示し，共働きの家族や単身者に対して所得上限を引き上げることにしたが，稼ぎ手が1人で子どもを2人もつ家族に対しては当初案を堅持した（宮本 2007：10-12）。この修正案をもとに国民議会で審議したが，野党だけでなく，単独で過半数を取れないために政権を担っていた共産党も反対に回った。こうした反対のなかでも，社会党は所得制限の上限が高額であり，富裕層のみを対象としていることを理由に削減の妥当性を強調した。最終的には修正案が賛成多数で可決されたが，所得制限の適用を翌年度の改革が実行されるまでの間に限定し，あり方を改めて検討するという条件付きでの成立あった。

　ジョスパンは家族政策全体の再検討を約束し，家族給付部門の予算報告を担当する社会党のジロを検討作業の統括責任者に登用した（宮本

2008：80）。1998年6月に出されたジロ報告は，家族手当の所得制限の代替案として税制での家族係数の上限引き下げを提案した（Gillot 1998：18）。ジロ報告を受けて，ジョスパンは全国家族会議で家族手当の所得制限撤回を表明した（Steck 2005：166-168）。家族手当への所得制限は約10カ月で廃止され，家族手当は再び普遍主義的現金給付へと戻ることになった。

　以上の所得制限撤回の背景にはUNAFの戦略があった（Minonzio and Vallat 2006：215）。UNAFは家族政策の普遍主義的性格を守るため，家族手当の所得制限ではなく，家族係数の上限引き下げを代替案として政府側に提案した。UNAFは税制で譲歩したとしても既存の家族政策の構造を維持したかったと考えられよう。

　この期間，家族政策の削減は限定的なものに留まった。1997年12月19日法では所得に応じた在宅保育手当の削減が実施され，所得が2万5000フランを超える家族に対して，0歳から3歳までの子どもがいる場合には支給額を25％削減し，3歳から6歳の子どもがいる場合には支給額の50％を削減した（CNAF 1997：29）。そのほかに削減はみられず，ジュペ・プランは家族政策の領域で成功したとは言い難い。

　はじめに述べたように，ジュペ・プランは医療政策においてさまざまな改革案を実施し，社会保障財政の赤字を改善したが，家族政策では大きな削減はみられなかった。こうした違いは，医療政策が家族政策に比べて赤字の規模が大きく改善する必要性が高かったことから説明できるだけでなく，ジュペ・プランを提示したタイミングで全国家族会議という利益団体が集まって家族政策を議論する制度が形成されていたことも影響している。医療政策では利益団体との距離を取ることに成功したが，家族政策は全国家族会議で議論しなければならないために距離を取ることができなかった。こうした再編へと移行したタイミングでのそれぞれの政策における利益集団との調整方法の違いが政策の結果に影響を与えたと考えられるだろう。

　ジロ報告では「選択の自由」の明確化が示された（Gillot 1998：12-13）。

具体的な改革の方針として補足的給付や乳幼児向け給付，第1子向け給付の改善が挙げられた。UNAFなどによる家族手当への抵抗やそれに伴うシラクの政策アイディアの頓挫は，最終的に多様なアクターがジロ報告の「自由選択」に向かう提案を受け入れるという帰結をもたらした。ここに各政党やUNAF，労働組合など多様なアクターが「自由選択」の再編に合意したことを確認できる。具体的な再編の方向は既存の施策を利用したものであり，それが「自由選択」を明確化することを伴いながら，2004年の乳幼児受け入れ給付へと向かうことになった。

5 「自由選択」への反応的シークエンス

これまでフランス家族政策が「自由選択」の再編に至るまでをみてきた。フランスでは，1980年代からの既存の政策との連続性をもつ家族政策の発展が確認できた。1977年の家族補足手当は現在でも名称をそのままに第3子以上をもつ多子家族への支援を行っている。1985年の保育親手当や1986年の在宅保育手当，1990年の認定保育ママ雇用家庭補助は，2004年の乳幼児受け入れ給付のなかで，就業自由選択補足手当と保育方法自由選択補足手当へと再編された。このように，現在の家族政策につながる施策は1990年までに整備され，それ以降も給付の増額などが行われた。ただし，1990年代には既存の施策の発展ではない政策アイディアの提案や，社会保障財政の悪化に伴う削減の政治も起こった。こうした単純な発展や削減の政治に留まらない政治過程を第1節で提示した反応的シークエンスとの関係からまとめたい。

図2は，1990年代前半のフランス家族政策をそれぞれの出来事が独立したシークエンスを形成している事例として説明する。1990年代前半には，既存の施策の流れと「自由選択」の政策アイディアの流れの2つが並走しながら存在した。既存の施策の流れは，1970年代以降の特定の家族に対する支援を発展させ，育児休業給付や保育サービスを購入した際の経済的支

9 フランス半大統領制における家族政策の削減と再編

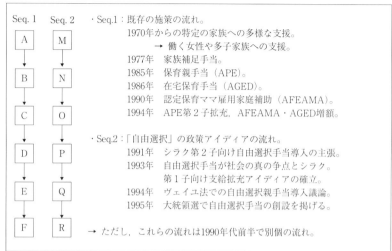

図2　1990年代前半のフランス家族政策

出典：図はMahoney（2000：529），説明は筆者作成。

援など働く女性への支援や出産奨励主義を引き継いだ多子家族への支援を行うようになった。家族補足手当や保育親手当，在宅保育手当，認定保育ママ雇用家庭補助の発展が「二階建て」現金給付の多様な施策につながっている。1990年以降も既存の施策は拡大し，1994年には保育親手当の第2子からの支給拡大や在宅保育手当の6歳未満までの支給対象拡大を行った。

　一方で，1990年代からは「自由選択」の政策アイディアが右派による現金給付の統合案として登場した。シラクは当初2人以上の子どもをもつ母親へ最低賃金に近い額の給付を行う自由選択手当を提案した。1993年には第1子にまで拡大し，女性の就労を問わず最低賃金の半額が支給される自由選択手当がRPRの政策アイディアとして主張されるようになった。1994年のヴェイユ法の議論では，ヴェイユによる第2子以降の支援拡充の改革に押し切られ，第1子をもつ親を対象に最低賃金の半額分を支給する提案は不発に終わった。しかし，第1子向け支給の拡大や就業自由選択補足手当と保育方法自由選択補足の統合といった政策アイディアは1995年の大統

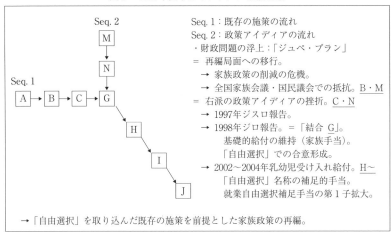

図3　1990年代半ばのフランス家族政策

出典：図は，Mahoney（2000：529）．説明は筆者作成。

領選挙の公約にまで取り入れられた。

　以上の既存の施策の流れと政策アイディアの流れは，基本的には対立する別個の流れとして存在し，ヴェイユ法の政治過程で交錯する場面は見られるものの，効果的な「結合」には至らず，2つの再編の流れとして並走したままだったといえる。

　これらが「結合」する契機は1995年の「ジュペ・プラン」から始まる削減の政治であった（図3）。1994年からは家族給付部門の赤字によって家族政策の削減の危機が登場した。1995年のジュペ・プランで提示された家族手当への所得制限導入はフランス家族政策の普遍主義の伝統を切り崩すものであり，UNAFやCGTなどの利益団体から強い反発があった。批判はジュペ・プランの家族政策全体に及び，自由選択手当の導入も財政状況を理由に無期限の延期となって以降取り上げられず，最終的に「自由選択」の政策アイディアは挫折した。この段階でSeq.2の流れは統合案の政策アイディアではなくなり，その要素は「自由選択」という名称と方針のみを残すことになった。その後，「自由選択」は既存の施策と合流するこ

とになる。

　家族手当の所得制限はジュペ・プラン後も継続する。1997年に政権に就いた社会党のジョスパンは施政方針演説で家族手当への所得制限を突如表明した。対してUNAFやCGTは反対を掲げ，野党のRPRとUDFだけでなく共産党までもが反対に回る事態となった。結果的に，家族手当の所得制限は実施されたものの，社会党の方針転換によって約10カ月で廃止され，家族手当は再び普遍主義的性格を保持することになった。

　社会党の方針転換の際に提出されたジロ報告は「自由選択」の明確化を打ち出した。社会党からも「自由選択」が示され，右派政権のジスロ報告で「自由選択」を必要不可欠だとしたことと合わせて，右派左派ともに「自由選択」にもとづく家族政策の収斂を読み取ることができる。この時期が反応的シークエンスにおける「結合」として説明できよう。「自由選択」への再編は既存の施策を前提としており，家族手当の削減もないことからUNAFやCGTも受け入れ可能である。UNAFが税制による譲歩で家族手当の普遍主義的性格を守ったことを考えても，この時期に多様なアクターが「自由選択」を受け入れて削減ではなく再編での合意を果たしたと指摘できる。

　ジロ報告は1980年代以降に発展した育児休業給付や保育サービス購入への経済的支援の整備や財政のばらつきの是正を提案した。この提案から2002年以降乳幼児受け入れ給付の改革で就業自由選択補足手当や保育方法自由選択補足手当への再編へと向かった。

　ジロ報告に掲げられた「自由選択」は右派による「自由選択」の政策アイディアではない。なぜならば，「自由選択」の政策アイディアはジュペ・プランの議論の際に急速に後退し，実施できなかった。右派左派ともに「自由選択」として受け入れたものは，既存の施策の事後的な承認であり，フランス家族政策の再編に向けた合意であった。

　例3・4（図1）の説明に沿えば，「結合」のタイミングが異なれば施策の帰結も変わる。本章の事例では，ジュペ・プランを提示した時点で全

国家族会議が開催されることが決まっており，その会議での利益団体の抵抗がこの「結合」のタイミングをもたらした。また，単なる家族政策の継続ではなく再編への移行を決定づけたのは，1997年3月から始まる第三次コアビタシオンで右派の提案だけで終わっていた家族手当の所得制限を左派も提案したことであった。これらの動きがなければ「自由選択」への再編に至る「結合」にはならなかっただろう。本章の説明では，ジュペ・プランによる削減提案のタイミングと，その前に全国家族会議の開催が決定していたこと，半大統領制でのコアビタシオンが右派左派ともに「自由選択」へと着地する契機となったことが重要である。

6 家族政策と半大統領制

　最後に，以上で述べたフランス家族政策の発展と再編の政治過程からみえてくる執政制度の機能を2点指摘する。

　第1に，1990年代の家族政策において執政制度は局面を移行させる機能を果たした。マホニーの反応的シークエンスで1990年代のフランス家族政策の削減から再編への政治過程を説明することができる。しかし，この説明には問題がある。これまでの説明では，それぞれのシークエンスにおいて前の出来事との連鎖関係から制度的な拘束力を見出すことはできても，2つの独立したシークエンスで展開していた家族政策がなぜ帰結が持続する「結合」へと変化したのかを説明できない。

　これを説明するのが「ジュペ・プラン」による削減提案である。確かに，利益団体の抵抗によって家族手当への所得制限はわずかな期間の実施に留まり，家族政策の削減が在宅保育手当の改革だけだったことを考えれば，ジュペ・プランが家族政策の削減に果たした役割は限定的である。しかし，既存の施策の継続ではなく，「自由選択」にもとづく再編へと変化した契機はジュペ・プランにある。中核的執政レベルでの社会保障改革の提示がなければ，削減から再編への道筋もなく，変化も生じなかっただろう。そ

のため，執政制度が家族政策の局面を移行させる機能をもったと指摘できる。

　第 2 に，半大統領制で生じるコアビタシオンが削減から再編への変化を決定づけた。1997年のジョスパン内閣は第三次コアビタシオンであった。半大統領制では大統領と対立する政党が議会の多数派を占めた場合，大統領は議会多数派の支持する首相を指名することになり，コアビタシオンが生じる（建林・曽我・待鳥 2008：108）。家族手当の所得制限はジョスパンが所信表明演説で表明したことから再編に向けて動き出した。それまでの全国家族会議で既存の施策の維持で終結していたはずの議論は再び家族手当の所得制限の議論へと引き戻され，一時的な所得制限を経て，最終的には普遍主義的性格の維持と，家族政策の「自由選択」による再編に至った。

　1995年のシラク―ジュペの執政制度は，ともにRPRの所属であり，双方とも社会保障財政の悪化への認識を共有していた。そのため，シラクは自由選択手当を強く押し出すことなくジュペ・プランによる社会保障改革を優先させたといえる。一方，1997年のシラク―ジョスパンによるコアビタシオンの執政制度では，シラクが大統領の影響力を弱め，穏健な大統領であることを暗に示すことで，政策決定権限を首相へと移行させたことが指摘できる。首相を中心とした第三次コアビタシオンの執政制度がシラク―ジュペで失敗した家族手当への所得制限の再提案を実現させ，最終的には普遍主義的現金給付の維持という結果をもたらしただけでなく，家族政策の再編の方針として左派の社会党も「自由選択」を受け入れることになったといえる。ジュペ・プランの失敗で既存の政策の維持で終わるかに思えた家族政策を「自由選択」による再編へと導いたのは，コアビタシオンによる中核的執政レベルでの所得制限の再提案だったと考えられる。

　2002年以降は大統領選挙と国民議会選挙が同時に行われるようになり，大統領と首相の出身政党が異なることはほぼない。そして現在生じているのは家族手当の部分的な削減である。オランド政権は2015年 7 月 1 日から

家族手当に所得要件を追加した。これは所得制限とは異なっており，具体的には，2人の子どもがいて年間所得6万7141ユーロ以上の家族は手当額を2分の1へと減額し，同様の年間所得8万9490ユーロ以上の家族は手当額を4分の1へと減額する，支給額の削減であった。[13] こうした削減の実施と執政制度との関係は今後の課題であるが，2000年代後半に入ってフランス家族政策に関わる執政制度と利益団体との関係に変化が生じ，削減への道が開かれた可能性は考えられる。本章の説明は，あくまでも1990年代の家族政策に限った単一事例にすぎず，一般化することはできない。しかし，現在の家族政策の削減を説明する可能性も残しているといえよう。

※本章は，科学研究費補助金・研究活動スタート支援（課題番号 25885001）の成果の一部である。

〈謝辞〉

本章執筆にあたって，日本比較政治学会第16回研究大会（2013年6月22日，神戸大学）の自由論題「福祉国家の変容と政治」で報告の機会を得た。その際討論者の田中拓道先生をはじめ，会場で貴重なコメントをいただいた。また，2名の本書匿名査読者の先生方にも論文に有益なご指摘をいただいた。記して感謝申し上げたい。

注

1) 認定保育ママは研修を経て保育ママの家で1人から3人の子どもを保育する人を指す。また，本章での在宅保育者は子どもの面倒をみるために親の家に訪問して子育てをする人のことを指す。在宅保育者をヌヌと呼ぶ場合もあるが，ヌヌには認定保育ママを含む使い方もあるため，ここでは在宅保育者とした。
2) Journal Officiel de la République française (JO), Documents parlementaires (doc), Assemblée Nationale, 15 novembre 1984, No. 2429, p. 2.
3) JO, doc, Assemblée Nationale, 29 novembre 1984, No. 2470, p. 27.
4) JO, doc, Assemblée Nationale, 29 octobre 1986, No. 427, p. 2.
5) *Le Monde*, 3 décembre 1991.
6) JO, doc, Assemblée Nationale, 7 octobre 1993, No. 581, p. 31.
7) *Le Monde*, 2 décembre 1993.
8) JO, doc, Assemblée Nationale, 2 mai 1994, No. 1201, p. 5.

9） JO, doc, Assemblée Nationale, 17 mai 1994, No. 1239, p. 18.
10） *Ibid.*
11） JO, Débats parlementaires, Assemblée Nationale, 2ᵉ séance du vendredi 3 juin 1994, pp. 2695-2696.
12） *Le Monde*, 7 mai 1996.
13） *Le Monde*, 24 octobre 2014.

参考文献

大山礼子（2013）『フランスの政治制度〔改訂版〕』東信堂。
加藤雅俊（2012）『福祉国家再編の政治学的分析──オーストラリアを事例として』御茶の水書房。
神尾真知子（2007）「フランスの子育て支援──家族政策と選択の自由」『海外社会保障研究』第160号，33-72頁。
阪野智一（2006）「比較歴史分析の可能性──経路依存性と制度変化」日本比較政治学会編『比較政治学の将来』早稲田大学出版部，63-91頁。
新川敏光（2011）「福祉国家変容の比較枠組」新川敏光編『福祉レジームの収斂と分岐──脱商品化と脱家族化の多様性』ミネルヴァ書房，1-49頁。
建林昌彦・曽我謙悟・待鳥聡史（2008）『比較政治制度論』有斐閣。
深澤敦（2012）「フランスの家族手当と家族政策の歴史的転換──「主婦手当」問題を中心として」法政大学大原社会問題研究所／原伸子編著『福祉国家と家族』法政大学出版局，163-191頁。
宮本悟（2007）「フランス家族手当制度の選別主義的改革──1997年改革による所得制限の導入」『中央大学経済研究所年報』第38号，1-15頁。
宮本悟（2008）「フランス家族手当制度における所得制限の見直し──普遍主義への回帰」『中央大学経済研究所年報』第39号，77-91頁。
宮本悟（2015）「フランス家族政策の重層的制度体系」鷲谷徹編著『変化の中の国民生活と社会政策の課題』中央大学出版部，83-107頁。

CNAF (1997) *Rapport d'Activité 1997.*
Gillot, Dominique (1998) *Pour une politique de la famille rénovée*, Documentation française.
Hayward, Jack and Wright, Vincent (2002) *Governing from the Centre : Core Executive Coordination in France*, Oxford University Press.

Mahoney, James (2000) "Path Dependence in Historical Sociology," *Theory and Society* 29 : 507-548.

Minonzio, Jérôme and Vallat, Jean-Philippe (2006) "L'union nationale des associations familiales (UNAF) et les politiques familiales : Crises et transformations de la représentation des intérêts familiaux en France," *Revue française de science politique* 56 : 205-226.

Pierson, Paul (1994) *Dismantling the Welfare State? : Reagan, Thatcher, and the Politics of Retrenchment*, Cambridge University Press.

Pierson, Paul (1996) "The New Politics of the Welfare State," *World Politics* 48 : 143-179.

Safran, William (2009) *The French Polity*, Routledge.

Steck, Philippe (2005) "Les prestations familiales," Comité d'histoire de la sécurité sociale, *La Sécurité sociale : Son histoire à travers les textes Tome IV-1981-2005-*, chirat, 137-189.

Streeck, Wolfgang and Thelen, Kathleen (2005) "Introduction : Institutional Change in Advanced Political Economies," in Streeck, Wolfgang and Thelen, Kathleen (eds.), *Beyond Continuity*, Oxford University Press, 1-39.

Thelen, Kathleen (2003) "How Institutions Evolve," in Mahoney, James and Rueschemeyer, Dietrich (eds.), *Comparative Historical Analysis in the Social Sciences*, Cambridge University Press, 208-240.

(ちだ・わたる：北海道大学)

日本比較政治学会設立趣意書

　21世紀まで残すところ3年足らずとなった今日，国際関係は言うに及ばず，各国の内政もまた世界化の大きなうねりに巻き込まれている。日本もその例外ではなく，世界各国との経済・文化・社会のレベルでの交流が一段と深まるにつれて，その内政の動向に対する社会的な関心も高まっている。学術的にも世界のさまざまな地域や諸国の政治および外交の歴史や現状を専攻する研究者の数が順調に増加しており，そうした研究者の研究成果を社会的要請に応えて活用する必要が感じられるようになっている。

　とりわけ冷戦後の世界では，NIESや発展途上国の民主化，旧社会主義諸国の民主化および市場経済化，先進諸国の行財政改革などといった政治経済体制の根幹に関わる争点が，重大な課題として浮上してきている。これらの課題への取り組みには，単に実務的な観点から対処するだけでは十分でない。現在の諸問題の歴史的背景を解明し，それを踏まえて学術的な観点から課題の設定の仕方に立ち返って問題点を理論的に整理し，効果的な政策や制度を構想していくことも必要である。そのためには各国別の研究にとどまらず，その成果を踏まえて理論的に各国の政治や外交を比較・検討し，研究上の新たな飛躍を生み出すことが肝要である。

　このような目的のために，本学会は世界各国の政治や外交を専攻する内外の研究者を集め，相互の交流と協力を促進するとともに，研究上も独自な成果を公表し，国際的にも発信することを目指している。と同時に社会的にも開かれた学会として，各国政府関係者，ジャーナリスト，民間機関・NGO等各種実務家との交流も，振興することを目的にしている。本学会の学術活動に貢献していただける方々の，協力をさらに期待するところである。

1998年6月27日

入会のお誘い

　日本比較政治学会は，前ページの設立趣意書にもあるように，「世界各国の政治や外交を専攻する内外の研究者を集め，相互の交流と協力を促進するとともに，研究上も独自な成果を公表し，国際的にも発信すること」を目的として1998年6月に設立された，日本で唯一の「比較政治学」を軸とした学会です。

　学会の主たる活動は，年次研究大会の実施と日本比較政治学会年報の発行です。年次研究大会では様々な地域，あるいは分野に関する先端的な研究報告が行われています。またこの年次大会における共通論題を軸として発行される学会年報では，従来取り上げられていない新しいテーマや，従来の議論を新しい視点から見直すようなテーマが取り上げられています。これ以外の学会の活動としては，『MINERVA 比較政治学叢書』の刊行，年2回のニューズレターの発行，ホームページやメーリングリストを通した研究活動についての情報提供や情報交換などを行っています。

　学会は，比較政治学に関心を持ち，広く政治学や地域研究を専攻する方，および政治学や地域研究の研究・教育に密接に関連する職業に従事する方の入会をお待ちしています（ただし大学院生の方につきましては，修士課程もしくは博士前期課程を修了した方に限ります）。入会の手続および年会費などに関しましては，学会ホームページ（http://www.jacpnet.org/）の中にある「入会案内」の項をご参照ください。

　ご不明の点は下記の事務委託先までお問い合わせください。

　　　　　［学会の事務委託先］
　　　　　〒231-0023　横浜市中区山下町194-502
　　　　　学協会サポートセンター「日本比較政治学会」係
　　　　　TEL：045-671-1525　FAX：045-671-1935
　　　　　E-mail：scs@gakkyokai.jp

日本比較政治学会
[Japan Association for Comparative Politics]
本学会は,「ひろく政治学や地域研究を専攻する」メンバーによって,「比較政治の研究を促進し,内外の研究者相互の交流を図ることを目的」として,1998年6月に設立された。

[学会事務局連絡先]
〒171-8501　東京都豊島区西池袋3-34-1
立教大学法学部　孫斉庸研究室気付　jacp@rikkyo.ac.jp
学会ホームページ http://www.jacpnet.org/

執筆者(執筆順)
岩崎　正洋（いわさき・まさひろ）日本大学法学部教授
高安　健将（たかやす・けんすけ）成蹊大学法学部教授
野中　尚人（のなか・なおと）学習院大学法学部教授
杉田　弘也（すぎた・ひろや）神奈川大学経営学部特任教授
古地順一郎（こぢ・じゅんいちろう）北海道教育大学教育学部准教授
岩坂　将充（いわさか・まさみち）同志社大学高等研究教育機構准教授
岡部　恭宜（おかべ・やすのぶ）東北大学法学部教授
浅羽　祐樹（あさば・ゆうき）新潟県立大学大学院国際地域学研究科教授
藤嶋　亮（ふじしま・りょう）國學院大學法学部准教授
千田　航（ちだ・わたる）北海道大学大学院法学研究科附属高等法政教育研究センター協力研究員

日本比較政治学会年報第18号
執政制度の比較政治学

2016年6月30日　初版第1刷発行　　　　〈検印廃止〉

定価はカバーに
表示しています

編　者　日本比較政治学会
発行者　杉　田　啓　三
印刷者　藤　森　英　夫

発行所　株式会社　ミネルヴァ書房
607-8494　京都市山科区日ノ岡堤谷町1
電話代表　(075)581-5191
振替口座　01020-0-8076

Ⓒ日本比較政治学会, 2016　　　　亜細亜印刷・清水製本

ISBN978-4-623-07706-9
Printed in Japan

日本比較政治学会編　日本比較政治学会年報
各巻Ａ５判・美装カバー・208〜286頁・本体3000円

⑪国際移動の比較政治学
人の移動をめぐる政治的分析により，比較研究を深めていくための視座を提供する。

⑫都市と政治的イノベーション
「国の一部としての都市」から政治のイノベーションの場としての都市という見方へ。

⑬ジェンダーと比較政治学
今なぜジェンダーの視点が必要なのか。比較政治の理論構築を展望する。

⑭現代民主主義の再検討
先進国から途上国まで，今，民主主義の「質」が問い直されている。

⑮事例比較からみる福祉政治
「福祉レジーム論」を越える，新たな福祉政治の見方を提起する。

⑯体制転換／非転換の比較政治
複数地域の事例から政治体制変動の過程とその力学を検証する。

⑰政党政治とデモクラシーの現在
政党を通じたデモクラシーの革新の可能性と限界を考察する。

――――― ミネルヴァ書房 ―――――
http://www.minervashobo.co.jp/